企业合规制度

王　山　著

法律出版社
LAW PRESS · CHINA
北京

图书在版编目(CIP)数据

企业合规制度 / 王山著. -- 北京 : 法律出版社, 2023

ISBN 978-7-5197-8515-4

Ⅰ. ①企… Ⅱ. ①王… Ⅲ. ①企业法-研究-中国 Ⅳ. ①D922.291.914

中国国家版本馆CIP数据核字(2023)第210560号

企业合规制度
QIYE HEGUI ZHIDU

王 山 著

策划编辑 沈小英
责任编辑 陈 妮
装帧设计 贾丹丹

出版发行 法律出版社
编辑统筹 法治与经济出版分社
责任校对 晁明慧
责任印制 吕亚莉
经 销 新华书店

开本 A5
印张 11　字数 295千
版本 2023年12月第1版
印次 2023年12月第1次印刷
印刷 北京虎彩文化传播有限公司

地址:北京市丰台区莲花池西里7号(100073)
网址:www.lawpress.com.cn
投稿邮箱:info@lawpress.com.cn
举报盗版邮箱:jbwq@lawpress.com.cn

销售电话:010-83938349
客服电话:010-83938350
咨询电话:010-63939796

书号:ISBN 978-7-5197-8515-4　定价:88.00元

自　序

合规经营是企业安身立命的底线。企业要高质量发展,就要依法经营、依规经营、良性地跟政府互动,将合规治理贯穿于企业经营活动各个方面、各个环节。改革开放以来,我国企业合规化水平整体上是较高的,但不可否认的是,一些企业对合规经营没有足够重视,存在少数逾越合规底线的企业却能够短时间行得通的现象,甚至存在“合规吃亏,不合规受益”“合规经营难以赚钱”的谬论。其实,这些都不能成为否定企业合规经营底线的借口,因实施不合规行为而给企业带来巨大损失甚至是灭顶之灾的例子不计其数,不得不反思。很难想象,一个连合规经营底线都守不好的企业能走得远,更不用说做强做优做大。

我国在开始以“摸着石头过河”发展市场经济的一段时间内,由于体制机制改革不到位、法律制度供给不完善、一些企业“唯利是图”的价值追求等原因，或多或少存在一些不合规行为。然而，随着构建高水平社会主义市场经济体制、全面依法治国，以及推动国有资本和国有企业做强做优做大、促进民营经济发展壮大等深入推进，合规经营越来越成为企业赢得市场、赢得未来的抓手。与此同时，随着推进高水平对外开放，尤其是稳步扩大规则、规制、管理、标准等制度型开放的深入推进，我国政府和企业也需要借助企业合规制度来捍卫我国企业参与国际竞争的正当权益，维护我国企业的国际形象，提升我国参与国际经济治理的话语权。

企业合规是多元主体参与治理的结果，不仅需要企业参与，而且需要政府和交易相对方的参与。这是因为企业合规治理能够给多方带来好处。对于政府来说，合规治理有助于维护市场秩序治理、优化监管资源配置、提升监管效率等；对于企业来说，合规治理有助于企业培育商誉、隔离企业责任、减少或化解合规风险等；对于交易相对方来说，合规治理有助于降低交易成本、保障交易安全。可以说，企业合规治理是体现多方共赢的治理方式。然而，也应看到，企业合规治理是需要成本的，当合规治理的成本大于合规治理的收益，企业不能从合规治理中得到应有好处时，企业就失去自我治理的积极性，存在企业合规内部治理的“失灵”。这就需要行政机关、司法机关等介入企业合规治理之中，依靠行政资源和司法资源来平衡企业合规内部治理的成本和收益，为企业合规内部治理创造良好的激励机制和必要的约束机制。

企业合规制度是保障企业合规有效治理的前提，是企业合规内部治理制度、企业合规行政治理制度、企业合规刑事治理制度以及企业合规民事治理制度组成的系统。近年来，在我国有关部门的推动下，企业合规治理相关的国家制度供给不断丰富，越来越多企业开始重视合规内部治理制度建设。但不可否认的是，我国企业合规内部治理的内部动力机制、外在激励机制、相应约束机制尚待健全完善，企业合规文化培育尚存在较大空间。在这种情况下,从理论和实务相结合的视角系统地考察何为企业合规制度、为何需要企业合规制度、如何建设企业合规制度等问题就显得必要。

本书对企业合规制度相关理论问题和实务问题进行了系统探究,全书围绕“需要什么样的企业合规制度—为什么要建设企业合规制度—如何建设中国特色企业合规制度”这条主线,对企业合规制度建设、企业合规治理实践中遇到的问题进行理论上和实务上的思考,提出一些值得思考的见解和主张。例如,本书认为企业合规治理不仅是企业自身的事,也是行政机关、司法机关的事,行政机关、司法机关要为企业合规自我内部治理提供必要的激励,使企业能通过合规自我内部治理获得相应的收益。再如,本书提出推进企业合规行政治理、企业合规刑事治理、企业合规民事治理法制化的主张,也契合了2023年修正的《中华人民共和国立法法》第8条关于“立法应当倡导和弘扬社会主义核心价值观,坚持依法治国和以德治国相结合”的立法要求。企业合规制度是个较为复杂的系统,对其的考察涉及诸多学科,不仅涉及法学,而且涉及经济学,还涉及管理学。笔者具有经济学、法学、管理学等多个专业背景,长期在部委从事法律政策相关研究工作,同时还具有一定的企业工作经验,使本书能够从多学科、多视角对企业合规制度进行内容呈现,克服了对企业合规制度的考察往往囿于单一学科、视角较为单一的不足,以及理论与实务结合上的不足。本书既具有一定的理论高度,也具有一定的实践深度,不仅可以作为研究人员从事企业合规制度研究的学术参考,而且可以作为国家建设和实施企业合规制度的决策参考,还可以作为企业开展企业合规治理的工具参考。总体来看,本书是一部企业合规方面集学术理论、实务操作、政策建议于一体的著作。

前　言

企业合规制度是个复杂的系统,不仅包括企业合规内部治理的制度安排,而且包括国家对企业合规内部治理进行干预的制度安排,是企业、行政机关、司法机关甚至是其他经济活动参与方共同参与的经济治理体系。这一制度始于资本主义市场经济国家,是政府与市场之间关系调整的应然产物,体现政府对企业经营活动有为治理和有效治理的统一,无论对企业发展,还是秩序治理,抑或是国家利益维护,都具有不可忽视的作用。

改革开放以来,尤其是近20年来,企业合规治理开始走进我国政府和企业的视野,在企业合规制度方面进行了局部上的探索。原中国银行保险监督管理委员会、中国证券监督管理委员会、国务院国有资产监督管理委员会、国家市场监督管理总局等部门先后在企业合规制度建设方面展开了积极探索,为构建中国特色企业合规制度建设积累了有益经验。与此同时,也应看到,我国企业合规制度体系建设整体上相对滞后,企业合规内部治理制度、企业合规行政治理制度、企业合规刑事治理制度、企业合规民事治理制度等协同发展不充分,对企业合规治理的公权激励制度尚未完全建立,对企业合规治理的约束制度法律位阶还较低,企业合规治理的功能没有得到应有的发挥。

党的二十大报告强调“构建高水平社会主义市场经济体制”,“稳步扩大规则、规制、管理、标准等制度型开放”,这些为探讨、构建、实施符合我国国情的企业合规制度留下了很大的空间。研究好企业合规制度建设的国际经验、中国实践以及企业合规制度本土化构建,对充分释放企业合规制度在促进企业高质量发展、推动国家治理现代化、提升国际话语权上的红利具有现实意义和理论价值。

实践上的不足通常源于认识上的滞后和理论上的不足,正是基于上述考虑,本书从企业合规制度全球发展的大势出发,坚持问题导向和系统思维,坚持理论与实践相结合,对企业合规制度建设进行了理论上和实务上的双重考察。全书共分八章,第一至四章侧重对企业合规制度的理论考察,是本书的理论篇,主要探索“需要什么样的企业合规制度”“为什么要建设企业合规制度”等理论方面的问题。第五至八章侧重对企业合规制度的实务考察,是本书的实务篇,主要探索“如何建设中国特色企业合规制度”等实务方面的问题。

在理论篇方面,第一章是企业合规制度的概述,对企业合规制度的内涵、构成、属性、动因等进行了考察;第二章是企业合规制度的价值与功能,对企业合规制度的价值来源、价值构成,以及保护企业功能、责任分配功能、文化培育功能等进行了考察;第三章是企业合规制度的法理根基,对企业合规制度中政府与市场关系、私权自治与公权介入,以及企业合规制度的行政法根基、刑法根基、民商法根基等进行了考察;第四章是企业合规制度的发展历程,对国外有关国家、国际组织和中国的企业合规制度发展历程，以及企业合规制度发展规律与趋势、中国化构建等进行了考察。

在实务篇方面，第五章是企业合规的内部治理制度，对企业合规内部治理制度的应用场景、构建方法论，企业合规内部治理的组织与领导制度、体系规划制度、资源保障制度、过程控制制度、绩效评价制度、持续改进制度，以及企业专项合规内部治理制度进行了考察；第六章是企业合规的行政治理制度，对企业合规行政治理制度的应用场景、法制基础、行政激励制度、行政约束制度等进行了考察；第七章是企业合规的刑事治理制度，对企业合规刑事治理制度的应用场景、法制基础、刑事激励制度、刑事约束制度等进行了考察；第八章是企业合规的民事治理制度，对企业合规民事治理制度的应用场景、法制基础，以及企业合规的民事激励制度、民事约束制度等进行了考察。

目录

导　论/1

第一章　企业合规制度的概述/9

一、企业合规制度的内涵/9

二、企业合规制度的构成/14

三、企业合规制度的属性/19

四、企业合规制度的动因/24

第二章　企业合规制度的价值与功能/32

一、企业合规制度的价值来源/32

二、企业合规制度的价值构成/45

三、企业合规制度的保护企业功能/49

四、企业合规制度的责任分配功能/54

五、企业合规制度的文化培育功能/58

第三章　企业合规制度的法理根基/64

一、企业合规制度中政府与市场的关系/64

二、企业合规制度的私权自治与公权介入/78
三、企业合规制度的行政法根基/86
四、企业合规制度的刑法根基/93
五、企业合规制度的民商法根基/100

第四章 企业合规制度的发展历程/108
一、国外有关国家企业合规制度的发展历程/108
二、国际组织企业合规制度的发展历程/116
三、中国企业合规制度的发展历程/119
四、企业合规制度发展的规律与趋势/125
五、企业合规制度的中国化构建/129

第五章 企业合规的内部治理制度/134
一、企业合规内部治理制度的应用场景/134
二、企业合规内部治理制度的构建方法论/141
三、企业合规内部治理的组织与领导制度/148
四、企业合规内部治理的体系规划制度/155
五、企业合规内部治理的资源保障制度/162
六、企业合规内部治理的过程控制制度/169
七、企业合规内部治理的绩效评价制度/176
八、企业合规内部治理的持续改进制度/183
九、企业专项合规内部治理制度/189

第六章 企业合规的行政治理制度/204
一、企业合规行政治理制度的应用场景/204
二、企业合规行政治理的法制基础/209
三、企业合规的行政激励制度/218
四、企业合规的行政约束制度/232

第七章　企业合规的刑事治理制度/246
一、企业合规刑事治理制度的应用场景/246
二、企业合规刑事治理的法制基础/250
三、企业合规的刑事激励制度/254
四、企业合规的刑事约束制度/271

第八章　企业合规的民事治理制度/281
一、企业合规民事治理制度的应用场景/281
二、企业合规民事治理的法制基础/284
三、企业合规的民事激励制度/288
四、企业合规的民事约束制度/295

附　录/302

后　记/337

导　论

企业合规是企业的重要软实力，是指企业对法律法规、监管规定、行业准则和国际条约、规则、标准，以及企业章程、规章制度等要求的主动遵守。企业合规制度则是指规范、引导、促进企业合规治理的一系列规程或行动准则，体现着社会共治理念，是落实企业主体责任的重要保障，包括代表企业自治的企业合规内部治理制度和代表国家公权介入企业合规内部治理的企业合规国家治理制度。国家公权介入企业合规内部治理有着其正当性，企业合规内部治理也有助于提升企业合规国家治理的效能，这是因为企业合规内部治理与企业合规国家治理之间存在互补与替代的关系。说其“互补”，是因为企业合规内部治理属于私权自治，企业合规内部治理和企业合规国家治理相互补充、相得益彰，直接体现“有效市场”与“有为政府”之间的有机结合。说其“替代”，是因为企业合规内部治理可以减少企业合规国家治理的压力，凡是通过企业合规内部治理能达到企业合规国家治理的目的，国家治理资源都可以“让位”，让更多的企业合规国家治理资源集中在企业合规自治的“失灵”或“低效”领域。

随着中国式现代化国家建设的推进，无论是构建以国内大循环为主体、国内国际双循环相互促进的新发展格局和推动经济高质量发展，还是全面推进依法治国、实现国家治理体系和治理能力现代化，抑或是提升企业竞争力、培育具有全球竞争力的世界一流企业，都须以企业合规为前提。此外，企业合规制度作为被国际普遍接受的制度安排，对我国坚持经济全球化正确方向，应对逆全球化思潮、单边主义、保护主义，参与全球治理体系和建设，推动构建人类命运共同体，均有很强的现实意义。纵观我国企业合规制度的实践，近年来我国在企业合规制度领域开展了富有成效的探索，企业合规化建设和合规治理水平得到显著提升；但与此同时也应看到，我国企业合规化建设和合规治理水平与经济社会发展对其的要求仍存在一定的差距，企业经营管理过程中不合规问题时有发生，运用企业合规制度的工具应对逆全球化思潮、单边主义、保护主义的作用尚未得到应有的发挥。

2022 年 12 月习近平总书记在中央经济工作会议上强调，“国企、民企、外企都要依法合规经营”。① 近年来，我国企业合规经营问题引起了社会广泛关注，不合规行为不仅存在于一些民营企业，还存在于一些国有企业；不仅出现在国内经营管理活动中，还出现在涉外经营管理活动中。首先，以民营企业为例，截至 2022 年 8 月，我国民营企业数量达 4700 多万户，占我国企业总量的九成多，②规模如此庞大的民营企业是企业合规问题出现的“高发区”，一些民营企业的不合规经营行为屡

---

① 习近平：《当前经济工作的几个重大问题》，载《求是》2023 年第 4 期。

② 参见《登记在册市场主体达 1.63 亿户十年净增 1 亿户》，载《人民日报》，2022 年 10 月 12 日，第 1 版。

受社会诟病,不仅影响了民营企业的可持续发展,也侵害了其他企业的发展利益和社会的公共利益。对于民营企业的合规治理问题,2018 年 11 月,习近平总书记在民营企业座谈会上就曾指出:“我国民营经济遇到的困难也有企业自身的原因。在经济高速增长时期,一部分民营企业比较粗放,热衷于铺摊子、上规模,负债过高,在环保、社保、质量、安全、信用等方面存在不规范、不稳健甚至不合规合法的问题,在加强监管执法的背景下必然会面临很大压力。”① 2023 年 3 月 6 日,习近平总书记在看望参加政协会议的民建、工商联界委员时强调:“民营企业和民营企业家要筑牢依法合规经营底线,弘扬优秀企业家精神,做爱国敬业、守法经营、创业创新、回报社会的典范。”②其次,在国内外竞争压力、企业自身发展需要等共同驱动下,在我国国有企业领域逐步引入了合规制度,但存在制度磨合问题,面临约束挑战、激励挑战和保障挑战。最后,以我国企业涉外经营为例,近年来美国等西方国家多次以我国某企业存在不合规经营行为为借口,对其实施各种各样的制裁。例如,美国司法部和财政部曾指控中兴通讯非法出口、虚假陈述,对中兴通讯处以总计 22.92 亿美元罚款和禁止在未来 7 年内向中兴通讯出售元器件的制裁。可以看出,实现对企业合规的有效治理,有着其现实必要性和时代价值。

为破解企业经营管理中出现的不合规问题,我国在参考国际上企业合规治理有关经验的基础之上,结合自身实际,在企业合规制度构建和实施方面开展了积极探索。从整体上看,我国企业合规治理经历了“小合规”向“大合规”方向发展,呈现“始于金融企业,发展于国有企业,拓展于其他领域”的演化路径。原中国银行业监督管理委员会(以

---

① 习近平:《在民营企业座谈会上的讲话》,人民出版社 2018 年版,第 10 页。

② 习近平:《正确引导民营经济健康发展高质量发展》,载《人民日报》2023 年 3 月 7 日,第 1 版。

下简称原银监会）于2006年10月出台了《商业银行合规风险管理指引》，原中国保险监督管理委员会（以下简称原保监会）于2016年12月出台了《保险公司合规管理办法》，中国证券监督管理委员会（以下简称证监会）于2017年6月出台并于2020年3月修正了《证券公司和证券投资基金管理公司合规管理办法》。之后，国务院国有资产监督管理委员会（以下简称国资委）于2018年11月出台了《中央企业合规管理指引（试行）》，在此基础上又于2022年8月出台了《中央企业合规管理办法》，国家发展和改革委员会（以下简称国家发展改革委）等部门于2018年12月印发了《企业境外经营合规管理指引》，国务院反垄断委员会于2020年9月印发了《经营者反垄断合规指南》，最高人民检察院等部门于2021年6月发布了《关于建立涉案企业合规第三方监督评估机制的指导意见（试行）》，国家市场监督管理总局（以下简称国家市场监管总局）于2021年11月出台了《企业境外反垄断合规指引》。此外，我国还于2022年10月出台了国家推荐性标准GB/T 35770－2022《合规管理体系　要求及使用指南》。可以说，我国在企业合规制度构建和实施方面已取得了一定成就，但也应看到，企业合规制度构建和实施面临一定的挑战，如企业合规制度的法律位阶较低、约束力不够。《中华人民共和国公司法（2018修正）》（以下简称《公司法》）没有直接明确企业合规的内部治理义务，《中华人民共和国行政处罚法（2021修订）》（以下简称《行政处罚法》）没有直接明确将企业合规内部治理作为从轻、减轻、免于处罚的考量因素。① 在企业合规相关的国家治理制度供给中，除极少是部门规章之外，其他或是规范性文件，或是指导性文件，企业合规治理缺乏法律层面上的明确规范。在实践中，

① 考虑到法律法规的修正、修订频率，书中涉及我国法律法规的，除非专门说明，一般是指本书成稿时的现行法律法规，涉及修正或修订的，一般是在第一次出现时予以标明。

更多的是仅将企业合规治理放在道德层面去看待，导致出现了企业合规治理的主动性不足、积极性不高。此外，营商环境创新层面企业合规内部治理的国家激励制度尚待健全完善，除近年来探索的企业合规刑事激励之外，企业合规行政激励制度建设明显滞后。一言蔽之，我国企业合规国家治理制度建设尚在初步阶段，激励与约束面临“双重”困境，如果不能有效解决对企业合规内部治理的国家激励问题和国家约束问题，企业合规内部治理只能是“雷声大而雨点小”，可能出现“形式”大于“实质”的情况。

近年，我国学界对企业合规制度有关问题进行了积极探索研究。从现有研究文献来看，我国企业合规制度的相关研究开始出现于 21 世纪初的金融领域，但企业合规制度在真正意义上引起学界广泛关注是在 2006 年 10 月出台的《商业银行合规风险管理指引》之后，尤其是引起法学界广泛关注还是在 2018 年以后。我国对企业合规制度的有关研究可以分为两个阶段。第一个阶段是 2006 年出台《商业银行合规风险管理指引》之后至 2017 年出台《证券公司和证券投资基金管理公司合规管理办法》的前后，这一阶段主要是围绕金融领域合规治理来开展研究。这一阶段对企业合规制度研究的文献更多属于介绍性和实务性的成果，理论深度不足，成果多集中在管理学领域，法学界对此关注较少。第二个阶段是 GB/T 35770－2017《合规管理体系　指南》出台之后，特别是 2020 年 3 月最高人民检察院启动企业刑事合规不起诉改革试点的前后，企业合规治理制度研究文献出现爆发式增长，成为了商法、行政法、刑事法、经济法等领域学者关注的热点问题之一。这一阶段相关法学研究成果集中在对国外经验的介绍以及我国适用分析等方面。对企业合规内部治理的刑事激励研究是这一阶段的关注重点，这与最高人民检察院启动涉案企业的合规改革试点密切相关，凸显了企业合规治理相关研究的实践回应性和问题导向性。这一阶段还有少数学者围绕企业治理机制和行政激励制度进行了研究,此外还有少数学者围绕独立监管人、合规制度有效性、合规性质、数据合规等维度对企业合规制度进行了不同视角的研究。

然而,总体来看,我国对企业合规制度研究尚处于初步阶段,理论上的“瓶颈”影响我国企业合规治理的实践进程。归纳起来,对企业合规制度研究在三个方面需要加强:一是企业合规制度体系化研究缺乏。现有研究主要从刑法、行政法、商法、经济法等单个部门法视角研究企业有关问题,尤其是对企业合规内部治理的刑事激励的研究居多,对企业合规内部治理的行政激励制度的研究较少,缺乏对企业合规内部治理的民事激励制度的研究。此外,很少有学者研究企业合规治理的约束制度。虽然有少数研究文献涉及了企业合规制度的体系问题,但主要是停留在对学术观点的综述和对国外经验的阐释上。总的来说,当前基本上是囿于某一层面、某一方面来研究企业合规制度,没有对企业合规制度进行体系化的研究,没有跳出商法、刑法、行政法、经济法等单一部门法的局限来研究企业合规制度体系,其结果或是造成企业合规制度研究的“碎片化”现象,或是将单一的部门法视角的企业合规制度当成企业合规制度的全部,如把企业合规看作刑事合规,存在以偏概全、一叶障目的问题。可见,跳出单一的部门法视角来对企业合规制度体系进行系统性研究,对企业合规制度体系的“顶层设计”进行理论上的探讨,具有现实必要性。二是企业合规制度理论化研究不足。我国企业合规制度的基础理论研究还相当缺乏,特别是在用中国特色社会主义理论话语体系回答“需要什么样的企业合规制度”“为什么要建设企业合规制度”等方面的研究缺乏。三是企业合规制度中国化研究不足。企业合规制度兴起于美国,在欧美一些国家得以生根并得到发展,并被一些国际组织推崇,成为当前国际上公司治理的一项通行制度。特别是 ISO 37301:2021《合规管理体系　要求及使用指南》公布实施以后,企业合规制度对我国应对经贸领域的合规风险具有很强的现实意义。我国有着有别于欧美的国情和社会制度,脱胎于欧美的企业合规制度只有与我国国情和社会制度相结合,进行本土化构建,才能展现其应有的价值。但从现有文献来看,企业合规制度中国化方面的研究较为缺乏,只有极少数文献涉及这方面研究。以企业合规内部治理的刑事激励制度研究为例,学者基本是在阐释国外企业合规治理制度发展历程、制度架构、学者观点、有效性争议的基础上,从理论上推导该制度在我国的适用性,或者为了适用我国法律制度而提出相应的学说,如提出企业独立意志理论、客观的中心归责理论、修正的组织责任理论等企业刑事归责原则,实质上是为了说明企业合规制度引入的正当性而进行的理论创设或者理论调适,没有从我国国情、发展阶段、社会制度尤其是法律制度出发,对国外企业合规制度引入正当性以及本土化改造进行深入研究,造成企业合规制度适用上的“水土不服”。虽然有少数学者从刑法角度对企业合规制度的本土化有所涉及,但是行政激励等层面的中国化问题鲜有涉及,且已有文献对企业合规制度中国化也缺乏具体路径层面的研究,多是较为抽象的理论探讨。

基于以上考虑,本书以“企业合规制度”为考察对象,立足稳步扩大规则、规制、管理、标准等制度型开放的大局,着眼于现有相关理论和实务上的不足,坚持问题导向和系统思维,对企业合规制度进行全方位研究,所考察的企业合规制度包括企业层面上的合规内部治理制度、行政机关层面上的企业合规行政治理制度、刑事司法机关层面上的企业合规刑事治理制度,以及企业交易相对方和民事司法机关层面上的企业合规民事治理制度。全书围绕“需要什么样的企业合规制度—为什么要建设企业合规制度—如何建设中国特色企业合规制度”这一主线,从企业合规制度的概述、企业合规制度的价值与功能、企业合规制度的法理根基、企业合规制度的发展历程、企业合规内部治理制度、企业合规行政治理制度、企业合规刑事治理制度、企业合规民事治理制度等方面，对企业合规制度基础理论、企业合规制度体系、企业合规制度中国化构建等进行较为全面、系统的研究，以期为我国推进企业合规有效治理提供理论上和实践上的参考。

第一章　企业合规制度的概述

一、企业合规制度的内涵

“合规”一词源于英文“to comply with”,系由英文“compliance”翻译而来,原意为“to do what you have to do or are asked to do”,其中文意思是“做应做或被要求做之事情”,该词早期曾出现于医学领域,有遵循医嘱之意。[①] 为理解企业合规制度之内涵,需要结合“合”与“规”两字的具体语义来考察。

“合”最早见于甲骨文,本义为“盖合”之意,后引申多种含义,对“合”的含义需要从具体语境中去理解。例如:《老子》第五十五章所云“未知牝牡之合而朘作,精之至也”中的“合”有“结合”之意;《素问·水热穴论》所云“阳气始衰,故取于合”中

---

① 如韦伯(Weber)等德国学者1977年即在以“Patienten - Compliance”(患者合规)为题的专著中系统讨论了医疗领域的合规问题。

的“合”有“中医穴位名称”之意。具体到“合规”中的“合”可以有两种理解。一种是作“应该”理解,如《史记·司马相如列传》所云“然则受命之符,合在于此矣”中的“合”就有“应该”之意;另一种是作“符合、不违背”理解,如《荀子·性恶》所云“故必将有师法之化,礼义之道,然后出于辞让,合于文理,而归于治”中的“合”就有“符合、不违背”之意。不论将“合”作“应该”理解,还是将“合”作“符合、不违背”理解,都意味着企业对“规”有遵守的义务。然而,对“合”的两种不同理解,意味着企业对“规”遵守的义务存在的差别。当“合”作“应该”来讲,意味着企业对“规”遵守是一种强制性义务,有“不得不为”的意思;当“合”作“符合、不违背”来讲,意味着企业对“规”遵守是一种承诺性义务,有“主动作为”的意思。

“规”的本义是“有法度的正圆之器”,如《楚辞·离骚》云“圆曰规,方曰矩”。与“合”一样,“规”后引申为多重多种含义,对其理解需要结合具体语境来考察。例如,蒋防《姮娥奔月赋》所云“冥冥皓容,规规皓质”中的“规”有“圆形”之意;《资治通鉴·赤壁之战》所云“今将军诚能命猛将统兵数万,与豫州协规同力,破操军必矣”中的“规”有“谋求、谋划”之意;陶渊明《桃花源记》所云“南阳刘子骥,高尚士也,闻之,欣然规往”中的“规”有“计划、打算”之意;《庄子·盗跖》所云“夫可规以利而可谏以言者,皆愚陋恒民之谓耳”中的“规”有“劝告、建议”之意;王粲《咏史诗》所云“生为百夫雄,死为壮士规”中的“规”有“模范、典范”之意。具体到“合规”之具体语境中,与“规”相近的语义有法度、准则、标准、成例等。例如:《史记·司马相如列传》所云“必将崇论闳议,创业垂统,为万世规”中的“规”有“法度、准则”之意;《韩非子·饰邪》所云“释规而任巧,释法而任智,惑乱之道也”中的“规”有“成例、标准、法则”之意。从与“合规”一词中“规”相近的语义来看,“规”既有公权领域强制规范之意,也有私权领域自律性规范之意。

迄今为止,学界对“合规”一词中的“规”的含义,有一个大概一致的认识。邓峰(2020 年)认为合规有服从性的意思,“规”的含义是多重的,包括法律和伦理规范两种,并不仅限于法。[①] 李本灿(2020 年)认为“规”是广义概念,除包含法律法规之外,还包括经具体化的内部规章,甚至更高层次的商业伦理精神。[②] 米里亚姆·赫克勒·贝尔(Miriam Hechler Baer)(2009 年)认为,合规是“组织采用的,防止违反法律和确保对外部权威的服从,由此采取步骤来发现违规的政策和控制系统”。[③] 德国著名刑法学者乌尔里希·齐白也认为合规既是一种法律要求;同时也是一种道德要求;既是法定的,有时又是伦理的或其他的。[④] 陈瑞华(2019 年)认为合规是一种以合规风险防控为导向的公司治理体系,有三层意思:遵守法律法规;遵守商业行为守则和企业伦理规范;遵守自身所制定的规章制度。[⑤] 赵万一(2020 年)认为,从外在控制的角度来说,合规是以改善市场主体的行为价值取向为目的而预设的一种强制性规则;从企业内部运行来说,合规是一种以适应外在要求为目的、以有效改善内部控制和自我约束能力为核心的企业自律行为。[⑥]

在实务中,对合规内涵的界定往往是与具体应用场景有关。在国际上,巴塞尔银行监管委员会颁布的《合规与银行内部合规部门》将“合规”界定为遵守立法机构和监管机构发布的基本的法律、准则和规

---

① 参见邓峰:《公司合规的源流及中国的制度局限》,载《比较法研究》2020 年第 1 期。

② 参见李本灿:《刑事合规制度的法理根基》,载《东方法学》2020 年第 5 期。

③ Miriam Hechler Baer, *Governing Corporate Compliance*, Boston College Law Rev., Vol. 50:4, p. 949 – 1019 (2009).

④ 参见[德]乌尔里希·齐白:《全球风险社会与信息社会中的刑法:二十一世纪刑法模式的转换》,周遵友、江溯等译,中国法制出版社 2012 年版,第 236 页。

⑤ 参见陈瑞华:《企业合规制度的三个维度——比较法视野下的分析》,载《比较法研究》2019 年第 3 期。

⑥ 参见赵万一:《合规制度的公司法设计及其实现路径》,载《中国法学》2020 年第 2 期。

则，市场惯例，行业协会制定的行业规则，以及适应于银行职员的内部行为准则，也就是"合规"不仅包括遵守具有法律约束力的文件规定，还包括广义上的诚信标准和道德行为标准。《世界银行诚信合规指南》将"合规"界定为遵守禁止欺诈、腐败、串通和强迫等不当行为的行为守则或类似文件。ISO 37301:2021《合规管理体系　要求及使用指南》将"合规"界定为遵守法律法规、监管要求、行业准则、良好实践、道德标准，又涉及组织自行制定或公开声明遵守的各类规则。ISO 19600:2014《合规管理体系　指南》将"合规"界定为遵守法律法规、监管规定、相关标准、合同、有效治理原则、道德准则。在国内，《商业银行合规风险管理指引》第3条将"合规"定义为"使商业银行的经营活动与法律、规则和准则相一致"，其中的"规"是指"适用于银行业经营活动的法律、行政法规、部门规章及其他规范性文件、经营规则、自律性组织的行业准则、行为守则和职业操守"。《保险公司合规管理办法》（保监发〔2016〕116号）第2条将"合规"界定为"保险公司及其保险从业人员的保险经营管理行为应当符合法律法规、监管规定、公司内部管理制度以及诚实守信的道德准则"。《证券公司和证券投资基金管理公司合规管理办法》第2条第2款将"合规"界定为"证券基金经营机构及其工作人员的经营管理和执业行为符合法律、法规、规章及规范性文件、行业规范和自律规则、公司内部规章制度，以及行业普遍遵守的职业道德和行为准则"。[①]《中央企业合规管理指引（试行）》第2条将"合规"界定为"中央企业及其员工的经营管理行为符合法律法规、监管规定、行业准则和企业章程、规章制度以及国际条约、规则等要求"。《企业境外经营合规管理指引》第3条将"合规"界定为"企业及其员工的经营管理行为符合有关法律法规、国际条约、监管规定、行业准则、商

① 该办法2020年根据证监会令第166号《关于修改部分证券期货规章的决定》修订，但对合规的界定未改。

业惯例、道德规范和企业依法制定的章程及规章制度等要求”。《经营者反垄断合规指南》第3条将“合规”界定为“经营者及其员工的经营管理行为符合《反垄断法》等法律、法规、规章及其他规范性文件的要求”。《中央企业合规管理办法》第3条将“合规”定义为“企业经营管理行为和员工履职行为符合国家法律法规、监管规定、行业准则和国际条约、规则,以及公司章程、相关规章制度等要求”。可以看出,无论是理论界还是实务界,对“合规”一词中的“规”基本上是作出超越“法律”之外的广义上的理解,既包括公权范畴的规范,也包括私权领域自治的规范,既体现对公权干预的服从,也体现对私权自治的遵从。但“合规”中的“规”含义的广泛性,导致具体实务中出现了“合规”概念上的差异,因此对“合规”的理解应结合具体的场景,离开具体场景来谈“合规”可能没有什么实际意义。

在阐释了“合规”的含义之后,对企业合规制度内涵就不难理解了。本章一开始时对“合规”一词中的“合”作了“应该”“符合、不违背”的探讨。从我国出台的有关企业合规方面的文件可以看出,基本对“合”作了“符合”的界定,体现了对合规治理中企业自主权的尊重。然而,从企业合规治理具体实践来看,在某些场景“合”应作“应该”的理解,如《证券公司和证券投资基金管理公司合规管理办法》以部门规章的形式,对证券公司和证券投资基金管理公司的合规治理作出了强制性的规定,该办法中虽对“合”使用了“符合”界定,但实际词义上有“应该”之意。尽管如此,无论将“合”理解为“符合”还是“应该”均说明企业合规治理都不能离开公权介入。因此,企业合规制度①不仅包

① 这里的企业合规制度实际上是指企业合规治理制度。考虑表达习惯,在不涉及具体的治理制度时,将企业合规治理制度简称为企业合规制度;在涉及具体的治理制度时,不以简称表达,而是相应表达为企业合规的内部治理制度、企业合规的行政治理制度、企业合规的刑事治理制度、企业合规的民事治理制度等。

括企业对合规的自我治理制度,即企业合规内部治理制度,还包括国家基于介入企业合规内部治理而产生的制度,即企业合规国家治理制度。企业合规内部治理制度属于企业内部治理制度范畴,是企业为防止因不合规行为而引发法律责任、受到相关处罚、造成经济或声誉损失以及其他负面影响等风险的治理规程或行动准则,与企业的业务治理制度、财务治理制度同属一个范畴,处于同一地位。企业合规国家治理制度是国家利用包括行政权力、司法权力对企业合规的内部治理进行直接或间接干预,使企业合规内部治理沿着国家预设的意图的方向发展,规范、引导、促进企业合规内部治理的规程或行动准则。

二、企业合规制度的构成

企业合规制度是个复杂系统,是指规范、引导、促进企业合规治理的一系列规程或行动准则,涵盖企业经营管理活动的全过程,涉及企业合规治理的主体、对象、方式、程序、实质等方面,各个方面都有相对应的构成。

(一)从企业合规治理主体的角度进行分类,企业合规制度可分为企业合规内部治理制度和企业合规国家治理制度

对于企业而言,企业合规内部治理能使企业避免因不合规行为而承担法律责任、遭受相关处罚、造成经济或声誉损失以及其他负面影响,从而给企业带来直接或间接的收益,由于企业有开展合规内部治理的动力,其理所当然成为企业合规治理的主体。然而,企业合规内部治理是有成本的,包括合规治理所直接花费的成本和因合规而可能减少的机会成本。例如,针对美国2020年1月1日生效的《加州消费者隐私法》(California Consumer Privacy Act,CCPA),加州总检察长办公室发布的经济影响评估报告分析,该法案可能给企业带来高达550亿美元的初始合规成本。在成本超过预期收益时,企业合规内部治理就失去了动力,况且,企业一般有追求短期利益最大化的冲动,存在为追求

短期利益最大化而不愿进行合规内部治理甚至实施不合规行为的动机。因此,单靠企业自身进行合规治理,存在"失灵"的可能性,或者说,企业可能为了追求短期利益而舍弃合规治理。与此同时,企业合规本身意味着对"秩序"的维护,与国家治理对维护"秩序"的追求存在价值的重合。这是因为在有限资源下维护"秩序"是任何国家都应承担的职责,这就为国家介入企业合规内部治理提供了正当性,也意味着国家作为企业合规治理主体的正当性。而"秩序"维持的关键是制度,是特定社会场域和文化背景下制度的实践后果,按照马克思主义关于内因与外因的辩证关系原理,企业合规内部治理制度是实现企业合规的"秩序"的内因,国家治理制度则是实现企业合规的"秩序"的外因,企业合规的内部治理制度和国家治理制度共同构成了企业合规制度的有机体系。

（二）从企业合规治理对象的角度进行分类,企业合规制度分为通用合规制度和专项合规制度

企业合规治理的对象是各种或有的不合规行为和已有的企业不合规行为。所谓或有的不合规行为,是指企业在经营管理过程中形成的潜在不合规行为,这种潜在的不合规行为的实现需由某些未来事件的发生或不发生才能决定。例如,具有市场支配地位的企业具有滥用支配市场地位而触犯反垄断法的潜在行为,但这种潜在行为需要企业在特定场景下触发才能成为现实中的行为。对或有的不合规行为治理的着力点是预防,防止或有的不合规行为转化为现实的不合规行为。与之不同,已有的不合规行为是企业已经实施的不合规行为,对已有的不合规行为治理的重心是处置,通过处置将不合规行为的负面影响降到最低程度。或有的不合规行为和已有的不合规行为之共同存在决定了企业合规制度的复杂性。一方面,需要有针对或有的不合规行为和已有的不合规行为的通用合规制度,为预防、处置企业的不合规行为建立

系统性制度安排,防止某一环节、某一领域因制度缺失而产生不合规后果;另一方面,由于企业所处的行业属性、商业模式、经营规模等存在差异,不同企业或有的不合规行为和已有的不合规行为存在差异,其背后对应着相应的企业合规治理模式上的差异,否则容易造成企业合规治理的无效性,这就决定了除企业合规通用制度外,还需要有企业专项合规制度,企业专项合规制度与企业所从事领域的行业属性、商业模式、经营规模密切相关。例如:食品生产企业容易引发食品安全问题,需要建立专项的食品安全合规制度;具有垄断地位企业容易发生垄断问题,需要建立专项的反垄断合规制度;知识产权密集的高科技产业容易产生侵犯知识产权问题,需要建立专项的知识产权合规制度;高污染、高耗能企业容易产生环保问题,需要建立专项的环保合规制度;医药采购企业容易发生商业贿赂问题,需要建立专项的反商业贿赂规则制度。可以说,企业通用合规制度和企业专项合规制度体现了重点和一般的辩证法,企业合规通用制度是"纲",企业专项合规制度是"目",只有"纲"举,才有"目"张。

(三)从企业合规治理方式的角度进行分类,企业合规制度分为合规激励制度和合规约束制度

在市场经济中,企业首先作为"经济人"而存在,尽最大努力实现自身的目标或者利益最大化。从企业内部治理来看,由于存在股东和管理层的委托代理关系,以及企业员工和企业利益追求的差异,企业合规的意图与管理层的合规意图、企业员工的合规意图之间存在不一致的地方,在企业的合规意图阻碍管理层和员工的利益最大化追求的情况下,企业管理层和员工可能会抵触企业的合规治理,由此,对企业合规进行激励和约束便有了正当性。此外,企业同时也是"社会人",除追求自身利益最大化外,还承担着社会责任。对此,即使以"经济人"作为其经济学说基本假设的亚当·斯密(Adam Smith)也主张人的"利

他性”，或者说，企业应压抑着自己的私心，使其下降到社会能够接受的程度。企业社会责任理论直接推动了企业社会责任在实践中的推行。该理论是20世纪30年代一些欧美国家对劳资关系对立、环境污染、损害消费者和债权人权益等社会问题进行反思而形成的，认为企业应该承担对社会的责任和义务，企业承担社会责任需要激励和约束。例如，社会责任理论的重要贡献者霍华德·R.鲍恩（Howard R. Bowen）一开始主张社会责任的“自我履行”，但后来对其效果进行考察后，修正了践行社会责任的“自愿原则”，认识到“自愿履责”没有现实约束力。可以认为，从企业合规治理方式来看，激励与约束是企业合规治理的“两条腿”，缺一不可，由此，可以将企业合规制度分为企业合规的激励制度和企业合规的约束制度。企业合规的激励制度，是指企业合规治理主体利用自身资源来鼓励、引导企业合规的制度，不仅包括企业为激励员工、管理层进行合规内部治理的制度，如鼓励企业员工举报不合规行为的制度、对管理层合规治理绩效进行奖励的制度，还包括国家利用权威资源激励企业合规内部治理的制度安排，如在对涉嫌违法企业进行处罚时将企业合规内部治理情况作为从轻、减轻甚至免予处罚的考量因素，或者与企业进行和解，将构建和实施有效合规内部治理制度作为处罚裁量的依据。

（四）从企业合规治理程序的角度进行分类，企业合规制度分为合规规划制度、合规执行制度、合规检查制度、合规改进制度

美国质量管理专家沃特·阿曼德·休哈特（Walter A. Shewhart）提出，并由爱德华兹·戴明（W. Edwards. Deming）挖掘和推广的PDCA［Plan（计划）、Do（执行）、Check（检查）、Act（行动）］是质量管理基本方法，也是企业治理应予遵守的程序。由于合规治理是企业治理的组成部分，PDCA所推崇的计划、执行、检查、改进工作程序适用于企业合规治理场景。国际标准化组织（International Organization for

Standardization, ISO)公布的 ISO 37301:2021《合规管理体系 要求及使用指南》就从 PDCA 的角度对企业的合规治理进行了规定,借助 PDCA 的框架,企业合规治理包括了由合规治理规划,到合规治理执行,到合规治理检查,再到合规治理改进的闭环程序,相对应的制度为合规治理规划制度、合规治理执行制度、合规治理检查制度、合规治理改进制度等制度体系。其中,企业合规治理规划制度包括合规公开承诺制度、有关合规原则和方针的制度、合规治理职责和权限制度、合规风险和合规义务制度;企业合规治理执行制度包括合规治理资源支持制度、合规治理能力培养和合规意识培育制度、合规治理沟通和合规治理培训制度、合规治理运行制度、合规治理控制与合规治理程序制度、合规治理文件化信息制度;合规治理检查制度包括合规内部审核制度、合规治理评审制度、合规监测制度、合规反馈制度、合规调查制度;合规治理改进制度是指对不合规行为的持续改进制度。

(五)从企业合规治理实质的角度进行分类,企业合规制度分为合规风险防范制度和合规风险处置制度

合规风险是企业合规治理的实质,包括两个层面,第一个层面是企业不合规行为发生的可能性,第二个层面是企业不合规行为产生各类损失的可能性。我国现有政策文件中对"合规风险"的界定一般采用第二个层面。例如,《中央企业合规管理指引(试行)》将"合规风险"定义为"中央企业及其员工因不合规行为,引发法律责任、受到相关处罚、造成经济或声誉损失以及其他负面影响的可能性";《中央企业合规管理办法》(国务院国资委令第 42 号)将"合规风险"定义为"企业及其员工在经营管理过程中因违规行为引发法律责任、造成经济或者声誉损失以及其他负面影响的可能性"。而 ISO 37301:2021《合规管理体系 要求及使用指南》将"合规风险"定义为:不遵守组织合规义务(组织必须遵守的要求以及组织自愿选择遵守的要求)的发生可能性

和后果(likelihood of occurrence and the consequences of noncompliance with the compliance obligations),可见是同时采用了第一个层面和第二个层面的定义。实际上,对合规风险定义的两个层面反映了在企业合规治理理念上的差异,第一个层面体现了对企业合规风险预防的治理理念,第二个层面体现了对企业合规风险处置的治理理念。其实,从企业合规治理的效能来看,企业合规风险预防和合规风险处置同等重要,合规风险预防减少了合规风险处置的压力,合规风险处置为合规风险预防提供了基础和参照。因此,从企业合规风险治理来看,企业合规风险预防制度和企业合规风险处置制度共同构成了企业合规风险制度体系。通常,企业合规风险预防制度是指防止不合规行为发生的制度,如企业合规培训教育制度、企业合规承诺制度、企业合规文化培育制度;企业合规风险处置制度是指对不合规行为发生后的负面后果进行管控的制度,如合规风险识别与预警制度、合规调查制度、合规责任追究制度、合规治理改进制度等。

三、企业合规制度的属性

企业合规制度属性决定着企业合规制度的内容构成和运行机制,反映了企业合规制度的固有特点。一般来看,企业合规制度一般具有四种属性,即主体属性、工具属性、从属属性和系统属性。

(一)企业合规制度的主体属性

企业合规制度有着鲜明的主体属性,不同国家、不同行业、不同企业的企业合规制度不完全相同。《世界银行诚信合规指南》就提到"投入满足本之指南的程序,具体行动和资源应在针对具体情况而作出的风险评估的基础上制定,其中应考虑到:组织的规模、具体的位置、产业经营因素、所在国家,以及与商业伙伴和政府官员合作的规模和范围",ISO 37301:2021《合规管理体系　要求及使用指南》就对组织背景作出了规定,提到应审议"商业模式,包括组织活动和运营的战略、性质、规模、复杂性和可持续性;与第三方业务关系的性质和范围:法律监管背景;经济形势;社会、文化和环境背景;内部结构、政策、流程、程序和资源,包括技术合规文化",这是对企业合规制度的主体属性作出的阐释,说明企业合规制度必须和从事经营管理活动的企业实际相结合。

对于企业合规内部治理制度而言,由于所处的行业特点、行业阶段、商业模式、经营规模、企业合规文化不同,企业的合规风险存在不小的差别。对此,有学者认为企业合规应当"因人而异"。[①] 譬如,成熟行业中的企业和正在发展的行业中的企业所面对的政策环境存在差别,成熟行业中的企业所面临的政策供给比较成熟,不合规的约束就比较多,而正在发展的行业中的企业所面临的政策供给不够健全,不合规的约束相对较少。可见,成熟行业中的企业合规制度与正在发展的行业中的企业合规制度之间存在一定的差异。例如,在互联网平台经济发展初期,为了促进这类行业的发展,国家可能采取包容的监管理念,但互联网平台经济发展到一定程度后,数据隐私、数据安全、数据滥用等问题到了非解决不可的时候,数据合规成为了互联网平台经济领域企业合规治理的重点。不仅企业合规内部治理制度如此,企业合规国家治理制度也是如此。例如,当一国为维护就业稳定,或者为支持某一行业发展时,企业合规的刑事激励制度或者企业合规的行政激励制度就有很大的舞台。我国最高人民检察院于 2020 年 3 月启动的企业刑事合规不起诉改革的试点,与当时国家倡导的"六稳""六保"等或多或少存在一定的逻辑关系。

(二)企业合规制度的工具属性

企业合规制度不仅具有主体属性,还具有工具属性。企业合规制度中的"规"既包括法律法规、监管规定等与一国主权相关的内容,也

---

① See D. Daniel Sokol, *Teaching Compliance*, U. Cin. L. Rev., Vol. 84, p. 399 – 401 (2016).

包括在国际经贸领域被认可的商业伦理、国际条约等内容。国际上的企业合规制度通常存在一个“最大公约数”，如《世界银行诚信合规指南》所禁止的欺诈、腐败、串通和强迫，在主权国家有关制度中或多或少有所规定。可见，企业合规制度可以作为治理企业的工具在各国企业治理中得以引入。

企业合规制度作为企业治理的工具，可以广泛应用于国外、国内两种经济活动的场合中。第一种场合是应用于国际经贸往来。由于企业合规制度已成为国际经贸领域中的常用工具，一国企业要想在国际经贸往来中赢得口碑、减少被处罚的风险，就需要善于利用企业合规制度来规避涉外经营中的不合规行为，否则就可能面临巨大的合规风险。2017 年中兴通讯因违反美国出口管制，被美国商务部和财政部处以高额罚款并要求完善合规计划。该案中，中兴通讯在 2017 年、2018 年分别被处以 8.92 亿美元、10 亿美元的罚款，并被要求进行合规整改，包括更换董事会和管理层的所有成员，由美国指派合规监督员等。[①] 美国在全球推广的企业合规制度将其作为维护本国发展利益的一项重要工具。在中兴通讯因违反美国出口管制而被处以巨额罚款并完善合规内部治理制度的案件中，企业合规就成为了美国制裁伊朗的重要手段，也成为了美国迫使我国企业接受其贸易“游戏规则”的手段。在该案中，美国政府监管部门要求中兴通讯更换董事会和管理层的所有成员，并由美方指派合规监督员，领导中兴通讯的合规工作，可谓是迫使我国企业接受其“游戏规则”的霸权行径。对于美国推行的企业合规制度，“一种声音代表了国际政治的视角，认为合规是美帝国主义经济霸权和长臂管辖权的体现”。[②] 湖南建工集团在参加由世界银行资助的项目竞标时存在虚报业绩的行为，2013 年世界银行作出了“附解除条件

---

① 参见陈瑞华：《企业合规的基本问题》，载《中国法律评论》2020 年第 1 期。

② 陈瑞华：《企业合规的基本问题》，载《中国法律评论》2020 年第 1 期。

的取消资格”的制裁并要求实施有效合规计划①(企业合规计划属于企业合规内部治理制度范畴),2017 年 6 月湖南建工集团因建立并实施有效的合规内部治理制度被世界银行解除制裁。此外,企业合规制度能带动我国涉外企业合规文化培育、积累企业合规治理经验,提高参与企业合规治理领域国际规则制定和提升在企业合规治理领域的国际话语权。在他国恶意利用企业合规治理工具制裁我国企业时,可以将企业合规治理工具作为维护我国利益的反制裁手段,作为维护我国国家利益的有效工具。第二种场合是应用于国内。一是作为企业树立社会形象的工具,企业合规意味着企业遵守法律法规、监管规定、商业伦理,本身就是一种营销手段,能向社会展示一种负责任的商誉。二是作为隔离责任的工具。企业不合规行为通常是由企业员工实现的,有时员工的不合规行为并不是为了谋求企业利益,而是为了自己的利益而实施的行为,在将企业员工行为认定为企业行为的严格责任模式下,对企业的处罚意味着某个企业员工的违规行为后果由企业和其他员工买单,难免显失公平。企业合规的刑事激励和行政激励制度正是对这种不公平的补位。三是作为维护秩序的工具。企业合规本身就是一种“秩序”,但企业合规成为企业的一种文化时,公平、有序、自由的竞争环境便水到渠成。因此,企业合规制度不仅是企业治理的手段,也是国家治理的工具。在倡导政府与社会合作共治的公共治理模式下,企业合规制度在国家治理中可以发挥着非常积极的作用。

(三)企业合规制度的从属属性

按照 ISO 37301:2021《合规管理体系　要求及使用指南》的规定,企业合规涉及对法律法规、监管要求、行业准则、良好实践、道德标准的遵守,还涉及组织自行制定或公开声明遵守的各类规则。除自行制定

---

① 参见陈瑞华:《湖南建工的合规体系》,载《中国律师》2019 年第 11 期。

的规则外，企业合规的“规”更多是来自外界的规则，或者是公权领域的相关规则，如法律法规、监管要求，或者是私权领域但具有普遍约束意义的相关规则，如行业准则、道德标准。不论是何内容，都是企业对这些规则的被动遵守，如果不遵守，企业就可能面临合规风险带来的损失。不难看出，企业合规制度有着其从属性特点，对“规”主要是遵守或符合，而不能随意予以改变。企业合规制度的从属性表现在两个方面：一是企业合规内部治理制度的从属性。企业合规内部治理制度属于企业治理制度范畴，如果将企业章程作为企业经营管理活动需要遵守的“宪法”，那么企业合规的内部治理制度须是遵守这一“宪法”的基本安排，而不能与其产生冲突。此外，如前所述，企业合规内部治理体现了企业对外部规则的遵守，其制度是对强制性社会责任和承诺性社会责任践行的安排。二是企业合规国家治理制度的从属性。企业合规国家治理制度必须与所处的发展阶段、国情和社会制度相适应。以法律制度为例，由于国家可能分属于不同的法系，不同法系的国家法律制度存在差异，在承认单位犯罪的国家和不承认单位犯罪的国家，其刑事激励制度就存在很大差别。因此，在引入企业合规制度时，相关内容如果与现行法律制度存在冲突，就会存在“水土不服”的问题。正因如此，学界对合规制度构建予以了广泛关注，张元琦(2020 年)、[①]刘少军(2021 年)、[②]戚永福(2021 年)[③]分别从不同角度对刑事激励制度的中国化进行了阐释。多数的学者认为，我国有着有别于欧美的国情、发展阶段和社会制度，脱胎于欧美的企业合规制度只有与我国国情、发展阶

---

① 参见张元琦：《刑事合规制度本土化与我国单位犯罪理论兼容性问题研究》，载《上海法学研究》2020 年第 12 卷。

② 参见刘少军：《企业合规不起诉制度本土化的可能及限度》，载《法学杂志》2021 年第 1 期。

③ 参见戚永福：《检察试点语境下企业合规制度的构建》，载《犯罪研究》2021 年第 5 期。

段和社会制度相结合，进行本土化构建，才能体现其应有的价值。可见，企业合规制度对所处的发展阶段、国情和社会制度具有从属性，脱离所处的发展阶段、国情和社会制度的企业合规制度不仅难以推行，也难以发挥效果。

（四）企业合规制度的系统属性

企业是个复杂系统，涉及“人、财、物、产、供、销、存”等系列环节，企业合规治理需要贯穿于这些诸多环节的链条中，这些链条中任何一个环节的合规风险都可能会对企业产生巨大的负面影响。例如，企业因某一环节的不合规行为而引发刑事处罚或行政处罚，可能会严重损害企业的投资者、员工、客户等无辜的第三人的利益，或者说产生“水波效应”。因此，企业合规制度必须具有系统性，制度的“碎片化”会阻碍企业合规治理及其效能的发挥。从企业合规内部治理来看，规划制度、执行制度、合规检查制度与改进制度中任何一项出现“短板”，就可能使企业合规成为形式主义，难以发挥出合规内部治理的应有效果。从企业合规的国家治理来看，无论是企业合规的国家激励，还是企业合规的国家约束，任何一个环节出现制度“短板”，都可能难以发挥好对企业合规内部治理的规范、引导和促进作用。因此，系统化是企业合规制度不可或缺的属性。其实，ISO 37301：2021《合规管理体系　要求及使用指南》有关实施、评估、维护和改进组织内部有效的合规治理体系的安排，就体现了企业合规制度的系统属性。

四、企业合规制度的动因

制度是供给与需求双向作用的结果，企业合规制度之所以成为企业治理的一项制度安排，与利益相关方对其需求是分不开的，这种需求驱动了企业合规制度的供给。企业合规制度的动因是多元的，无论是被动引入企业合规制度，还是主动引入企业合规制度，企业合规制度形成和发展都有其内在的逻辑。概括说来，国家治理现代化、经济高质量发展、参与国际经贸往来、企业可持续发展、营商环境创新都对企业合规制度的形成和发展起着一定的驱动作用,这些构筑了企业合规制度的动因逻辑。

（一）企业合规制度的国家治理现代化动因

党的十八届三中全会审议通过的《中共中央关于全面深化改革若干重大问题的决定》强调"完善和发展中国特色社会主义制度,推进国家治理体系和治理能力现代化",正式提出"国家治理体系和治理能力现代化"的时代命题。国家治理概念来自20世纪80年代末兴起于西方的公共治理理论,该理论有两个代表性思想流派:一是市场取向的治理理论,强调国家治理中的社会参与和对社会资源的广泛调动;二是网络治理理论,认为任何治理目标的达成都有赖于其他力量的资源交换、合作以及基于互信和规则的互动。[①] 我国倡导的社会共治、落实企业主体责任等治理理念在一定程度上体现了公共治理理念。企业合规治理是使企业符合法律法规、监管要求、行业准则、良好实践、道德标准,又涉及组织自行制定或公开声明遵守的各类规则的治理行为。这种治理行为既是对企业发展"秩序"的维护,也是对国家发展"秩序"的维护。企业合规对"秩序"的维护,节省了大量的国家治理资源,因为当企业合规治理成为企业治理的重要方式时,企业的不合规行为会大幅度减少,国家为此所需的资源配置就会随之减少。

尤其是,近年来我国推行了"简政放权、放管结合、优化服务"的改革,并且把这一改革作为全面深化改革的先手棋、转变政府职能的当头炮,行政资源面临着"瘦身",推动"有效市场"和"有为政府"更好结合成为了现实要求。以市场监管部门改革为例,该部门由原工商、原质检、原食药监等多个部门整合而成,机构整合后人员编制并没有与部门

---

① 参见张茜:《国家治理现代化的理论超越与数字化路径》,载《东华大学学报(社会科学版)》2021年第4期。

整合同等增加,一些整合后的基层市场监管部门的人员编制数量较整合前各部门人员编制总数大幅度减少。在监管职责没有减少的情况下,人员大幅度减少的困境要求市场监管部门必须转变监管方式。由于企业合规有着很强的正外部效应,当合规成为企业生产经营活动的普遍遵循时,经济活动领域的"秩序"便水到渠成,这种"秩序"也正是包括市场监管在内的国家治理要实现的目标。可见,企业合规与市场监管之间存在共同的价值实现。因此,市场监管领域等行政资源的"瘦身"对企业合规治理产生了现实需求,使规范、引导、促进企业合规内部治理的企业合规国家治理制度,成为在有限国家行政资源下提升治理效能的工具。对此,2023 年 1 月全国市场监管工作电视电话会议提到要加快推动合规指引标准化规范化建设,完善合规治理制度和运行机制,强调统筹平台企业自主合规和监管外部约束,推动互联网平台企业合规治理责任落地落实。

现代国家治理是以制度为依归的治理,制度建设的质量是影响和决定国家治理现代化水平的关键因素。① 在此语境中,企业合规制度不仅是企业内部治理的范畴,还是国家治理范畴。或者说,为实现国家治理现代化,企业合规有着其存在的内在逻辑,在这种逻辑下,实施企业合规制度是实现国家治理现代化的重要方式。

(二)企业合规制度的经济高质量发展动因

在经济转向高质量发展阶段,实施企业合规制度是推动经济质量变革、效率变革、动力变革的需要。质量变革可以理解为:通过质量治理思想、工具、方式等方面创新,以推动包括产品和服务在内的国民经济各领域、各层面质量的"跳跃"。在经济转向高质量发展阶段,质量变革是提升供给体系质量的内在要求,没有深层次的质量变革,供给体

---

① 唐皇凤:《国家治理体系和治理能力现代化的制度支撑》,载《中共党史研究》2019 年第 12 期。

系质量创造难以实现“跳跃”;与此同时,质量变革也是需求体系质量消费升级的现实要求,人民群众质量需求的复杂化、多元化、层次化的特点决定了要求推进质量变革。可以说,在推进经济高质量发展过程中,供给体系质量创造与需求体系质量消费之间需要高度匹配,这就要求充分发挥市场竞争的“优胜劣汰”作用。效率变革可以理解为:改变过去经济高速增长过程中被掩盖或忽视的各种低效率现象而进行的经济各环节、各领域的革新。市场竞争实质上是效率竞争,“使市场在资源配置中起决定性作用,更好发挥政府作用”根本在于利用市场竞争机制固有的效率优势来实现效率变革。违背市场公平竞争的行为是对效率的“损害”,成为经济发展效率变革道路上的“绊脚石”。动力变革可以理解为:在传统支撑经济快速增长的劳动力数量和成本优势逐步减弱、难以为继后,依靠创新而进行的经济发展动力体系重构。在经济转向高质量发展阶段,经济发展动力变革离不开市场竞争,党的十九大报告就强调经济体制改革必须将要素市场化配置等作为重点,实现要素自由流动、价格反应灵活、竞争公平有序、企业优胜劣汰,全面诠释了经济发展动力变革和市场竞争之间的辩证关系。经济发展动力变革关键在于,一方面,通过市场竞争激发人才活力,形成“人尽其才、才尽其用”的人才生态;另一方面,通过市场竞争去倒逼企业主动推进管理创新、技术创新、体制机制创新,形成“大众创业,万众创新”的创新生态。

从上述分析可以看出,“有效竞争”成为实现经济高质量发展的“钥匙”,为实现经济高质量发展,需要营造公平、有序、自由的竞争环境,以实现有效竞争来推动经济质量变革、效率变革、动力变革。在市场经济中,企业合规制度中的“规”在很大程度上是市场规则的范畴,企业合规意味着企业对市场规则的遵守,从而使得企业合规具有营造公平、有序、自由竞争环境之意。可以说,企业合规制度在一定程度上是维护公平、有序、自由市场竞争的制度,是实现有效竞争的工具。不难看出，通过构建和实施企业合规制度，实现市场有效竞争，从而有助于实现质量变革、效率变革和动力变革，正如有学者认为“推动经济高质量发展，要求企业走质量内涵型发展道路，强化合规经营责任，提升合规经营水平”。①

（三）企业合规制度的参与国际经贸往来动因

企业合规制度兴起于美国，于20世纪末开始被欧美一些其他国家和国际组织认可，现在越来越多国家和国际组织主动采用或被动采用企业合规制度，企业合规制度在国际上得以广泛推广。以我国为例，我国为申请加入巴塞尔银行监督管理委员会，按照其出台的《合规与银行内部合规部门》相关要求，于2006年10月由原银监会出台了《商业银行合规风险管理指引》；针对我国企业在国外遭受的一系列处罚和合规整改，2018年12月国家发展改革委等7部门出台了《企业境外经营合规管理指引》，《中央企业合规管理指引（试行）》出台。

2018年8月，习近平总书记在推进“一带一路”建设工作5周年座谈会上强调：“要规范企业投资经营行为，合法合规经营，注意保护环境，履行社会责任，成为共建‘一带一路’的形象大使。”②这是对我国企业参与国际经贸往来中的合规治理要求所作出的时代回应。企业合规制度作为国际上企业治理的一种常规性制度安排，一国企业要参与国际经贸往来，回避不了建立和实施企业合规制度，否则可能存在巨大的合规风险。在“全面提高对外开放水平，建设更高水平开放型经济新体制，形成国际合作和竞争新优势”的语境中，企业合规制度有其存在的必要性。一方面，企业合规制度能提升我国企业在国际经贸中的“免疫能力”和合规风险化解能力，减少他国利用企业合规的“外衣”侵

---

① 黄石：《提升企业合规经营水平》，载《人民日报》2018年8月9日，第7版。

② 《习近平：坚持对话协商共建共享合作共赢交流互鉴 推动共建“一带一路”走深走实造福人民》，载《人民日报》2018年8月28日，第1版。

害我国国家发展利益的机会;另一方面,企业合规制度可以成为维护我国利益的反制裁手段,作为维护我国国家利益的有效手段。

(四)企业合规制度的企业可持续发展动因

可持续发展是20世纪80年代人们在广泛讨论全球环境与发展问题的背景下提出的概念,后来被应用到其他领域。企业可持续发展是指企业发展既需考虑当前,也需考虑未来,不能以牺牲未来的发展为代价,来换取短期发展利益。这种以牺牲未来为代价的短期发展行为不仅可能导致企业走入绝境,还可能引发一系列社会问题。企业合规制度契合了企业可持续发展的理念,是维护企业可持续发展的有效工具。对于企业来说,不合规可能引发法律责任、受到行政处罚、造成经济或声誉损失以及其他负面影响,使企业发展陷入困境甚至是灭亡。例如,曾一度位列美国500强公司第七位的安然公司,因内部交易和财务造假等违规行为而导致了破产,并引发了一系列的连锁反应。在推进企业合规制度的过程中,我国监管部门引入了“可持续性发展”的公司治理理念。[①] 我国企业合规的国家推荐标准即GB/T 35770－2022《合规管理体系　指南》开篇就提到“合规是实现组织成功和可持续发展的基石”,《中央企业合规管理指引(试行)》第1条就将“保障企业持续健康发展”作为政策实施的目的之一。企业可持续发展需要构建和实施企业合规制度主要基于以下机理:一是企业合规制度能帮助企业预防合规风险,避免不合规行为触发政府监管部门的调查和执法关注,维护企业商誉;二是企业合规制度能帮助企业切割责任,将企业员工的责任和企业的责任进行分离,使在出现不合规行为时能使企业减少或者免于处罚;三是企业合规制度有利于企业培育良好的合规文化,能减少企业“内耗”,提高企业经营管理的效能;四是企业合规制度能促使企业

---

① 参见陈瑞华:《论企业合规的基本价值》,载《法学论坛》2021年第6期。

的利益相关方的合规治理，避免利益相关方的不合规行为给企业带来潜在的风险。可以看出，企业合规制度有着帮助企业实现可持续发展的内在逻辑，是有效延长企业生命周期的制度保障。

（五）企业合规制度的优化营商环境动因

优化营商环境是系统工程，参与的相关方不仅包括各级政府，也应包括参与营商活动等各类经营主体。①《优化营商环境条例》（2019 年 10 月 22 日公布）第 9 条规定，“市场主体应当遵守法律法规，恪守社会公德和商业道德，诚实守信、公平竞争，履行安全、质量、劳动者权益保护、消费者权益保护等方面的法定义务，在国际经贸活动中遵循国际通行规则”，这是从行政法规层面对经营主体参与营商环境建设所作出的原则性规定。从各级政府、有关部门出台的优化营商环境政策，以及地方优化营商环境具体实践来看，主要是政府在优化营商环境中应如何做、该如何改革，鲜有涉及经营主体该如何做。例如，在涉及反垄断、反不正当竞争的营商环境政策中，常用“加强和改进反垄断与反不正当竞争执法”的表述，突出政府端的执法责任，对企业端的预防责任重视不够。

近年，各级政府、相关部门协同发力，在优化营商环境方面做了大量工作，实施了一系列深化改革，出台了一系列优化营商环境制度，营商环境质量不断提升。但是，单靠政府端发力来优化营商环境，容易造成政府端与企业端的“脱节”。在我国经营主体数量增至 1.7 亿户（截至 2023 年 1 月）的背景下，光靠政府“包揽”式优化营商环境的做法越来越难达到预期效果。促进营商环境创新、持续优化营商环境，不能光靠政府端发力，要靠政府和企业齐心协力。

企业是促使营商环境转化为生产力的践行者。地区的营商环境与

① 通常将市场主体等同于经营主体，其实两者之间是有区别的，除引用他人观点和法律、法规、政策文件外，本书一般不用“市场主体”一词，而用“经营主体”一词。

其经济发展水平之间存在显著相关性，作为经济发展主体的企业，是营商环境红利的最直接受益者，也是营商环境的最直接体验者，理应参与到营商环境建设中来。近年，通过“简政放权、放管结合、优化服务”改革，原有优化营商环境改革的红利经历爆发式释放之后，进一步释放的空间将逐步减小。例如，经过多年在商事登记制度领域的改革实践，继续深化商事登记制度空间将变小，更多是“锦上添花”，相应的红利也将随之趋减。企业是优化营商环境最直接的利益方，最能感受到营商环境建设的痛点，最有资格参与到营商环境建设中来。促进营商环境创新，需要让各类企业尤其是大型企业参与优化营商环境建设，再造“红利空间”。

企业参与营商环境建设需构建和实施企业合规制度。在“良法善治”背景下，合规经营的各类企业汇聚在一起，市场化、法治化、国际化营商环境就水到渠成。近年，随着深化“放管服”改革的推进，优化营商环境相关制度不断健全和完善，企业经营所遵守的“规”凸显“良法善治”，构建和实施企业合规制度成为企业赢得市场、实现价值的必然选择，也成为营商环境转化为现实生产力的必然要求和应有之义。因此，营商环境创新不仅需要政府端发力，也需要企业端参与，推进企业合规化建设。

第二章　企业合规制度的价值与功能

一、企业合规制度的价值来源

西汉史学家司马迁在《史记》第 129 章“货殖列传”中提到“天下熙熙，皆为利来；天下攘攘，皆为利往”。任何制度的背后都是对某一种利益的维护，有学者提到制度价值是制度的灵魂，体现制度追求，①正是对制度背后的利益追求的一种阐释。可见，任何制度都是以践行特定价值为依归。与其他制度一样，企业合规制度的价值是该制度之所以成为制度的基础，是源于企业、政府对各自利益的追求。也就是说，企业合规制度的价值既来源于企业利益，也来源于政府利益。对企业合规制度价值来源的考察在很大程度上意味着对企业利益

① 参见辛鸣：《从哲学层面深化制度理论研究》，载《人民日报》2020 年 2 月 24 日，第 9 版。

的分析和国家利益的考察。

(一)企业合规制度的企业利益来源

企业作为一种社会存在,最关键就是对利益的追求,即对自身或对社会是有益的。纵观各种企业理论,其实质都围绕一个主线,即企业的形成和存在对利益主体有什么好处。概括来说,企业利益包括企业的经济利益和社会利益。

1. 从企业追求的经济利益的视角来看。不管是西方学者还是马克思主义学者多倾向于认为企业是基于对经济利益的追求而存在的,或者说,如果没有经济利益的驱动,企业也就不会存在,企业的存在就是为了追求经济利益。利益一直是马克思主义唯物史观的重要范畴之一,①马克思就认为"人们的奋斗所争取的一切,都同他们的利益有关",②恩格斯也认为"每一既定社会的经济关系首先表现为利益"。③通过对马克思有关文献的考察,可以看到他大多时候所论述的利益指的是经济利益。例如,马克思通过分工协作理论的分析,认为工场手工业(我们所说的企业)的出现是源于分工协作所带来的好处,即一方面方便了生产,提高了社会生产力;另一方面源于企业主对利润的追求。再如,马克思在论述"资本来到世间,从头到脚每个毛孔都滴着血和肮脏的东西"时,就引用了托·约·邓宁在《工联和罢工》中的话,即"资本害怕没有利润或利润太少,就像自然界害怕真空一样……为了100%的利润,它就敢践踏一切人间法律;有300%的利润,它就敢犯任何罪行,甚至冒绞首的危险"。④ 既然企业的产生源于对经济利益的追求,那么作为现实中的企业肯定就有对经济利益的追求,没有经济利益

① 参见孟鑫:《马克思主义利益观在新时代的指导意义》,载《人民论坛》2018年第27期。

② 《马克思恩格斯全集》(第1卷),人民出版社1995年版,第187页。

③ 《马克思恩格斯选集》(第3卷),人民出版社1995年版,第209页。

④ 《马克思恩格斯文集》(第5卷),人民出版社2009年版,第871页。

就没有企业存在的必要。

古典经济学和新古典经济学中将企业对经济利润的追求发挥到了极致。亚当·斯密在《国民财富的性质和原因的研究》(以下简称《国富论》)中把企业的经济利益作为企业唯一追求。他以"经济人"的假设为出发点,认为社会中每个人追求自身利益的最大化。对于企业而言,追求自身利益最大化等同于追求利润的最大化,每个企业追求利润的最大化必将带来社会利益的最大化。"每个人都不断地努力为他自己所能支配的资本找到最有利的用途。固然,他所考虑的不是社会利益,而是他自身的利益,但他对自身利益的研究自然会或者毋宁说必然会引导他选定最有利于社会的用途。"①新古典经济学代表综合了古典经济学和边际学派等的分析方法,运用边际的分析方法维护了新古典经济学中对企业经济利益的论述。企业是通过尽可能缩小成本来追求经济利益的最大化。在分析企业行为时,新古典经济学认为企业是以边际成本和边际收益是否相等来安排生产的,无论边际成本是高于还是低于边际收益都不是企业生产的最佳选择点。当边际成本高于边际收益时,追求经济利益最大化的企业会调节产量或者生产规模来实现自身经济利益的最大化;当边际成本低于边际收益时,追求经济利益最大化的企业同样也会调节产量或者生产规模来实现经济利益的最大化。由此看来,新古典经济学在论述企业行为时,始终将企业认为是一个追求经济利益最大化的"经济人"。总的说来,虽然古典经济学和新古典经济学没有具体论述"企业为什么存在"这个关于企业理论最核心的内容,而是把企业作为一个假定的"黑箱",但是古典经济学和新古典经济学却把这个"黑箱"拟人化,这个"黑箱"被假定为追求经济利益的最大化,在这条假定下,古典和新古典剖析企业追求利益最大化背

① [英]亚当·斯密:《国民财富的性质和原因的研究》(下卷),郭大力、王亚南译,商务印书馆2017年版,第28页。

后的行为。现代企业理论的奠基人科斯(R. H. Coase)同样是基于企业追求利益最大化来阐述企业为什么会产生、企业边界是什么等问题。在分析这些问题时,贯穿于科斯理论中的,无疑是企业对经济利益的不懈追求。无论是科斯的成本收益等传统经济分析方法,还是科斯所运用的交易成本概念,其都包含了企业对经济利益的追求,或者说,科斯正是基于企业的"经济人"假设来确立自己的理论基础。如果没有企业对经济利益的不懈追求的前提,科斯的现代企业理论就不会建立。

由此看来,以往的经济学理论将企业经济利益放在了其分析极高的位置,认为企业的目的就是对经济利益的追求,甚至将追求经济利益作为企业的唯一目标。也正是源于对企业对经济利益不懈追求的假定,经济学理论才真正确立起来。如果说人类整个经济发展史是对利益不断追求的历史,那么可以认为企业的发展史就是企业对经济利益不断追求的历史,企业由于其追求经济利益最大化才使企业有着丰富的意义。

企业是市场经济的细胞,它是从事生产、流通或服务性活动的独立核算经济单位。企业因为经济利益而产生、存在,这一点对于理解企业在人类经济发展中的角色定位有着重要意义。正如任何事物发展需要动力一样,企业如果失去了"自身对经济利益的追求"这一动力,企业发展将是没有效率的,所以发展市场经济应充分重视企业的经济利益。企业追求经济利益最直接的表现就是对利润的追求,利润是企业发展始终不变的主题。但是,由于利润通常具有短期性,有时对利润过分追求会带来企业长期可持续发展链条的断裂,阻碍企业可持续发展。所以,虽然利润对企业生存发展具有极为重要的意义,但不能把企业对利润最大化的追求片面理解为企业利益追求的唯一表现。现代企业对经济利益最大化的追求应至少表现在两个层面上:一是企业的生存;二是企业的发展。企业对经济利益的追求必须以企业能否生存和发展作为出发点。生存和发展是辩证统一的关系,只有生存,企业才能谈得上发展;只有发展,企业才能长久生存下去。生存和发展离不开企业对利润的追求,但这里有一个前提,那就是企业对利润的追求不能阻碍企业的生存和发展,而是应促进企业的生存和发展。企业对经济利益的追求应有一种战略性的思维,是在权衡短期经济利益和长期经济利益的利弊的基础上对利润的不懈追求,这一点和西方过分强调企业短期利润有着很大的区别。因此,企业追求经济利益最大化应该是这样一种行为,即在保证企业可持续发展基础上理性追求利润最大化的一种行为。企业合规正是实现企业可持续发展的前提要求。

2. 从企业追求的社会利益的视角来看。社会利益是一种利他利益,社会利益和经济利益是一个矛盾的统一体,它们既存在互相促进的一面,又存在相互矛盾的一面。企业作为市场经济的细胞在追求经济利益时,一方面能同时实现社会利益,即在实现自身经济利益过程中实现社会利益;另一方面则可能不利于社会,这就要求企业通过主动践行社会责任来实现社会利益,①而企业合规便是企业践行社会责任的直接体现。

传统经济学理论认为,个人追求经济利益的结果会自动地实现社会利益,同时也只有在保证企业能够自由追求最大化利润的情形下,社会利益才能得以有效实现。企业追求经济利益所导致的社会利益实现主要表现在以下三个方面:第一,在利润主导下企业会尽力提供适应社会需要的产品和服务。在市场经济中,没有利润,企业就失去了存在的意义;同样,企业产品没有社会需求,企业就失去了存在的价值。企业实现自身的利润目标的途径有多种,但最主要的是生产或提供能满足社会需求的产品和服务,追求利润最大化的企业必须主动或者被动地

---

① 参见王山:《企业利益的理论分析》,载《大连干部学刊》2009年第6期。

按照社会需要进行生产经营活动,同时为了在市场竞争中生存,企业在提供这些产品时必须尽可能节约所需的生产要素,提高生产效率。这样,企业对自身利润的追求对社会产生了两个有利后果,一是社会需求得到了满足;二是社会生产力得到了提高。无论是前者,还是后者,都是社会利益的一种表现方式。第二,利润主导下的企业向社会提供了就业机会。企业发展离不开劳动力,劳动力是企业生存或发展不可或缺的生产要素。正如马克思所说,"只有当生产资料和生活资料的占有者在市场上找到出卖自己劳动力的自由工人的时候,资本才能产生;而单是这一历史条件就包含着一部世界历史"。① 在企业追求利润的不知不觉行为中体现了一定的社会利益,因为雇用劳动力对企业重要,对社会同样重要。就业乃民生之本,劳动者通过就业不仅可以得到赖以生存的生活资料,而且能体现自身生存价值。可以说,就业对社会不仅具有经济意义,同时还具有政治意义,企业在经济利益主导下通过雇用劳动者体现了企业社会利益。第三,利润主导下的企业向政府提供税收。政府是公共利益的代表,它通过履行政治、经济、社会等职能来实现公共利益。但是,政府履行职能必须有一定的物质基础,"赋税是政府机器的经济基础,而不是其他任何东西的经济的基础"。② 在市场经济中,企业赋税是政府收入的主要来源,也就是企业为政府履行职能实现公共利益提供了物质基础,就从这一意义来说,可以把企业的赋税看成企业社会利益的间接表现。

企业通过以上三条途径,在追求自身经济利益过程中,体现着企业的社会利益。企业对经济利益的追求在一定程度上能导致企业社会利益的实现,但以利润最大化为目标的企业在促进社会发展的过程中,容易出现一些问题,如生态环境破坏、诚信缺失、产品质量安全、虚假广

① 《马克思恩格斯选集》(第 2 卷),人民出版社 1995 年版,第 172 页。
② 《马克思恩格斯选集》(第 3 卷),人民出版社 1995 年版,第 315 页。

告、偷税漏税等。这些行为不仅侵犯社会利益，而且最终也会阻止企业的经济利益的实现。因此，把企业的社会利益局限在企业利润最大化下提供产品目标显得过于狭窄。总体来看，企业的社会利益可以分成两方面来考察：一是上文所论述的缘于企业对利润的追求而向社会提供的符合社会需要的产品；二是基于下文所分析的企业践行社会责任而产生的社会利益。

企业社会责任是指一个企业应为其对人类及其社区和环境造成影响的任何行为负有责任，它要求企业在对一些利益关联方造成严重伤害或其资本能够带来积极的社会效益的情况下放弃一部分利润。① 传统理论将企业的责任归于经济责任，将高效率地使用资源以创造利润看成是企业的唯一责任。但是自20世纪以来，以追求利润为目的的企业发展给社会带来许多问题，人们在反思这些问题中逐步将企业责任外延由经济责任扩大到伦理责任、慈善责任等领域。这正如海因茨·韦里克和哈罗德·孔茨所认为的，"20世纪初，企业的使命纯属于经济行为，而今天，由于社会中许多集团在一定程度上的相互依存关系，企业更多地参与社会活动。"②"社会责任的观念和范围的扩大的根本原因是，加速的工业活动不断改变社会。在这种情形下，社会责任来源于企业活动对社会生产的影响。"③现代企业社会责任观点比单纯的经济责任的观念要宽，美国经济发展委员会将企业责任用三个同心的责任圈来表示：最里面的圈表示企业履行经济职能的基本责任，如产品、就业以及经济增长等责任；中间的圈表示在执行这种经济职能时对于社

① 参见[美]彼得·H. 安东尼奥、约翰·威廉·格拉尼斯：《公司战略管理与政企关系》，张慧东、吴京芳译，中国人民大学出版社2001年版，第22页。

② [美]海因茨·韦里克、哈罗德·孔茨：《管理学：全球化视角》，马春光译，经济科学出版社2004年版，第33页。

③ [美]乔治·斯蒂纳、约翰·斯蒂纳：《企业、政府与社会》，张志强、王春香译，华夏出版社2002年版，第131页。

会价值观和优先权的变化要采取一个积极态度的责任,如尊重环境保护;最外的圈表示新出现的还不明确的责任,也就是企业必须保证越来越多地参与到改善社会环境的活动中来。① 企业履行社会责任主要基于三点考虑:一是企业的长期利益是通过践行社会责任来实现的。企业以利润最大化为目标本身不存在问题,但这种利润最大化是以企业可持续发展为基础的。企业通过主动履行社会责任,如不污染环境、善待员工、遵法守纪、诚信经营等,来取得企业利益相关方的广泛认同,虽然这造成企业短期成本的增加,但是这种增加是可以通过为企业长期发展创造良好环境来补偿,如企业在社会中的良好形象、政府较少的干预等。这既是社会对企业发展的要求,也是企业发展的保障。二是作为社会产物的企业应当对社会的需求作出一定的反应。企业和社会之间的关系是个体和整体的关系,企业只有在社会中才能取得发展,企业的一切经营活动都不能游离于赖以生存和发展的社会体系,只有社会取得可持续的发展才能保证企业的可持续发展。三是履行社会责任是规避政府干预的一种方法。履行社会责任是一种减少或避免公众批评的方法,避免或减少公众批评可以减少政府对企业的干预。"当企业采取行动引起重大的社会问题时,企业却不注意,其结果是产生了新的政府管制。"②

从上述分析可以看出,追求经济利益是作为从事经济活动主体的企业生存发展的根本原因和内在动力,企业在生产经营过程中不仅满足了自己经济利益最大化的要求,而且在生产经营过程中实现了一定的社会利益。正因为如此,传统经济学认为企业作为一种存在,其唯一

---

① 参见[美]乔治·斯蒂纳、约翰·斯蒂纳:《企业、政府与社会》,张志强、王春香译,华夏出版社2002年版,第132~133页。

② [美]乔治·斯蒂纳、约翰·斯蒂纳:《企业、政府与社会》,张志强、王春香译,华夏出版社2002年版,第138页。

责任就是追求利润最大化的经济责任,但是20世纪初企业发展给社会带来的一些问题使人们在反思传统企业唯经济责任存在问题过程中,企业社会责任应运而生。如今,强调企业社会责任成为全球一种必然的趋势,作为身处经济全球化的我国企业也应该改变以往唯经济利益的发展模式,这不仅对社会发展有利,也对企业自身可持续发展有利。企业合规制度正是使企业行为符合法律法规、监管要求、行业准则、良好实践、道德标准,又涉及组织自行制定或公开声明遵守的各类规则的一种制度安排,其目的是使企业规避不合规行为的出现,以及规避因不合规行为而引发法律责任、受到相关处罚、造成经济或声誉损失以及其他负面影响的可能性及其后果,这不仅体现了企业的经济利益追求,也体现了企业的社会利益追求。

以 Le 表示企业合规制度的经济价值来源,π1 表示实施企业合规制度给企业带来的短期经济利益,π2 表示实施企业合规制度给企业带来的长期经济利益;以 Ls 表示企业合规制度的社会价值来源,Ls1 表示企业合规制度产生经济利益过程中带来的社会利益,Ls2 表示企业因企业合规制度承载直接社会责任带来的社会利益,$Ls = Ls1 + Ls2$;以 L 表示企业合规制度的价值来源,即企业的利己的经济利益和利他社会利益,$L = Le + Ls$。

由于企业经济利益和社会利益存在正相关关系,故有:

$$Le = Le(\pi 1, \pi 2, Ls) = Le(\pi 1, \pi 2, Ls1, Ls2)$$

鉴于 Ls1 表示企业合规制度产生经济利益过程中带来的社会利益,故有:

$$Ls1 = Ls1(Le)$$

由于 $L = Le + Ls = Le + Ls1 + Ls2$,故有:

$$L = L(\pi 1, \pi 2, Ls2)$$

由此可以看出,企业合规制度的价值来源于企业合规制度给企业带来的短期利益和长期利益以及履行社会责任带来的社会利益。

(二)企业合规制度的政府利益来源

国家产生源于公共利益的需要,而政府是人民与国家之间所建立的一个中间体,①以便两者得以互相结合,它负责体现国家的意志,所以政府作为国家的代表是以公共利益为导向的。早在两千多年前,古希腊哲学家亚里士多德就认为,国家是一种最高级的社团,国家的使命就在于实现最高的善,这种最高的"善"表现为其公民谋取最大的公共利益。② 法国著名启蒙思想家卢梭认为,政府"可以充当国家与主权者之间的联系,他对公共人格所起的作用很有点像灵魂与肉体的结合对一个人所起作用那样",③"为了使政府共同体能具有真正生存……为了使它的全部成员都能够共同协作并能够适应于创建政府的目的;它就必须有一个单独的'我',有一种为它的全体成员所共有的感情"。④可见,在卢梭看来,政府体现的是公共人格,代表的是公共利益。英国思想家约翰·洛克(John Locke)认为,人们在联合成为国家和置身于政府之下"只是为了人民的和平、安全和公共福利"。⑤ 美国公共选择学派代表人物詹姆斯·布坎南把经济学中的"经济人"假设引入到对政府行为的分析,认为政府行为是由政府机构和政府官员具体承担,其中不可避免存在政府不代表甚至是侵犯公共利益的行为。布坎南的政府利益理论给传统政府利益理论提出了挑战。但即使如此,布坎南并不是否认政府作为一种公共利益的代表,而是认为政府履行职能时可

---

① 此处的政府是指广义上的政府,包括行政机关、司法机关等,本书如没有特别说明,政府都是指广义上的政府。

② 参见王山:《国家财政政策与民营企业发展研究——以我国两次应对金融危机冲击为例》,中共中央党校2010年博士学位论文,第47页。

③ [法]卢梭:《社会契约论》,何兆武译,商务印书馆2003年版,第72页。

④ [法]卢梭:《社会契约论》,何兆武译,商务印书馆2003年版,第76~77页。

⑤ [英]约翰·洛克:《政府论》(下篇),叶启芳、瞿菊农译,商务印书馆1964年版,第80页。

能由于自身的利益而产生对公共利益的偏差。

马克思在肯定国家是体现统治阶级利益的同时谈及,“政治统治到处都是以执行某种社会职能为基础,而且政治统治只有在它执行了某种社会职能时才能持续下去”。① 可见,在马克思看来,国家虽然是统治阶级利益的代表,但国家统治阶级利益实现必须借助履行一定的公共利益才能实现其利益。

从理论上来讲,政府应是公共利益的代表,政府的利益应是公共利益。社会主义国家政府应是竭力借助公共力量实现公共利益的政府。

公共利益的对象和受益对象不易确定,这样就给与个人利益相对的公共利益内涵的界定带来难度。由于与公共利益相对的是个体利益,界定公共利益内涵的关键是搞清它与个人利益之间的联系和差别。围绕这一问题产生了两种对公共利益不同的看法。一是以英国法理学家边沁(J. Bentham)为代表的思想家认为,公共利益与个体利益存在绝对的联系,公共利益是“组成共同体的若干成员的利益的总和;不理解什么是个人利益,那么谈共同体的利益便毫无意义”。② 二是以德国学者阿尔弗莱德·弗得罗斯为代表的思想家认为,公共利益和个体利益存在绝对差别,公共利益既不是个体利益的总和,也不是人类整体利益,而是社会通过个人的合作而生产的事物价值总和。③ 可见,边沁看到了个体利益与公共利益之间的内在关联性,但忽视了公共利益与个体利益之间的区别;而弗得罗斯看到了个体利益和公共利益之间的区别,但忽视了公共利益和个体利益之间的联系。可见,公共利益和个体利益之间存在一种辩证统一的关系,社会个体通过追求自身利益在一

---

① 《马克思恩格斯选集》(第3卷),人民出版社1995年版,第523页。

② [英]边沁:《道德与立法原理导论》,时殷弘译,商务印书馆2000年版,第58页。

③ 参见[美]博登海默:《法理学:法律哲学与法律方法》,邓正来译,中国政法大学出版社1998年版,第298页。

定程度上体现了公共利益,公共利益最终要靠不同个体行为才能实现。但是,公共利益与个体利益之间存在很大的不同,这主要表现在公共利益存在外部效应。从宏观层面来讲,公共利益肯定对个体利益有积极作用,但是在微观层面,公共利益可能与个体利益存在矛盾。以企业的排污行为为例,就微观主体企业而言,污染通常对企业的短期利益没有太大的影响,但企业排污却侵犯了公共利益。

正是因为公共利益与个体利益之间既有联系又有区别,所以对公共利益内涵的界定和对个体(如企业)利益内涵的界定存在差别。从国家层面来考虑,国家主要有三种利益,即政治利益、社会利益和经济利益,政府有着三种利益追求,即政府的政治利益、政府的社会利益和政府的经济利益。值得强调的是,这里有关政府的政治利益、社会利益和经济利益是在公共利益大框架下的政治利益、社会利益和经济利益。也就是说,政府的政治利益、社会利益和经济利益的实现有助于公共利益的实现。严格来说,政府的政治利益、社会利益和经济利益不是属于政府的,而是属于政府所代表的国家。政府的政治利益、社会利益和经济利益与国家的政治利益、社会利益和经济利益是同一个概念。

政府公共利益是通过政府的政治利益、社会利益和经济利益来实现的,三者围绕一个中心,即公共利益。或者说,政府公共利益包括三个要素,即政府政治利益、社会利益和经济利益。值得注意的是,多数人认为政府只应该具有政治利益和社会利益,政府经济利益不是政府应有的利益,如果强调政府的经济利益,会出现政府与民争利的情况。然而,如果将政府的经济利益放在公共利益框架之内,将政府的经济利益作为实现公共利益的一种手段,而不是把政府的经济利益作为政府的目的,在这种情况下,政府对经济利益的追求就不会出现与民争利的情况。而且,当今世界几乎所有国家都存在或多或少的国有经济,国有经济是国家作为生产资料所有者参与国民经济活动的一种经济类型。

国有企业作为法人应该具有自己的经济利益，只不过与一般企业不同的是，由于国有企业所有权属于国家并且一般由政府履行代理人角色，国有企业的经济利益一般应具有公共利益的属性。这一点对于我国以国有经济为主导的经济制度尤为重要。换句话说，政府经济利益在我国更具有现实性，我国政体客观上要求政府有其经济利益，不过这必须要有个前提条件，那就是政府的经济利益必须以对公共利益的绝对服从为前提。

具体看来，政府的政治利益、社会利益、经济利益有着各自的内涵。(1)在政府的政治利益方面：政治利益指的是关系一个国家生存与发展的一系列权益的组合。从内涵上来讲，它通常有广义和狭义之分。广义的政治利益包括国家安全利益、统治阶级和人民意志相关的政治利益等，这些利益作为一个个子系统，相互联系、互相作用，共同构成一个系统的国家利益；狭义的政治利益是指与一国统治阶级和人民意志相关的政治利益，包括国家政权政体性质、意识形态、社会制度等。政治概念首先是一个主权的概念，政府作为国家权力执行机构，体现的是国家意志，政府首先维护的是国家作为一个整体的利益，这也是统治阶级利益的要求。因此，政治利益应以维护统治阶级的政治统治为限，主要包括三个层面：一是国家主权、国家领土领海完整和不受侵犯，这是国家的根本，是核心的国家政治利益；二是在国际政治经济秩序中拥有话语权，发挥在国际社会中的重要作用，维护本国政治、经济、社会和文化利益；三是维护本国的政治稳定，发展本国政治文明，为国家发展创造良好的政治环境。(2)在政府的社会利益方面：社会利益是以经济关系为核心，依靠社会成员之间的文化纽带联结而成的利益关系，它主要涉及社会的公共安全利益、社会的道德利益、保护社会资源的利益、政治经济文化等进步的利益、个人生活方面的利益等。社会利益与政治利益既存在联系也存在区别。其联系在于国家政治利益会在一定程度上促进社会利益的出现;其区别在于国家利益强调维护统治阶级的利益,而社会利益则较少涉及阶级等级,或者说对于社会利益而言,全体国民都是平等的受益方。(3)在政府的经济利益方面:政府经济利益和企业经济利益有着本质的区别。企业经济利益强调对利润的追求,即利润主导下的经济利益。而政府经济利益则不同,其追求经济利益是为公共利益服务的,或者说政府经济利益是公共利益主导下的经济利益。政府通过国有资产运营和收税等途径来实现经济利益,取得履行公共职能的物质基础,这种物质基础是实现公共利益的手段,而不能是目的。

从上述分析不难看出,与企业追求利益一样,代表国家的政府有着自身的利益追求,所不同的是政府追求的政治利益、社会利益、经济利益属于公共利益范畴。企业合规制度不仅包括企业合规内部治理的制度,还包括国家规范、引导、促进企业合规内部治理的制度,其原因在于企业合规制度能为国家治理提供一种制度上的保障,背后是代表国家的政府利益的驱动。企业合规所涉及的对法律法规、监管准则等国家制度的遵守,强调企业对国家权威的服从,体现了政府的政治利益。同时,企业合规所涉及社会责任的制度安排,使企业在追求经济利益最大化时主动或被动践行社会责任,参与解决经济发展中出现的社会问题,体现了政府的社会利益。此外,企业合规本身就是企业可持续发展的一项制度安排,企业合规与企业可持续发展之间有着明显的逻辑关系,企业可持续发展不仅是企业的利益追求,也是国家经济发展的利益保障,企业合规制度体现了政府的经济利益。可以看出,企业合规制度契合了政府的政治利益、社会利益、经济利益的目标,成为其价值的直接来源。

二、企业合规制度的价值构成

对企业合规制度的价值构成进行考察,前提是对“价值”的理解。

一般来说,对价值本质的理解存在抽象说、奥妙说、关系说、本性说、情感说、需要说、效用说、主体性说等不同理解,这些不同理解给企业合规制度的价值考察带来不同的视角。此处,将价值看作客体能够满足主体需要程度的表征,是客体功能与主体需要之间的效用、效益、效应关系,将其投射到企业合规制度的价值语境中,可以对企业合规制度的价值作以下理解:企业合规制度的价值是企业合规制度能够满足企业和国家需要程度的表征,是企业合规制度与企业和政府需要之间的效用、效益和效应关系。这里的“效用”是指企业合规制度对企业和政府利益实现的主观评价;“效益”是指企业合规制度构建和实施所产生的效果和收益,是企业为构建和实施合规制度所付出的成本和所获得的利益之间的比例关系;“效应”是指企业合规制度实施过程中有因果关系的直接结果,如企业在实施企业合规制度的过程中,对其他企业合规产生正向激励的效果,对社会的合规文化培育、合规意识提升的效果。

基于以上分析,可以将企业合规价值构成看作在实现企业和政府利益过程中表现出来的合规制度效用、合规制度效益、合规制度效应的组成,是对企业合规制度的价值分类。通过对企业利益和政府利益的分析可知,企业利益由企业经济利益和企业社会利益构成,政府利益由政府政治利益、政府社会利益、政府经济利益构成,企业合规制度的价值正是来源于企业经济利益、企业社会利益和政府政治利益、政府社会利益、政府经济利益。据此,企业合规制度的价值由两个大类构成,即企业合规制度的企业利益价值和企业合规制度的政府利益价值。其中,企业合规制度的企业利益价值包括企业合规制度的经济利益价值和社会利益价值;企业合规制度的政府利益价值包括企业合规制度的政府政治利益价值、政府社会利益价值和政府经济利益价值。如果以 V 表示企业合规制度价值,以 Cv 表示企业合规制度的企业利益价值,以 Cv1 表示企业合规制度的企业经济利益价值,以 Cv2 表示企业合规制度的企业社会利益价值，以 Gv 表示企业合规制度的政府利益价值，以 Gv1 表示企业合规制度的政府政治利益价值，以 Gv2 表示企业合规制度的政府社会利益价值，以 Gv3 表示企业合规制度的政府经济利益价值，则企业合规制度的价值构成由以下函数表达：

$$V = Cv(Cv1, Cv2) + Gv(Gv1, Gv2, Gv3) = V(Cv1, Cv2, Gv1, Gv2, Gv3)$$

（一）从企业层面看，企业合规制度的价值由企业合规制度的经济利益价值和社会利益价值构成

对于企业而言，企业合规制度首先是能带来短期经济利益，如利润、市场估值、市场占有率等。在市场经济中，信用是企业的生命线，企业合规制度实施能够让其交易相对方对企业产生信赖感，这种信赖感不仅能够减少企业在经济活动中的交易成本，还能够增加企业的订单等商业机会。企业交易成本的减少和商业机会的增加意味着企业利润、商业估值、市场占有率的增加。反之，如果企业给交易相对方的印象是对法律法规、监管规定甚至商业伦理的恣意践踏，那么交易相对方对其信赖感就会丧失，企业的利润、商业估值、市场占有率随之受到影响，进而对企业短期的利益实现产生影响。同时，企业合规制度也能够给企业带来长期的利益。信用不仅能给企业带来实实在在的短期利益，还是企业商誉的重要表征，这种商誉是企业延长生命周期的重要保障。从某种程度上来看，企业合规制度可以看作企业培育商誉和维持商誉的制度安排，通过企业合规制度来保障企业始终处于合规的发展轨道，实现对企业商誉培育和维持。此外，企业合规制度的企业经济利益价值还体现在对不合规行为事后的救济价值上，当企业由于偶然因素、不可控因素而产生不合规行为时，企业合规制度可以成为企业降低合规风险甚至规避合规风险的手段。在存在完善的企业合规制度的前提下，由于偶然因素、不可控因素带来的偶发性不合规行为的背后一般

不具有主观上的“恶性”，在其交易相对方、监管部门看来，企业发生不合规行为的概率较低，其危害性也相对较低。不难看出，企业合规制度对企业不合规行为具有危机公关的作用，这无论对企业的短期利益还是企业的长期利益都有相应的价值。通过上述分析可以这样认为，企业合规制度对企业经济利益具有内在的作用机理，其价值成为企业经济利益价值的组成部分。

对于企业而言，企业合规制度还具有企业的社会利益价值。上述企业合规制度的经济利益价值本身就具有一定的社会价值因素。除此之外，企业合规制度赖以遵守的法律法规、监管规定等基于公权权威的相关规则，体现着社会利益，如国家关于环境保护、公平竞争、食品安全等的规定，正是基于对“市场失灵”的干预。不难理解，企业合规制度具有社会利益价值的功能，企业社会利益价值成为了企业合规制度价值的构成部分。

（二）从政府层面看，企业合规制度的价值由政府政治利益价值、政府社会利益价值和政府经济利益价值构成

市场是资源配置的最佳方式，但市场自发性、盲目性和滞后性与生俱来，天然存在“市场失灵”。企业合规制度是对“市场失灵”进行调整的制度，不仅对企业有着价值，而且对政府有着价值。首先，企业合规制度具有实现政府的政治利益的价值。一是企业合规制度有维护国家经济主权的价值。“规”代表着对一国政治制度的遵守，无论是本国企业还是外国企业在一国从事经济活动，都需要遵守所在国的政治制度，企业合规制度正是对遵守一国政治制度的制度安排。二是企业合规制度有提升在国际政治经济秩序中的话语权价值。企业合规制度可以在国际经贸往来中主动适应他国之合规要求，减少他国制裁本国企业的“借口”，有助于树立本国企业的形象。此外，企业合规制度可以作为应对他国制裁的一种“反制裁”手段。三是企业合规制度有维护本国

政治稳定的价值。“秩序”是政治稳定的前提，企业合规制度是企业主动或被动遵守“秩序”的制度安排。在“良法”背景下，企业经营所遵守的“规”凸显着“善治”的价值导向，无论是企业合规的内部治理，还是企业合规的国家治理，都一定程度上有利于政治稳定。其次，企业合规制度具有实现政府的社会利益的价值。政府的社会利益涉及社会的公共安全利益、社会的道德利益、保护社会资源利益、政治经济文化等进步的利益、个人生活方面的利益等，它们在企业合规制度中都能得到体现。企业合规制度涵盖市场交易、安全环保、产品质量、劳动用工、知识产权、商业伙伴等诸多方面，这些方面与政府社会利益密切相关。例如：企业产品质量安全合规制度具有保障产品质量安全的价值，属于社会的公共安全利益；企业合规制度涉及对商业伦理的遵守，而商业伦理属于社会的道德范畴；企业环保合规制度涉及对社会资源利益的维护；企业知识产权合规制度体现了对创新利益的保护；企业合规制度起到了维护市场秩序的作用，进而保护了消费者利益。最后，企业合规制度具有实现政府的经济利益的价值。企业合规制度能有效保障企业可持续发展，企业可持续发展是经济持续健康发展的微观基础，有助于实现政府的经济利益。此外，企业财务税收合规制度体现了对税收法律政策的遵守，是税源培植、税收共治的有效手段。基于以上分析不难看出，企业合规制度对政府政治利益价值、政府社会利益价值、政府经济利益价值有着清晰的作用机理，或者说，在实现政府利益层面，企业合规制度的价值由其产生的政府政治利益价值、政府社会利益价值和政府经济利益的价值所构成。

三、企业合规制度的保护企业功能

通说认为，制度具有多种功能，如规范与引导功能、惩罚与激励功能、防范与警示功能、教化与建构功能。[①] 此外，按照制度经济学派的早期代表人物之一约翰·洛克斯·康芒斯（John R. Commons）将制度看作“集体行动控制、解放和扩张个体行动”的观点，企业合规制度可以理解为实现企业合规的集体行动控制、解放和扩张个体行动的规则和制度安排，体现实现其功能的逻辑机理。市场经济属于风险经济，企业容易受到外部冲击，引发外部冲击有多种因素，既有客观因素也有主观因素，既有企业自身因素也有企业之外因素。企业合规制度是企业应对外部冲击的“抗体”，具有保护企业的功能，这种功能主要体现在对企业公平参与竞争、抵御经营风险、防范监管处罚风险的保护等方面。

（一）企业合规制度的保护企业公平参与竞争功能

公平正义是人类社会的共同理想，是贯穿于国家治理过程的价值主线。党的十九届六中全会审议通过的《中共中央关于党的百年奋斗重大成就和历史经验的决议》强调，保障和促进社会公平正义，努力让人民群众在每一项法律制度、每一个执法决定、每一宗司法案件中都感受到公平正义。作为市场经济的基本原则、市场机制高效运行的重要基础之公平竞争，不仅是市场竞争的“灵魂”、经济实现高质量发展的基本条件，[②]也是公平正义在企业经济活动中的直接体现。可以说，企业公平参与竞争就是企业在经营管理活动中践行公平正义。企业合规制度连接着企业内部治理制度和国家治理制度，是企业治理沿着国家治理轨道运行的保障，体现着公平正义的功能价值，也是竞争政策作为市场机制正常发挥作用的根本保障、作为更好发挥政府作用的直接体

---

① 参见徐斌、陈思：《论制度的功能及实践机制》，载《江海学刊》2016 年第 5 期。

② 参见王山：《管“活”管“优”促进市场竞争》，载《学习时报》2018 年 10 月 19 日，第 2 版。

现之应有之义①。对此，最高人民检察院提到要“积极稳妥推进涉案企业合规改革。做实对国企民企、内资外资等各类企业依法平等保护”。② 保护企业公平参与竞争成为企业合规制度的重要功能，其机理主要体现在三个方面：一是企业合规制度具有参与建设公平竞争宏观环境的功能。企业合规制度中的“规”包括了国家治理企业的制度安排，在“充分发挥市场在资源配置中的决定性作用，更好发挥政府作用”的语境中，公平竞争是“规”的重要价值取向。我国有不少涉企的法律、法规、规章将“公平竞争”作为立法目的，正是体现了对公平竞争价值取向的追求，如《中华人民共和国反垄断法（2022 修正）》（以下简称《反垄断法》）第 1 条提到“保护市场公平竞争”，《中华人民共和国反不正当竞争法（2019 修正）》（简称《反不正当竞争法》）第 1 条提到“保护公平竞争”。在企业合规制度成为各类企业普遍采取的制度安排时，微观意义的公平竞争就能形成宏观意义上的公平竞争，从而为企业参与公平竞争提供良好的外部环境。二是企业合规制度具有激励企业参与公平竞争的功能。制度具有对人们活动和行为方式的激励和导向的结构和功能，③企业合规的激励制度和约束制度对企业公平参与竞争分别具有正向激励功能和反向激励功能。当企业合规成为企业内部治理制度时，公平参与竞争便成为企业行为的一种自觉。三是企业合规制度具有降低企业参与公平竞争成本的功能。恰当的企业合规制度能降低企业参与公平竞争的成本。例如，在某个企业实施了有效合规

---

① 参见王山：《实施竞争政策，应对复杂经济形势》，载《中国经济周刊》2019 年第 22 期。

② 张军：《最高人民检察院工作报告——2023 年 3 月 7 日在第十四届全国人民代表大会第一次会议上》，载最高人民检察院官网 2023 年 3 月 17 日，https://www.spp.gov.cn/spp/tt/202303/t20230317_608765.shtml。

③ 参见蔡宝刚：《论制度功能与制度反腐》，载《扬州大学学报（人文社会科学版）》2020 年第 2 期。

内部治理制度时，交易相对方会对其产生合规的信赖，会降低交易相对方与该企业交易成本，交易相对方会倾向于与实施有效合规内部治理制度的企业进行交易。这就是说企业合规制度降低了交易相对方交易成本，增加了交易的商业机会。

（二）企业合规制度的保护企业抵御经营风险功能

企业经营风险涉及政策风险、市场风险、财务风险、法律风险以及团队风险，企业存在的不合规风险，即引发法律责任、受到相关处罚、造成经济或声誉损失以及其他负面影响的风险，与企业经营风险之间有着密切关系，它们之间存在一定的“交集”。企业合规制度的首要使命是应对企业发生的不合规行为以及不合规行为产生的合规风险，可见，企业合规制度能够对企业合规风险产生抵御作用。政策风险是国家政策变化对行业和产品的影响的可能性，由于企业合规制度的根基是国家政策，有效的合规制度建立在对国家政策进行实时跟踪和研判的基础上，能够及时对国家政策进行应对反应，从而有利于企业抵御可能来源于政策的风险，如根据国家政策变化及时调整企业合规制度。产品或服务的价格及供求变化带来的风险构成了企业的市场风险，通过实施企业合规制度来保护企业公平参与市场竞争，价格机制、供求机制在竞争机制作用下能够进行灵敏的反应，从而使企业形成自我化解市场风险的机制。财务状况具有不确定性，从而使企业有蒙受损失的财务风险，财务风险在多数情况下由企业财务不合规所引致。例如，2020年，瑞幸咖啡（luckin coffee）通过虚构商品券业务的方式来增加交易额，曾一度使其股价暴跌80%，盘中数次暂停交易。有效的企业合规制度可以使财务不合规失去“土壤”，进而对企业财务不合规行为产生“绝缘”效应。企业合规制度涉及企业对法律法规的遵守，具有预防、应对、处置法律风险功能，涵盖了企业在登记设立、合同管理、知识产权、人力资源管理、企业税收、企业并购等方面对法律法规的遵守，体现了对企业法律风险治理的价值和追求，成为企业抵御法律风险的预防手段。企业合规制度涉及对企业高管、企业部门、企业员工等合规义务的安排，对防范企业团队风险起到基础性作用。例如，劳动用工领域的不合规行为，会减少员工对企业的忠诚度，产生企业团队合规风险。从以上分析可以看出，企业合规制度是企业生命体中的“抗体”，对企业经营活动中出现的政策风险、市场风险、财务风险、法律风险以及团队风险均或多或少存在一定“免疫”能力。或者说，企业合规制度具有保护企业抵御政策风险、市场风险、财务风险、法律风险的功能逻辑。

(三)企业合规制度的保护企业防范监管处罚风险功能

企业合规制度对保护企业防范监管处罚风险功能的激励体现在三个层面。第一个层面是企业合规制度作为信用监管制度范畴。企业合规的内部治理制度是对国家有关涉企制度的服从，是对法律法规、监管规定的主动遵守，这类服从和遵守具有培育信用的作用。在推崇信用监管的语境中，即将信用作为监管执法的重要依据的前提下，企业合规制度可以成为信用监管的处罚裁量参考。或者说，从企业合规内部治理来看，企业合规制度是企业主动配合政府信用监管的制度安排。第二个层面是企业合规制度作为国家激励制度范畴。企业合规的国家激励制度具有功能主义特征，体现了协商治理的治理理念，协商治理是利益相关者以理性对话和公共协商的形式和程序协调分歧和达成共识，以最大化实现公共利益的特定治理机制。① 企业合规制度的国家激励制度可以理解成企业以合规制度的构建和实施来换取政府监管部门“从宽”处理的制度安排，有两种实现场景：一种场景是企业合规制度是认定企业违法违规、确定违法违规处罚的参考标准，即在企业涉嫌违法违规时，如果企业构建并实施了健全完善的合规制度，则可以据此认

① 参见唐皇凤：《协商治理的中国实践：经验、问题与展望》，载《中共中央党校(国家行政学院)学报》2020年第1期。

定企业不具有违法违规的主观“恶性”。另一种场景是将企业实施有效合规制度作为减轻企业处罚的“交换筹码”。这种场景的前提是存在和解制度，通常的模式是：在认定企业存在违法违规行为后，政府监管部门对涉案企业实施附条件从宽处理，一般是涉案企业向政府监管部门缴纳和解保证金，并承诺实施有效合规内部治理制度，在一定考察期合规内部治理制度得到有效实施后，解除对企业的监管处罚。第三个层面是企业合规制度作为国家约束制度范畴。在这种场景下，通过法律、法规、规章对企业合规的义务进行强制性规定，企业合规治理建设成为了国家强制行为。例如，《证券公司和证券投资基金管理公司合规管理办法》将合规纳入证券公司和证券投资基金管理公司的强制性义务。在合规成为国家治理企业的强制性要求情况下，企业合规制度是企业主动遵守国家强制性要求的行为，这种行为本身起到了防范监管处罚风险的作用。

四、企业合规制度的责任分配功能

从治理主体来看，企业合规制度包括企业合规内部治理制度和企业合规国家治理制度。前者包括企业合规的内部激励制度和内部约束制度，后者包括企业合规的行政激励制度、行政约束制度、刑事激励制度、刑事约束制度。此外，还有兼具企业合规内部治理制度和企业合规国家治理制度双重特点的民事领域激励制度和民事领域约束制度。企业合规制度的责任分配功能是指企业合规制度所蕴含的对合规责任在治理主体间进行配置，可以分为国家与企业间责任分配功能、企业内部责任分配功能、企业与其他组织间责任分配功能等。

（一）企业合规制度的国家与企业间责任分配功能

企业合规制度反映在企业合规治理中企业应担负的责任和作为国家代表的政府应担负的责任。与政府与市场之间的关系并没有一个亘古不变的解一样，企业合规的责任分配只有放在一国特定的国家制度、市场化程度、发展阶段等中来考察才有意义。在市场经济国家,企业应担负的责任和政府应担负的责任是和政府与市场之间的边界密切相关的,两者之间的责任分配因政府与市场关系不同而不同。在崇尚经济自由的国家,企业是担负合规治理责任的主要主体,政府不对或者少对企业合规进行干预;而在重视政府对市场干预的国家,企业和政府都是企业合规治理责任的承担主体,政府对企业合规内部治理进行一定的干预,且政府应担负的企业合规治理责任由政府对市场的干预程度来决定。

由于企业对自身利益最大化的追求,企业合规需要一定成本,如合规内部治理所承担的资金、人员等直接成本,以及因合规而减少的潜在收益的机会成本,企业合规甚至会短期影响利益目标的实现,企业合规治理也会产生一定的"失灵",如企业合规治理的激励和约束不够,这需要政府对企业合规治理进行必要的干预。政府对企业合规内部治理的干预有两种方式:一种是利用政府权力强制企业合规,另一种是利用政府对资源的配置权,对企业合规进行鼓励和引导。第一种干预体现了政府对企业合规治理的义务性规范和禁止性规范,违反义务性规范和禁止性规范将会面临处罚。第二种干预体现了现代公共治理的价值导向。回应型治理理论为政府对企业合规内部治理的第二种干预方式提供了依据,该理论是塞尔兹尼克、诺内特与唐纳德·布莱克围绕美国20世纪中期出现的社会问题展开论战而逐步形成的。这一理论倡导相对平和的态度,如协商、讨论和妥协,主张秩序不是通过强制的方式而是通过主体间平等协商而确定的,认为法律是多元的,法律、风俗习惯和惯例三者之间很难区分。此种论点为企业合规中"规"的现代解释提供了启示,即"规"不仅仅指法律法规等"硬法",还指商业惯例、商业伦理等"软法"。与回应型治理理论相类似的平衡论也认为,行政主体和行政相对人之间应是平衡的关系,通过行政法的制约和激励机制的“协调运作”来激励行政相对人达到实现秩序之目的。回应型治理理论所倡导的理念与企业合规激励有着高度的契合性，这是因为企业合规激励实质上是政府采取协商的方式引导企业合规，进而与强制企业合规在理念上有着较大差别。在践行“充分发挥市场在资源配置中的决定性作用，更好发挥政府作用”语境中，企业合规治理首先是企业责任，政府应担负的企业合规责任应限制在企业合规治理的“失灵”领域，以企业合规行政激励和刑事激励为主，行政约束、刑事约束为辅，重视企业合规民事约束和民事激励。据此，企业合规制度的政府和企业责任分配功能体现在：企业承担企业合规内部治理责任，政府在企业合规治理“失灵”领域承担责任，主要承担企业合规的行政激励、刑事激励，以及有限度的行政约束、刑事约束，同时充分发挥民事约束和民事激励在企业合规治理中的作用。

（二）企业合规制度的企业内部责任分配功能

企业合规贯穿企业经营管理活动全过程和企业的全生命周期，企业合规风险会引发法律责任、受到相关处罚、造成经济或声誉损失以及其他负面影响，甚至危及企业生存。可见，企业合规制度在企业内部具有外部性，即某一员工的不合规行为对企业其他员工产生影响。因此，企业合规制度所涉及的合规治理责任是全员责任，贯穿决策、执行、监督全过程，企业每一个部门、每一个岗位、每一个员工都应参与到企业合规内部治理中来，承担相应的合规责任，否则可能产生合规治理“搭便车”现象，影响企业合规内部治理效果。全体员工参与与本岗位职责相关的合规内部治理，对自身行为的合规性承担责任。以公司制企业为例，董事会在定战略、作决策、防风险方面承担合规责任，如承担审议批准企业合规基本制度和体系建设方案，决定合规内部治理牵头部门的设置和职能等责任；监事会承担企业合规内部监督责任，如监督董事会决策与流程合规性，监督董事和高级管理人员合规责任履行情况，开展合规工作检查和合规改进监督等;管理层负责本领域内的日常合规内部治理工作,如承担组织实施合规内部治理体系建设方案,制定合规治理工作流程,及时制止并纠正不合规行为,对重大合规风险及时采取应对措施等责任;业务部门承担本领域合规责任,如制定合规指引及有关清单,开展合规风险识别和隐患排查并及时发布合规预警,进行合规性审查,组织或配合开展合规风险事件应对处置,开展合规培训、合规评估、合规整改等。

(三)企业合规制度的企业与其他组织间责任分配功能

除企业和政府两端外,企业合规还涉及企业的其他利益相关方。这里的利益相关方是指"可以影响组织目标的实现或受其实现影响的群体或个人"。① 具体来讲,这里的其他利益相关方包括与企业产生交易往来的交易相对方以及对企业经营管理产生影响的包括行业协会在内的非政府组织。

1. 企业合规制度具有企业与交易相对方合规责任分配的功能。企业合规治理具有"外溢效应",不仅给企业自身带来积极效应,还给企业的交易相对方带来了积极效应,如能给交易相对方降低交易成本和交易风险。因此,交易相对方具有与有良好合规制度的企业进行经济往来的偏好,合规调查成为了实现这种偏好的一种手段。为确保交易往来的合规性,企业应担负对交易相对方的合规调查责任,而交易相对方应担负为企业合规调查提供必要条件的责任。此外,企业合规制度的企业与交易相对方合规责任分配功能还体现在民事救济上,在企业与交易相对方之间的民事侵权纠纷中,企业合规制度可以成为侵权责任认定和损害赔偿的考量因素,涉嫌侵权方或被侵权方将各自的合规制度及对方合规制度作为权利救济的抗辩。在这种场景下,企业合规

① Schwartz M. S. & Carroll A. B., *Corporate Social Responsibility*: *A Three – Domain Approach*, Business Ethics Quarterly, Vol. 13:4, p. 503 – 530(2003).

制度具有为企业和交易相对方的举证责任分配的功能。

2.企业合规制度还具有企业和非政府组织的合规责任分配功能。兴起于西方国家的企业社会责任理论是企业合规制度产生和发展的理论来源,作为独立于政府体系之外的具有一定公共性质并承担一定公共职能的非政府组织,在推动企业社会责任方面扮演着重要角色,非政府组织担负推动企业合规责任有着明晰的逻辑机理。行业协会属于《中华人民共和国民法典》(以下简称《民法典》)规定的非营利法人,属于与企业最有直接联系的非政府机构,是行业自律性组织,具有维护行业内企业利益、促进行业内企业可持续发展的责任。以2005年12月2日公布的《广东省行业协会条例》为例,该条例将行业协会的宗旨界定为"为会员提供服务,维护行业、会员的合法权益和共同经济利益;维护市场秩序和公平竞争,沟通会员与政府、社会之间的关系,发挥其促进社会公共利益的作用"。可见,行业协会承担推动企业合规责任是行业协会之所以存在的重要基础,对此,《反垄断法》第14条就明确了行业协会应当引导本行业经营者合规经营的责任。实际上,其所制定和实施的行业准则本身就属于企业合规制度中"规"的一部分。企业合规制度在企业和行业协会之间的责任分配主要体现在:行业协会担负推动行业合规治理的责任,包括制定行业合规指引,制定行业专门合规标准,推进行业信用合规建设,为行业内企业参与国际经贸往来提供合规治理支持等,而企业需要遵守行业协会制定和实施的合规制度安排。

五、企业合规制度的文化培育功能

每一种文化都提供具有约束性、普遍起制约作用的行为规范,它对个体的行为具有先在的给定性和约束性。① 企业的经营活动、制度设

① 参见杨耕:《文化的作用是什么》,载《光明日报》2015年10月14日,第13版。

计、行为方式与特定的文化内涵紧密相关，企业合规制度自身就承载和保持着企业合规文化，是企业合规文化的主要载体。从合规之定义来看，企业合规制度体现了对法律的遵守、对商业伦理的遵守、对政府权威的遵守等三层含义，其背后折射出企业合规制度的文化培育功能，即法治文化培育功能、诚信文化培育功能和政治文化培育功能。

（一）企业合规制度的法治文化培育功能

法治文化是法治国家的基本表征，建设与法治国家、法治政府、法治社会、法治企业相适应的法治文化是发展中国特色社会主义市场经济的内在要求。党的十九大报告指出要“建设社会主义法治文化，树立宪法法律至上、法律面前人人平等的法治理念”，党的二十大报告强调要“弘扬社会主义法治精神，传承中华优秀传统法律文化”。企业合规首先是企业阻止非法行为，体现对“硬法”的服从性，践行法治理念。例如，防止诸如洗钱、内幕交易、贿赂、会计和银行欺诈，包括违反规制、不当价格政策等垄断行为所引发的刑事和民事责任，以及属于侵权的如工作场所性骚扰、职业安全、隐私及环境保护等。① 企业合规制度是为了阻止企业出现非法行为而作出的办事规程和行动准则，其背后承载着对法律的敬畏，担负着企业法治文化的培育功能。一方面，企业合规制度包含的合规培训制度承担着培育员工合法意识、合法技能的责任，而培育员工合法意识和合法技能的过程本身就是法治文化培育的过程。另一方面，企业合规制度体现着企业对法治文化的培育。文化来源于实践，企业合规治理过程也是约束、激励企业遵守法律的过程，这一过程对于企业员工本身就是培育法治意识和法治技能的过程。虽然合规不等于合法，两者在外延上存在差别，但在实践中，无论是企业合规的岗位设定，还是企业合规的组织管理，很多场合将企业合规纳入

---

① 参见邓峰：《公司合规的源流及中国的制度局限》，载《比较法研究》2020 年第 1 期。

法治建设的范畴。例如,大多企业的首席合规官由企业的法律顾问担任,将合规内部治理纳入企业法务的范畴,如《中央企业合规管理办法》(国务院国资委令第42号)第12条规定,中央企业首席合规官"由总法律顾问兼任"。《关于进一步深化法治央企建设的意见》将合规管理体系纳入法治工作体系范畴,提出"持续完善合规管理工作机制,健全企业主要负责人领导、总法律顾问牵头、法务管理机构归口、相关部门协同联动的合规管理体系。发挥法务管理机构统筹协调、组织推动、督促落实作用,加强合规制度建设,开展合规审查与考核"。这些在一定程度上反映了企业合规制度与法治建设之间的密切关系。不难看出,企业合规制度对企业合规法治文化具有宣示功能、整合功能、灌输功能,企业合规制度实施过程实际上也是企业法治文化培育的过程。

(二)企业合规制度的诚信文化培育功能

诚信是社会主义核心价值观的重要内容,是市场经济发展的基石。信息不对称是市场经济的弊病,减少交易成本是激发市场活力的要求,诚信可以减少市场经济中的信息不对称,减少企业经济往来中的交易成本。培育诚信文化不仅对企业商誉、赢得机会有利,还对实现社会"秩序"有利。企业合规不仅体现着法治文化培育功能,还体现着诚信文化培育功能,其源于企业合规制度中"规"的含义包括法律和伦理规范两种,并不仅仅限于法律。合规体系通常会趋向与正向价值规范相符合,包括要求雇员遵守除法律之外的企业内的行为准则和惯例。[①] 不难看出,企业合规制度对商业伦理的尊崇,会对企业诚信文化培育产生影响。

诚信是传统商业伦理的直接来源,也是商业伦理的核心。诚信是企业合规制度中"规"的重要部分,不少企业合规制度都强调了诚信合

① 参见邓峰:《公司合规的源流及中国的制度局限》,载《比较法研究》2020年第1期。

规的地位。例如世界银行发布的《世界银行诚信合规指南》,提出创建和维护一种基于信任的包容性组织文化,鼓励道德行为和守法承诺,对欺诈、腐败、串通和强迫等不诚信行为绝不姑息。我国不少法律直接对诚信作出了规定。例如:《民法典》第7条规定,“民事主体从事民事活动,应当遵循诚信原则,秉持诚实,恪守承诺”;《中华人民共和国公司法(2018修正)》(以下简称《公司法》)第5条规定,公司从事经营活动,必须遵守社会公德、商业道德,诚实守信;《反不正当竞争法》第2条提到,“经营者在生产经营活动中,应当遵循自愿、平等、公平、诚信的原则,遵守法律和商业道德”。不难看出,企业合规制度的诚信文化培育功能表现在两个方面:一方面,不少法律将道德领域的诚信纳入法律约束框架,企业缘于对法律的遵守产生了对诚信遵守的义务,这种对合规义务的践行会产生诚信文化培育的效应。另一方面,由于诚信是商业伦理的核心,企业合规制度对企业践行诚信产生激励和约束,这种激励和约束也会产生诚信文化培育的效应。诚信合规制度将对企业培育企业合规文化、提升诚信意识发挥积极作用,形成了以“诚信、进取、和谐”为文化理念,以“诚信、合规是企业的文化基石、立业之本,也是企业员工必须坚守的底线”为精神内涵的诚信文化。由此可见,企业合规制度对企业的诚信文化具有宣示功能、整合功能、灌输功能。

(三)企业合规制度的政治文化培育功能

按照阿尔蒙德(G. A. Almond)和维巴(S. Verba)的观点,政治文化“所指的就是特定的政治取向——对于政治体系及其各个部分的态度,对于在该系统中自我角色的态度”,该政治取向“被内化于该社会成员的认知、情感和评价之中的政治体系”。[1] 一国的政治文化与该国的政治制度、政治体制、政治发展历史的背景是分不开的。中国特色社

① [美]加布里埃尔·A.阿尔蒙德、西德尼·维巴:《公民文化——五个国家的政治态度和民主制度》,张明澍译,商务印书馆2014年版,第13~14页。

会主义国家与资本主义国家在政治文化上存在差异,我国企业合规制度赖以遵守的法律法规、监管规定等国家治理制度反映中国特色社会主义政治制度、政治体制,体现了“以马克思主义为指导、以中华优秀传统文化为基础、以革命文化为源头、以社会主义先进文化为主体、充分体现中国共产党党性的文化”,①这与资本主义国家的企业合规制度所具有的政治文化培育功能有着很大的差异,也决定了我国在引入兴起于西方国家的企业合规制度时需要进行中国化构建,而不是照搬照套,否则容易造成“水土不服”。特别是,作为中国特色社会主义的重要物质基础和政治基础的国有企业,担负着维护国家政治利益的使命,习近平总书记在2016年全国国有企业党的建设工作会议上就明确指出,“坚持党对国有企业的领导是重大政治原则,必须一以贯之”。② 因此,我国企业尤其是国有企业的合规制度应担负着培育党内政治文化的责任,将坚定正确的政治立场和政治方向作为企业合规制度“灵魂”,将党的领导融入企业合规制度制定、实施、评价等各个环节。例如,将遵守党内法规纳入遵守法律法规范畴,发挥党的组织在企业合规内部治理中的作用,提高企业合规内部治理的政治站位。企业合规制度的政治文化培育功能包括一般功能和特有功能。一般功能是针对不同所有制类型的政治文化培育功能,该功能主要体现在对遵守法律法规、监管规定的文化培育。由于法律法规、监管规定体现着国家的政治制度、政治生态,从而这类文化培育具有了政治文化培育的特性。特殊功能是针对国有企业的政治文化培育功能,该功能不仅体现在对遵守法律法规、监管规定的政治文化培育,由于实行党对国有企业的领导,该功能还体现在对贯彻、遵守党的意图的党内政治文化的培育,例如,

---

① 曲青山:《加强党内政治文化建设》,载《理论导报》2017年第1期。

② 《习近平:坚持党对国有企业的领导不动摇》,载《人民日报》2016年10月12日,第1版。

《中央企业合规管理办法》第5条提到“充分发挥企业党委(党组)领导作用,落实全面依法治国战略部署有关要求,把党的领导贯穿合规管理全过程”。因此,企业合规制度对政治文化具有宣示功能、整合功能、灌输功能,企业尤其是国有企业构建和实施合规制度的过程实际上也是企业政治文化培育的过程。

第三章　企业合规制度的法理根基

一、企业合规制度中政府与市场的关系

企业合规制度是反映政府与市场之间关系的一面镜子，或者说，企业合规制度是政府与市场关系调整的结果，其背后反映着政府监管权力和企业自治权力的边界。不同的政府与市场边界会使企业合规制度在表现上存在差异，无论是过度扩大政府的边界，还是过度扩大市场的边界，企业合规制度都无存在的“土壤”，而在“充分发挥市场在资源配置中的决定性作用，更好发挥政府作用”语境中，企业合规制度有其存在的“土壤”。在我国引入企业合规制度的过程中，学界就存在对该制度引入正当性的争议，从不同的视角看待企业合规制度会得出不同的结论，甚至是相反的结论。针对这种争议，如果从历史长河中去考察政府与市场关系的动态演化，就能对企业合规制度引入的正当性，特

别是该制度所反映的政府与市场的各自定位有客观的认识,从而对企业合规制度正当性有全面的认识。为此,下面通过考察政府与市场相关学说史中政府和市场关系的理论脉络,把握政府与市场关系之间的动态逻辑,进而理解政府和市场关系变革背后企业合规制度形成与发展的正当性缘由。

(一)关于重商主义中政府与市场关系

重商主义学说产生于西欧封建社会晚期,在16世纪和17世纪,地理上的发现促进了商业和商业资本的发展,促进了国内市场的统一和世界市场的形成,从而推动了对外贸易的迅速发展,适应了资本的原始积累需求,这无疑促进了资本主义生产方式的发展,但是传统封建制度和宗教神学束缚了资本主义生产方式的发展。为摆脱封建制度的压迫和宗教神学的束缚,新兴资产阶级的思想家运用人文主义思想武器,用商人的观点来考察经济领域中的流通,主张发展商业来增加货币以积累财富。"因此,重商主义就是在封建社会的晚期为适应资本积累的需要而产生的一种代表商业资产阶级利益的经济学说和政策体系。"① 在重商主义看来,金银货币才是财富,由于国内贸易不能增加国内的货币量,只有通过发展对外贸易赚取金银货币才能为一个国家带来真实的利润。为此,重商主义认为国家或政府必须积极干预经济生活,通过制定法令来保护国内的工商业,达到促进对外贸易的目的,进而增加国家财富。例如:法国重商主义的代表蒙克来田认为,政府应通过执行有利于本国商人的政策来使国家增加荣誉和不断致富;法国重商主义另一代表柯尔培尔主张,政府应通过积极扶植本国工场手工业来扩大对外贸易、扩大贸易顺差。约瑟夫·熊彼特在其著作《经济分析史》(第1卷)中谈道,外汇管制学说和贸易差额学说特别是贸易差额学说是重

① 蒋自强等:《经济思想通史》(第1卷),浙江大学出版社2003年版,第233页。

商主义体系的核心,“对于许多经济学家来说,这些学说实际上就是整个重商主义体系”。① 总体来看,重商主义坚持政府对市场的积极干预,干预的目的在于使本国工商业能通过对外贸易获得金银货币净增加,也就是他们所认为的财富增加。虽然重商主义关于金银是唯一财富的观点有很多合理的地方,但在当时看来,重商主义坚持国家通过干预市场来保护本国工商业有着积极的意义,它推动了资本主义工场手工业的成长。重商主义“对旧生产方式的衰落和资本主义生产方式的勃兴,产生过非常大的影响”,②可见重商主义符合当时资本主义原始积累的需要。但是,随着资本主义的发展,生产逐步支配流通的时候,以流通作为研究对象的重商主义失去了它原有的地位。

(二)关于重农主义中政府和市场关系

在西方经济学发展史上,重农主义是作为一种在思想上和重商主义相对立的经济思想,它产生于18世纪中叶,当时由于封建制度的束缚,法国农业十分落后,同时工商业发展也受到封建制度的束缚,出现了生产者日益贫困、国家财政不断发生危机等问题。为摆脱旧的封建制度的严重束缚,以魁奈为首的法国新兴资产阶级在法国启蒙思想家如孟德斯鸠、伏尔泰等的影响下,以法国落后的农业生产力为背景,创立了重农主义思想。同时,“法国重农主义经济理论体系的形成,还和法国17—18世纪推行重商主义政策屡遭失败的深刻教训有关”。③ 重农主义在政府和市场间关系上认为,政府应尽可能减少对市场的干预。其典型代表人物魁奈,依据自然秩序理论竭力主张经济自由化,认为经

① [美]约瑟夫·熊彼特:《经济分析史》(第1卷),朱泱等译,商务印书馆1991年版,第501页。

② 《马克思恩格斯全集》(第25卷),人民出版社1974年版,第372页。

③ 蒋自强等:《经济思想通史》(第1卷),浙江大学出版社2003年版,第296页。

济自由是“增加社会财富和私人财富的重要条件”,①并认为“只有自由和私人利益才能够使国家欣欣向荣”。② 在魁奈看来,经济自由有三重含义:一是选择的自由,只有选择自由才能使收入合理分配;二是贸易自由,自由贸易能促进农业、工商业、航运业等共同发展;三是竞争自由,自由竞争是最有利于国家发展的政策。尽管魁奈把自由放任和自由贸易说成是政治智慧的绝对典范,“但应注意他实际上所反对的是过去留传下来而不再适合于当前情况的管制;自由放任的绝对规范在这里具有一种相对的意义而和它的绝对性含义大不相同”。③ 例如,魁奈认为,每个人迅速把他的净收入用在消费品上是经济过程平稳运行的条件,“他认为如果不这样做,特别是如果有些人为了增加他们个人的货币存量而储蓄的话,那么所有的阶级都会衰落下去,总产量将会缩减”,④显然,这些体现了国家对市场干预的思想。可见,重农主义在政府和市场间关系上主张经济自由化和政府的适当干预,其理论提出主要是缘于当时封建制度对法国的牢固统治造成了其经济社会发展相对缓慢和落后。以魁奈为代表的重农主义是基于解决当时法国国内经济发展缓慢的现实而提出的。正如马克思认为,重农主义“是同刚从封建主义中孵化出来的资产阶级社会相适应的。所以出发点是在法国这个以农业为主的国家,而不是在英国这个以工业、商业和航海业为主的国家”。⑤

---

① [法]魁奈:《魁奈经济著作选集》,吴斐丹、张草纫选译,商务印书馆1979年版,第393页。

② [法]魁奈:《魁奈经济著作选集》,吴斐丹、张草纫选译,商务印书馆1979年版,第166页。

③ [美]约瑟夫·熊彼特:《经济分析史》(第1卷),朱泱等译,商务印书馆1991年版,第348页。

④ [美]约瑟夫·熊彼特:《经济分析史》(第1卷),朱泱等译,商务印书馆1991年版,第355页。

⑤ 《马克思恩格斯全集》(第26卷),人民出版社1972年版,第24页。

(三)关于古典经济学与新古典经济学中政府和市场关系

总体来看,古典经济学主张经济自由化,认为政府应尽可能减少对市场的干预。其代表人物亚当·斯密于1776年发表的《国富论》标志着古典经济学政治经济学体系的建立。《国富论》发表时期正是英国资本主义工场手工业鼎盛时期,并且出现了由于英国国内外市场的扩大而导致从工场手工业向机器大工业的方向发展。然而,当时资本主义经济发展受到封建残余势力的限制,封建残余势力利用政府权力在对外贸易上实行一系列贸易保护政策,限制资本主义经济自由发展,损害了资产阶级利益。为了适应资本主义发展在经济上对取消政府对经济过度干预的要求,以亚当·斯密为代表的古典经济学应运而生。在政府和市场之间的关系上,亚当·斯密认为政府应尽可能较少对经济体系进行干预,这主要是源于他的"经济人"假设。亚当·斯密认为,人们从事经济活动的目的就是对自身利益的追求,正如他说:"我们每天所需的食料和饮料,不是出自屠户、酿酒家或烙面师的恩惠,而是出于他们自利的打算。"①亚当·斯密提出了实施自由放任的政策,认为"完全自由是使这种每年再生产能以最大程度增进的唯一有效方策"。② 总体来看,亚当·斯密主张政府应尽可能较少对市场进行干预,即我们通常所说的"大市场,小政府"。总之,亚当·斯密将政府的职能界定为三个方面:保护国家不受侵犯;保护个人不受侵害;提供一些公共事业和公共设施。值得一提的是,尽管亚当·斯密主张自由放任,但他认为这种放任是相对而不是绝对的。尤其在自由贸易方面,亚当·斯密并不坚持对国家进口实行绝对放任,当进口货物会影响本国人民就

---

① [英]亚当·斯密:《国民财富的性质和原因的研究》(上卷),郭大力、王亚南译,商务印书馆2017年版,第16页。

② [英]亚当·斯密:《国民财富的性质和原因的研究》(下卷),郭大力、王亚南译,商务印书馆2017年版,第251页。

业和生活时，对进口货物就必须理智对待，否则，“较低廉的同种类外国货物，即迅速流入国内市场，把我国千千万万人民的日常职业和生活资料夺去”。[①] 同时，亚当・斯密认为，“不能期望自由贸易在不列颠完全恢复，正如不能期望理想岛或乌托邦在不列颠设立一样。不仅公众的偏见，还有更难克服的许多个人私利，是自由贸易不可抗拒的阻力”。[②]

新古典学派代表人物阿尔弗雷德・马歇尔在政府和市场之间关系上和古典经济学基本上是一样的，都主张经济自由。正如约瑟夫・熊彼特认为，“马歇尔著作的渊源很容易探明。作为经济学家，他是按照亚当・斯密、李嘉图和约翰・穆勒的传统受到训练的，或者毋宁说是按照这种传统自行训练的”。[③] 但是，马歇尔所处时代和古典经济学有所不同，当时他所处的是自由资本主义向帝国主义过渡时期，自由竞争逐步被私人垄断代替。马歇尔理论迎合了这一时期，“他自己没有创立垄断竞争的理论，但他通过研究厂商的特殊市场而指向了这个理论”。[④] 在如何看待竞争作用上，马歇尔认为一方面通过竞争来保持活力和自主精神而使社会获益，但另一方面，竞争也有其破坏性。在如何看待经济自由上，“他也同样认为，既要看到自由企业制度对英国生产力的促进作用，也要看到它被那些缺乏教养的商人滥用而导致的罪恶现象。因此，马歇尔认为应当由政府对自由企业制度进行一定的干预，以增加企业制度好的影响并减少它坏的影响”。[⑤] 可见，马歇尔在倡导

---

① ［英］亚当・斯密：《国民财富的性质和原因的研究》（下卷），郭大力、王亚南译，商务印书馆2017年版，第43页。

② ［英］亚当・斯密：《国民财富的性质和原因的研究》（下卷），郭大力、王亚南译，商务印书馆2017年版，第45页。

③ ［美］约瑟夫・熊彼特：《经济分析史》（第3卷），朱泱等译，商务印书馆1991年版，第130页。

④ ［美］约瑟夫・熊彼特：《经济分析史》（第3卷），朱泱等译，商务印书馆1991年版，第134页。

⑤ 蒋自强等：《经济思想通史》（第3卷），浙江大学出版社2003年版，第115页。

经济自由主义同时,也主张政府的作用。

(四)关于凯恩斯主义中政府与市场关系的学说

凯恩斯主义理论在政府和市场关系上主张政府对市场的积极干预,尤其是通过财政政策来调节经济总量。奠定凯恩斯主义宏观经济学体系之作的《就业、利息和货币通论》至少受两个方面原因影响:一是英国由于长期实行自由放任经济制度而导致的“英国病”。世界工厂、大殖民帝国的特殊历史地位,通过种种机制使英国在产业结构的调整、工业组织的完善和经营管理方式的改进等方面逐渐落后于资本主义国家。① 这无疑削弱了英国在国际贸易中的地位,加之第一次世界大战造成了英国海外市场的日趋萎缩,在这种情况下,英国所采取的自由放任的经济政策导致了失业大幅度增加,造成了英国 1920 年的经济萧条,而且这种萧条一直持续到大危机的爆发。二是 1929—1933 年世界罕见的经济危机,这次危机呈现持续时间长、社会波及面广、生产与金融两种危机并存等特点。以上两个方面都是传统经济学无法解释的,而凯恩斯的国家干预理论正适应了当时的需求。在政府和市场之间的关系上,凯恩斯主张政府应对经济进行积极干预。凯恩斯认为,“我们生存其中的经济社会,其显著缺点,乃在不能提供充分就业,以及财富与所得之分配有欠公平合理”,②“我们不能把决定当前投资量之职责放在私人手中”。③ 正因为自由放任的私人企业制度存在弊端,所以政府应该发挥作用去填补市场存在的不足,即经济总量由政府决定,总量的具体构成由私人决定。在凯恩斯看来,与以前作为临时应急措施不同,为弥补私人企业制度不足,国家干预应是一种常规之策。尽

---

① 参见蒋自强等:《经济思想通史》(第 4 卷),浙江大学出版社 2003 年版,第 6 页。

② [英]约翰·梅纳德·凯恩斯:《就业、利息和货币通论》,徐毓枬译,商务印书馆 1977 年版,第 317 页。

③ [英]约翰·梅纳德·凯恩斯:《就业、利息和货币通论》,徐毓枬译,商务印书馆 1977 年版,第 272 页。

管强调国家干预在经济学史上并不是凯恩斯首创，如重商主义者强调用贸易保护来管理经济，瑞典经济学家维克塞尔就主张用货币手段来调节宏观经济等，但是强调运用财政政策来调控经济总量应是凯恩斯主义理论的最大特色，即通过财政政策“逆风向”来调节经济活动。

(五)关于新自由主义中政府与市场关系的学说

新自由主义涉及的学派很多，主要有货币主义学派、供给学派、公共选择学派、理性预期学派等诸多学派。这些学派主要特征是主张回归古典经济学，主张减少或反对政府干预。20 世纪 70 年代，西方国家出现滞胀，由于凯恩斯主义经济理论无法解释滞胀的存在，也提不出解决滞胀的可行之策，这些学派正是由于滞胀而登上历史舞台并为人们所熟知的。在政府和市场之间的关系上，新自由主义开始淡化政府对市场的干预，并把滞胀的原因归于长期执行凯恩斯经济政策的结果。除理论走向极端的理性预期等学派反对政府对市场的干预外，绝大多数学派主张政府减少对市场的干预，而不是否定政府对市场的干预。货币主义虽然把经济自由主义看作政策目标以及实现政治自由的手段，坚信市场机制的调节功能，排斥积极财政政策的作用，但是并不反对政府适当的干预，主张把货币供给量作为货币政策控制指标。供给学派强调通过降低赋税、减少政府和福利开支、减少规章制度，来减少政府对经济的干预，但是供给学派并不反对适度的干预。公共选择学派认为，“如果说市场不是一种完美无缺的经济机制，那么国家干预也不是解决问题的良方；相反过多的国家干预只会扰乱和破坏经济生活的内在的自然秩序，带来一系列灾难性的后果，从而严重危害民主制度的生存”，①但尽管如此，公共学派并不反对政府对市场干预，而是主张只是与市场相比，政府干预应放在第二位，“只有当事实证明市场解决

① 胡希宁主编：《当代西方经济学流派》，中共中央党校出版社 2004 年版，第 262 页。

办法确实要付出比政府干预更高的代价时,才应考虑政府干预”。①

(六)关于马克思经济学中政府与市场之间关系的理论

马克思在论述自由竞争时认为,“在自由竞争中自由的并不是个人,而是资本。只要以资本为基础的生产还是发展社会生产力所必需的、因而是最适当的形式,个人在资本的纯粹条件范围内的运动,就表现为个人的自由,然而,人们又通过不断回顾被自由竞争所摧毁的那些限制来把这种自由教条地宣扬为自由……资本的统治是自由竞争的前提,就像罗马的皇帝专制整体是自由的罗马‘私法’的前提一样”。② 可见,马克思是通过分析资本与国家或政府的关系,来揭示政府和以自由为特征的市场之间的关系。马克思在其经济学手稿中论述自由竞争时,阐述了资本发展与资本主义国家的关系。“只要资本的力量还薄弱,它本身就还要在以往的或随着资本的出现而正在消逝的生产方式中寻求拐杖。而一旦资本感到自己强大起来,它就抛开这种拐杖,按它自己的运动规律。但资本开始感到并且意识到自身成为发展的限制时,它就在这样一些形式中寻求避难所,这些形式看起来使资本的统治完成,但由于束缚自由竞争同时却预告了资本的解体和以资本为基础的生产方式的解体。”③在这里马克思所论及的其实就是政府和市场之间的关系,政府是市场的拐杖和避难所,当市场比较薄弱时,市场需要强势政府,这时政府是作为市场拐杖来支持市场发展的,即政府对市场的积极干预;可是当市场成熟到一定程度时,市场就需要抛弃政府这根拐杖,即政府减少对市场的干预。当市场出现问题时,政府又必须发挥其强势作用,即政府成为市场的避难所,帮助市场渡过难关。在马克思看来,重农学派所倡导的自由放任是指对以前各生产阶段固有的种种

---

① 蒋自强等:《经济思想通史》(第4卷),浙江大学出版社2003年版,第190页。
② 《马克思恩格斯全集》(第31卷),人民出版社1998年版,第42~43页。
③ 《马克思恩格斯全集》(第31卷),人民出版社1998年版,第43页。

界限和限制的否定，其在国内表现为取消行会强制、政府调节以及国内关税等，在国外表现为废除闭关自守、禁止关税、保护关税等。但尽管如此，马克思认为资本主义的自由放任是相对的自由。“把竞争看成是摆脱了束缚、仅仅受自身利益制约的个人之间的冲突，看成是自由的个人之间的相互排斥和吸引，从而看成是自由的个性在生产和交换领域内的绝对存在形式。再没有比这种看法更错误的了。”[①]与此同时，马克思还分析了现在看来是对生产方式和生产关系限制的事情，认为这些事情在以前是促进资本主义生产方式发展的，“只有在生产力和交往关系发展到足以使资本本身能够开始作为调节生产的本原而出现以后，这些界限才成为限制”。[②] 马克思在谈到行会制度时认为，在促进行会工业繁荣时，行会制度适应了行会工业的发展。当行会制度对行业工业发展产生阻碍时，“资本通过自由竞争对行会制度等等所作的否定这个历史方面只不过意味着，足够强大的资本借助于它相适应的交往方式，摧毁了束缚和妨碍与资本相适应的运动的那些历史限制”。[③] 所以，在马克思看来，资本发展虽然要求打破一些限制，但不是废除一切界限和限制，资本要求废除的是同它不相适应、阻碍资本发展的限制。也就是说，虽然市场强调自由化，市场发展要求政府减少干预，但是市场不排斥干预，市场所排斥的是政府妨碍市场发展的干预。

(七)政府与市场关系中企业合规制度的定位

通过上述分析可以看出，政府与市场之间关系的问题是经济学中长期争论的问题且并没有得到一个统一认识。其实，纵观经济学史不难发现，尽管不同学派或流派就政府与市场之间的关系争论不休，但是仔细分析看来，其实每一学派的经济理论都是针对当时经济背景、解决

① 《马克思恩格斯全集》(第31卷)，人民出版社1998年版，第41页。
② 《马克思恩格斯全集》(第31卷)，人民出版社1998年版，第41页。
③ 《马克思恩格斯全集》(第31卷)，人民出版社1998年版，第41～42页。

当时经济问题而提出来的，而且很多理论对当时社会经济发展起着重要的指导作用。重商主义加速了资本的原始积累，促进了资本主义生产方式的产生；重农主义促进了法国农业的发展；以亚当·斯密为代表的古典经济学和以马歇尔为代表的新古典经济学对于当时资本主义发展无疑起到了积极促进作用；凯恩斯国家干预主义对于解决20世纪30年代资本主义经济危机起到了厥功至伟的作用；以货币学派和供给学派为代表的新自由主义对于解决20世纪70年代美国滞胀开拓了人们的视野；20世纪末出现的一系列经济危机以及21世纪一系列经济危机使得凯恩斯主义又再一次活跃起来……不难看到，世界经济的发展史其实就是在政府和市场之间关系上来回徘徊的历史。与西方经济学对政府和市场之间关系的喋喋不休争论相比，马克思关于政府和市场的经典描述具有高度概括性。或者说，世界经济发展史中政府是作为拐杖和避难所的作用存在的，市场不成熟时，市场需要政府这根拐杖来支撑自己的运转，市场成熟后，市场就会抛弃政府这根拐杖而寻求自由发展，当市场出现危机时，政府又会成为市场的避难所。① 在西方经济学有关政府和市场关系的学说中，绝大多数的思想家考虑问题注重立足现实利益，用静态思维考虑经济问题，这也是西方国家对“政府和市场如何合理定位”这一问题争论不休的原因。因此，可以将西方经济学中政府和市场关系的学说看作静态理论。与西方经济学其他理论不同，马克思以历史唯物主义的观点看待政府和市场关系，动态考察了政府与市场角色定位此消彼长的原因——政府和市场对利益的追求，即市场需要政府保护其利益和解决其利益受阻问题。

事实上，几乎没有哪一经济学派和流派彻底否认政府存在的价值。也就是说，在市场经济体系中，政府和市场都有其存在的价值。虽然在

① 对于这一点，从历次经济危机发生后一些国家政府所采取的政策就可以看出。

现实中很难找到一成不变的政府和市场角色定位结合点，或者说是最优结合点，但在理论上，可以假设存在一个政府和市场之间角色定位的最优点，在这一点上，经济发展处在最理想的状态，现实中存在的政府和市场关系通常是偏离这一点的。如图 3－1 所示，以横轴表示时间量，时间轴上点表示政府和市场关系最优配置。*A* 点表示重商主义的政府市场关系点；*B* 点表示重农主义的政府市场关系点；*C* 点表示古典经济学和新古典经济学的政府市场关系点；*D* 点表示凯恩斯主义的政府市场关系点；*E* 点表示新自由主义政府市场关系点；整个波形图表示经济学史中政府与市场之间关系的动态图。在图 3－1 中，波形图黑线以上部分表示马克思所说的“避难所”，波形图黑线以下部分表示马克思所说的“拐杖”。从图 3－1 可以看出，代表重商学派的 *A* 点强调政府干预；代表重农主义的 *B* 点强调市场的作用，主张尽可能减少政府干预；代表古典经济学和新古典经济学的 *C* 点和 *B* 点一样，推崇市场的作用，主张尽可能减少政府干预；代表凯恩斯主义的 *D* 点则主张政府积极干预市场；代表新自由主义的 *E* 点则主张减少政府干预，实行自由放任主义。整个波形图通过黑线上下两个区域表示马克思的动态政府市场理论，即政府是市场的“避难所”和“拐杖”。

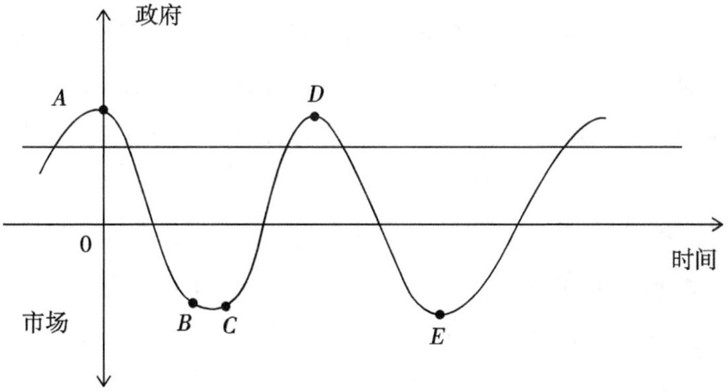

图 3－1　政府与市场关系

在图3－1中，波形曲线与时间轴交点为政府和市场角色定位的最优点。最优点说明了政府和市场之间存在互补和替代关系。互补使得政府和市场关系图中的波峰或波谷值不会出现过大，否则，如果出现波峰或波谷点脱离波形向上或向下大幅度移动，就会出现全能型政府或者无政府的情况；替代使得政府和市场关系偏离最优状态时间轴上下波动，即当波形图在横轴上方时，出现了政府对市场的部分替代，当波形图在横轴下方时，出现了市场对政府的部分替代。因此，不管是强调政府干预还是强调经济自由，其实都承认政府和市场之间存在互补和替代关系，所不同的是互补或替代程度的差别不同而已。如果强调互补，则意味着政府和市场角色定位靠近横轴；如果强调替代，则意味着政府和市场角色定位偏离横轴，表现为政府干预主义和自由放任主义。现实中，由于政府和市场的替代和互补作用而使得经济社会出现政府和市场共存的局面，这一点从定性上很好理解，难点是如何在明确政府和市场替代作用的基础上界定政府和市场的作用边界。

由于政府通常代表的是公共利益，市场代表的是个体利益，界定市场和政府作用边界就是如何界定公共利益和个体利益问题。公共利益和个体利益之间既存在矛盾又存在统一，公共利益和个体利益的矛盾表现在追求公共利益时可能侵害个体利益，追求个体利益可能不利于公共利益。这反映在政府与市场关系上，则意味着政府有时会阻碍市场发挥对资源有效配置，市场有时会弱化政府实现公共利益。但是政府和市场也有统一的一面，如果公共利益和个体利益兼顾得好，则会使得公共利益和个体利益出现"1＋1＞2"的情况。如图3－2所示，纵轴表示公共利益，横轴表示个体利益，曲线表示社会总福利（社会总福利＝公共利益＋个体利益），在同一条曲线上所有组合表示社会总福利相等，并且离0点越远表示社会总福利越高。在一条曲线上公共利益和个体利益存在此消彼长的情况，这表示公共利益和个体利益存在矛盾性,但如果公共利益与个体利益配合恰当,如 *A* 点,那么由于 *A* 点组合造成了总的社会福利增加,即到达 *B* 点,此时出现了社会总福利增加的新曲线。可见,政府与市场如果定位合理,那么其结果会带来社会总福利的增加。

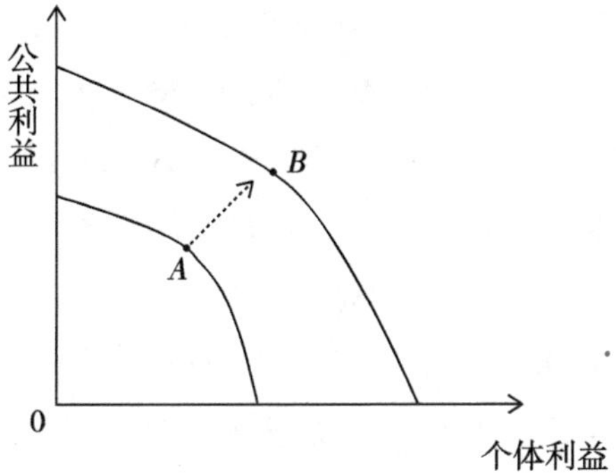

图 3-2　公共利益与个体利益关系

基于以上分析不难推知,作为政府与市场关系直接体现的企业合规制度,应基于政府与市场之间关系的动态变化。也就是说,企业合规制度是政府与市场关系动态调整的应然之物。在凯恩斯主义以前,在政府和市场关系上强调经济自由放任,政府尽可能减少对市场的干预,企业有充分的自主权,这时企业合规制度缺少存在的土壤。在 20 世纪初期特别是 20 世纪 30 年代,之前自由放任的政府与市场的关系给美国带来发展中的困境,政府干预成为破解资本主义国家发展困境的需要,企业合规制度有了生存的土壤。正是在那个时期,企业合规制度开始走进美国的企业治理视野。对此,本书将在"企业合规制度的发展历程"部分予以阐释。可以说,企业合规内部治理制度、行政治理制度、刑事治理制度、民事治理制度是重塑政府和市场之间关系中的产物。从政府和市场关系的动态演化还可以看出,不同国家由于市场经济发展程度、政府与市场关系存在差别,放之四海而皆准的企业合规制度是不现实的,企业合规制度只有与本国发展阶段、国情、社会制度结合在一起才能显示出其生命力。社会主义市场经济就是同社会主义基本社会制度结合在一起的市场经济,奉行“充分发挥市场在资源配置中的决定性作用,更好发挥政府作用”的改革取向,有着企业合规制度赖以生存和发展的土壤,也有其存在的正当性。可以说,企业合规制度是公共利益和个体利益的连接点,其实施会带来社会总福利的增加。

二、企业合规制度的私权自治与公权介入

从资本主义国家政府与市场关系的动态演化历程来看,在资本主义进入自由竞争时期,主要靠市场机制调节经济,政府对经济活动基本上实行自由放任政策,企业合规制度缺少存在的土壤。然而,随着自由放任政策的弊端显现,特别是自由放任带来的社会问题增多,资本主义国家在市场机制调节经济基础上开始对市场进行不同程度的干预。在这种干预下,企业面临着遵守法律法规、监管规定、行业准则、商业伦理的外在压力,企业合规制度便有了赖以生存的基础,20 世纪中期在美国出现的反垄断合规制度正是政府与市场关系变化所导致的结果。可见,企业合规制度受制于政府与市场关系的调整,其所反映的私权自治与公权介入体现了企业合规治理领域政府与市场之间的关系。由于市场经济存在价值规律、供求规律、竞争规律等共性一面,在不同社会制度的市场经济中企业合规制度的私权自治与公权介入有着共性的一面。同时,由于政府与市场之间的关系与一国国情、发展阶段、社会制度等密切相关,企业合规制度的私权自治和公权介入又会随着国情、发展阶段和社会制度不同而不同,在不同社会制度的市场经济中企业合规制度的私权自治与公权介入应有其个性的一面。可见,在践行“充分发挥市场在资源配置中的决定性作用,更好发挥政府作用”的语境中,在私权自治和公权干预方面,相比于资本主义市场经济国家,我国企业合规制度既有共性的一面,也有特殊性的一面。总的来说,我国企业合规制度的私权自治方面体现为企业合规制度的规划自主权、运行实施自主权、资源保障自主权等，而我国企业合规制度的公权干预方面体现为国家对企业合规制度的立法权介入、行政权介入与司法权介入等。企业合规制度的私权自治与公权介入构成了构建和实施企业合规制度的权力基础。

（一）企业合规制度的私权自治

企业合规制度的私权自治是指企业在合规制度构建和实施过程中享有的自主权。这种私权自治是企业经营自主权的组成部分，体现了"充分发挥市场在资源配置中的决定性作用"的要求。企业合规制度的私权自治体现在以下几个方面：一是企业合规制度的规划自主权。由于企业所处行业特点、发展阶段、商业模式、经营规模、上下游关系等存在很大不同，企业合规制度应当"因人而异"，[①]赋予企业合规制度的规划自主权是实现企业合规制度"因人而异"的前提。这里的企业合规制度的规划自主权是指企业拥有结合实际对企业合规内部治理的一种前瞻性谋划和战略性安排的权利，包括谋划企业合规内部治理体系建设方案、企业合规内部治理基本制度、企业合规内部治理工作流程制度以及企业合规内部治理组织、运行、保障等具体制度等构建和实施的自主权。企业合规制度的规划制度具有四个方面功能，即企业合规内部治理的行动纲领，合规内部治理资源配置的工具，企业领导层、部门、人员履行合规义务的依据，约束企业行为的"第二准则"，其自主权是企业合规制度私权自治的基础，其他方面的自治权体现在企业合规制度的规划之中。可以说，在一定程度上规划自主权是对企业合规制度私权自治进行的建构。二是企业合规制度的实施自主权。企业合规制度的实施表现为对企业合规制度的规划之执行，是依照企业合规内部

① See D. Daniel Sokol, *Teaching Compliance*, U. Cin. L. Rev., Vol. 84, p. 399 – 401 (2016).

治理体系建设方案、企业合规内部治理基本制度、企业合规内部治理工作流程制度以及企业合规内部治理组织、运行、保障等具体制度进行合规内部治理的诸多活动。企业合规制度的实施自主权意味着企业合规制度实施是企业的事权,企业享有企业合规制度实施不受外在因素不当干预的自由。这是因为虽然企业合规制度是对法律权威的遵守,企业合规制度应在法律框架下运用实施,但这并不代表对企业合规制度实施自主权的否定。马克思曾谈道,“法律不是压制自由的手段,正如重力定律不是阻止运动的手段一样,作为引力定律,重力定律可以支配宇宙体的永恒运动,法律是肯定的、明确的和普遍的规范,在这些规范中自由的存在具有普遍的、理论的和不取决于个别人的任性的性质”。[①] 可见,企业合规制度的实施自主权体现着企业合规内部治理的自由,在一定范围内,企业是否实施企业合规制度、如何实施企业合规制度由企业来自行决定。三是企业合规制度的资源保障自主权。企业合规内部治理需要人才、技术、资金等保障,企业合规制度需由履行合规内部治理职责的人才开发制度、技术保障制度和资金保障制度等来支撑。具体来说,人才开发制度是企业基于合规内部治理目的,对企业合规内部治理进行岗位设置、人员培训、绩效管理、人才使用等方面的制度;技术保障制度是指企业基于合规内部治理目的,对企业合规技术开发与应用的制度,如利用 PDCA 循环技术,采用信息化工具等;资金保障是指企业基于合规内部治理目的,对资金投入和使用的制度,如企业合规内部治理绩效奖励资金、合规内部治理体系建设资金、合规调查资金等保障制度。这些资源保障是企业合规制度规划、实施的基础性支撑,其自主权是对企业合规制度的规划自主权、实施自主权的引申。也就是说,在企业合规内部治理的过程中,企业有决定资源配置多少、

① 《马克思恩格斯全集》(第 1 卷),人民出版社 1995 年版,第 125 页。

怎么配置的自主权,在缺乏干预正当性的前提下,一般不受外界干预。

(二)企业合规制度的公权介入

企业合规治理虽然属于企业私权自治的范畴,但单靠企业很难实现有效治理的效果。这是因为企业合规治理是有成本的,既包括实施合规治理所支付的直接成本,也包括因合规治理所引发的机会成本。如果企业合规治理成本超过了合规治理的预期收益,那么追求利益最大化的企业就没有动力去实施合规治理。在企业追逐经济利益最大化的情形下,企业往往缺乏合规治理的动力,没有国家公权介入难以激发企业合规治理的积极性和主动性。推进企业合规治理,国家公权介入不能“缺位”,应通过国家公权介入去纠正合规成本与合规预期收益之间的失衡。

公权介入和私权自治是矛盾统一体,公权介入是保护国家利益,或者说是广义上政府的政治利益、社会利益和经济利益,私权自治是保护企业自身利益。企业合规制度的公权介入缘于企业合规能给国家带来政治利益、社会利益和经济利益,并且这些利益的实现需要国家权力予以保障。例如,当企业合规内部治理成本大于合规内部治理收益时,通过公权的约束或激励来平衡企业合规内部治理成本与合规内部治理收益之间的对等关系,从而使企业合规内部治理有着一定的动力和压力。公权对企业合规内部治理的介入通常有两种方式:一种方式是激励企业实施合规内部治理,如将企业合规内部治理情况作为认定违法行为、确定处罚裁量的考量因素;另一种方式是对企业合规内部治理进行义务上的约束,如在一些风险较高的领域或者对于特殊人群明确企业合规内部治理的强制义务。通过企业合规内部治理的激励与约束,可以增强企业不合规的成本,提高企业合规的预期收益,形成企业合规内部治理的动力和压力。这两种方式可以通过三种路径来实现,包括企业合规制度的立法权介入、行政权介入和司法权介入。

1. 企业合规制度的立法权介入

立法权是国家制定、修改和废止法律的权力，法国思想家让－雅克·卢梭在《社会契约论》中将立法权看作国家的心脏，企业合规制度的立法权介入直接决定了企业合规制度行政权介入和司法权介入的程度。立法权介入为的是维护国家利益，尤其是经济利益，马克斯·韦伯曾谈及，“任何法律保障都是直接为经济利益服务的。即使不尽如此，经济利益也是影响法律创设的极重要原因”。[①] 企业是追求经济利益的经济实体，企业合规制度的立法权可以理解为国家通过法律形式确立企业合规治理规范，并将其作为企业治理行为规则的权力，其目的是维护包括经济利益在内的国家利益。企业合规制度的立法权介入包括两种方式：一种是制定专门的规范、引导、促使企业合规内部治理的法律、法规及部门规章；另一种是将规范、引导、促使企业合规内部治理的意图体现在其他相关法律、法规及部门规章中。前者如中国证监会制定的《证券公司和证券投资基金管理公司合规管理办法》，对证券公司和证券投资基金管理公司的合规治理职责、合规治理保障、监督管理与法律责任，以部门规章的形式进行了规定。后者如《公司法》第 5 条关于“公司从事经营活动，必须遵守法律、行政法规，遵守社会公德、商业道德，诚实守信，接受政府和社会公众的监督，承担社会责任”的规定；《民法典》确立民事主体的公平原则、诚信原则、不得违背法律和公序良俗原则、节约资源和保护生态环境原则等；《中华人民共和国行政处罚法(2021 修订)》(以下简称《行政处罚法》)第 6 条确立的“实施行政处罚，纠正违法行为，应当坚持处罚与教育相结合，教育公民、法人或者其他组织自觉守法”；《反垄断法》第 53 条规定“被调查的经营者承诺在反垄断执法机构认可的期限内采取具体措施消除该行为后果的”，

① [德]马克斯·韦伯：《论经济与社会中的法律》，张乃根译，中国大百科全书出版社 1998 年版，第 33 页。

反垄断执法机构可以决定中止调查和终止调查。以上这些从不同程度上体现着规范、引导、促使企业合规内部治理的国家意图。

企业合规制度的立法权介入边界主要体现在三个层面:一是对企业的合规义务进行一般性规定。在对企业的合规义务进行立法时,需要处理好其与企业合规私权自治的关系,如对企业领导层的合规义务作出宣示性的规定,对企业合规内部治理制度作出原则性的规定,在某些关系到国家利益的领域对企业合规内部治理制度作出强制性的规定。二是对企业违反合规义务应承担的法律责任进行规定。这类规定属于约束性制度,包括对企业违反合规义务的行政责任、刑事责任和民事责任进行规定。对企业合规内部治理进行约束性规定能对企业产生合规内部治理的外在压力,体现出企业实施不合规行为应予承担的违法成本。三是对企业合规内部治理予以激励的规定。这类规定目的是激发企业合规内部治理的动力,其核心是将企业合规内部治理情况作为对涉嫌违法企业从宽处罚的考量范畴,或是将企业合规内部治理作为行政裁量、刑事裁量、民事救济裁量的考量因素,或是将企业践行合规内部治理的承诺与公权所掌握的资源进行"交换",如实施"和解"制度。

2. 企业合规制度的行政权介入

卢梭在《社会契约论》中谈及立法权是国家的心脏的同时,将行政权比作国家的大脑,行政权这个大脑使各部分运动起来。企业合规制度与行政权介入分不开,企业合规不仅意味着企业对行政权力的遵守,而且意味着行政权力可以主动介入企业合规内部治理,通过行政手段促使企业沿着合规的轨道方向发展。企业合规制度的行政权介入一般有三种方式:第一种方式是企业合规制度的行政指导权介入。这种行政指导权介入是国家行政机关在职权范围内,为实现企业的合规内部有效治理,以建议、劝告等非强制措施要求企业进行合规内部治理。其特点是可以在没有法律依据下进行,没有强制性,但事实上,由于行政权权威的存在而对企业产生一定的约束作用。目前,我国企业合规制度的行政权介入大部分属于行政指导,如有关部门出台的《商业银行合规风险管理指引》《中央企业合规管理指引(试行)》《企业境外经营合规管理指引》《经营者反垄断合规指南》《企业境外反垄断合规指引》等都属于企业合规制度的行政指导权介入。此外,在我国行政处罚案件中也体现了行政指导权对企业合规内部治理的介入,如在阿里和美团滥用市场支配地位的反垄断案件中,均在行政处罚同时提出加强反垄断合规内部治理的行政指导。第二种方式是企业合规制度的行政强制权介入。在"法无授权不可为"行政理念下,行政强制权介入需要以立法权介入为前提,即企业合规制度的行政强制权介入需要有法律依据。企业合规制度的行政强制权介入包括两个层面:一个层面是企业合规制度中的"规"包含着法律法规、监管规定,本身就是行政强制介入的外在表现,对违反法律法规、监管规定的企业实施行政强制和行政处罚;另一个层面是对企业合规内部治理行为进行行政强制介入,如中国证监会对证券公司和证券投资基金管理公司合规内部治理、国务院国资委对中央企业合规内部治理就采取了行政强制介入的方式。第三种方式是企业合规制度的行政激励权介入。与行政强制权介入不同,行政激励权介入则反映政府对企业治理的交换式的双向思维,政府利用所支配的资源与企业协商来使企业合规和实施合规内部治理。行政激励权介入企业合规内部治理一般包括两个方面:一是对已构建和实施合规内部治理制度的企业违法行为处理的行政激励,即将企业合规内部治理情况纳入违法情节、违法性质、行政处罚之考量因素,对具有有效的合规内部治理制度的企业给予宽大处理。例如,《证券公司和证券投资基金管理公司合规管理办法》第 36 条规定,"证券基金经营机构通过有效的合规管理,主动发现违法违规行为或合规风险隐患,积极妥善处理，落实责任追究，完善内部控制制度和业务流程并及时向中国证监会或其派出机构报告的，依法从轻、减轻处理；情节轻微并及时纠正违法违规行为或避免合规风险，没有造成危害后果的，不予追究责任”，这就属于企业合规制度的行政激励。二是对尚未构建和实施合规内部治理制度的企业违法行为实行合规内部治理方面的和解，即在对违法企业处理时行使督促企业构建和实施有效合规内部治理制度的权力，将企业承诺并践行构建和实施有效合规内部治理制度作为对企业从轻或减轻处罚甚至免于处罚的条件。

3. 企业合规制度的司法权介入

司法权介入是指国家司法机关通过法定职权和法定程序的形式将相关法律适用于具体案件而行使的权力，包括审判权介入与检察权介入。审判权介入是指审判机关对实施不合规行为的企业承担法律责任进行的审判，涉及对企业不合规行为的刑事审判和民事审判。检察权介入是指检察机关对实施不合规行为的企业承担法律责任进行的公诉。企业合规制度的司法权介入有两种方式，即刑事介入和民事介入。在刑事介入方面，有两种情形：一种情形是审判机关对涉嫌犯罪行为的企业进行刑事处罚判决，或者是检察机关对涉嫌犯罪行为的企业进行刑事公诉；另一种情形是审判机关和检察机关对涉嫌犯罪的企业进行刑事激励，不仅包括在审判中将企业合规内部治理制度构建和实施情况相关情况作为从轻、减轻、免于刑事处罚的考量因素，还包括在公诉中将企业合规内部治理制度构建和实施情况作为量刑建议、暂缓起诉、免于起诉的考量因素。我国所推行的企业合规“检察建议模式”就是在检察机关对企业作出相对不起诉的决定时，提出在一定期限内建立专项合规内部治理制度的检察建议，以及“附条件不起诉模式”，即对承诺实施有效合规内部治理制度的企业，作出暂缓起诉、合规考察或者附条件不起诉的决定，均属于企业合规制度的检察激励权介入。在民事审判权介入方面,审判机关在民事纠纷审判中,作出不利于没有构建和实施有效合规内部制度的企业的责任认定和司法判决,而作出有利于构建和实施有效合规内部制度的企业的责任认定和司法判决。例如,在企业间侵权责任纠纷中,将企业构建和实施有效合规内部治理制度作为企业责任认定和企业侵权赔偿确定的考量因素。

三、企业合规制度的行政法根基

企业合规制度的行政法根基是指贯穿企业合规制度制定、实施全过程的行政权介入的基本原则,该基本原则是行政法基本原则在企业合规治理中的直接反映。按照《布莱克法律词典》的定义,法律的基本原则是法律的基础性真理或原理,为其他规则提供基础性或本源的综合性规则或原理,是法律行为、法律程序、法律决定的决定性规则。[①] 行政法基本原则一般包括依法行政原则、行政合理性原则、信赖保护原则、正当程序原则以及责任行政原则等5个下位原则。[②] 据此,可以将企业合规制度的行政法根基看作由企业合规制度的行政权介入应遵守的依法行政根基、合理行政根基、信赖行政根基、程序正当行政根基和责任行政根基等构成。

(一)企业合规制度中的依法行政根基

被称为"德国行政法学之父"的奥托·迈耶在其1895年出版的《德国行政法》一书中,首次提出了依法行政原则。通说认为,依法行政原则包括法律优位原则,即一切行政活动不得与法律相抵触,以及法律保留原则,即只有法律授权,行政机关才能实施相应的行政行为。我国宪法明确一切国家机关必须遵守宪法和法律,规定一切违反宪法和法律的行为,必须予以追究,成为依法行政原则最上位的法律依据。企业合规制度的依法行政根基主要体现在两个方面:一方面,对于企业合

---

① See *Black's Law Dictionary*, West Publishing Co. ,1983,p. 1074.

② 参见张树义主编:《行政法学》,北京大学出版社2012年版,第23页。

规制度中的“规”,行政机关只能对法律有规定的内容进行规范、约束,或者说,行政机关只能对有法律依据的“规”要求企业遵守。如果行政机关要求企业所遵守的“规”没有法律依据,其行政行为就违背了企业合规制度的依法行政原则。另一方面,行政机关规范、引导、促使企业构建和实施合规内部治理制度需要以法律依据为前提。企业合规治理很大程度上属于企业内部治理范畴,是企业私权自治的直接表现,行政机关对企业构建和实施合规内部制度介入需要法律上的正当性。在不具有法律上的正当性情形下,行政机关对企业合规内部治理行为直接干预违背了企业合规制度的依法行政根基。此外,企业合规制度的依法行政根基还体现在行政立法方面,体现企业合规治理的行政法规、部门规章、地方制定的地方性法规和地方性部门规章,不能与其相应的上位法相冲突,或者有直接上位法依据,或者没有立法的上位法直接依据但体现了上位法的立法目的和立法精神。

(二)企业合规制度中的合理行政根基

作为行政法的另一基本原则的行政合理性原则,意指行政权行使必须做到客观、适度、符合人类理性,防止行政权滥用。通说认为,行政合理性原则包括平等原则,即行政机关与其相对人拥有平等的行政法地位,以及比例原则,即行政机关应平衡公共利益和个体利益,采取对行政相对人利益造成最小限制和最小损害的行为,不能超过必要限度。据此,企业合规制度的合理行政根基主要包括企业合规制度的平等行政根基和比例行政根基两个方面。

1. 在企业合规制度相关的行政立法、行政执法和行政救济中体现平等原则。企业合规制度的行政立法平等根基,体现在对立法调整对象进行合理分类,防止分类不合理带来的不平等,如不同类型的企业应在承担的社会责任上有所差别。企业社会责任理论有个著名的“责任铁律”原则,即企业所承担的社会责任应与其所享受的社会地位和社会权利相一致。[①] 按照这一理论,由于大型企业和小微型企业所享受的社会地位和社会权利存在差别,在考虑将企业合规内部治理纳入企业社会责任范畴情形下,在行政立法上应赋予大型企业较多的合规内部治理义务,如对具有市场支配地位企业的合规制度进行强制性规定,而对小微企业的合规内部治理制度建设进行原则性的倡导或者引导。对于企业合规制度的行政执法平等根基,应在裁量的行政中体现超越形式上的平等,“不能仅要求机械的、形式的、不容差别待遇的平等;而应从动态的、实质的观点,本于正义理念,视事物之本质,而可有合理的差别”。[②] 也就是说,行政处罚权对企业合规内部治理的介入应体现超越形式的事实平等的裁量。此外,企业合规制度的行政救济平等根基,体现行政机关对企业合规治理执法的平等救济,给予涉嫌不合规行为企业的平等救济权。

2. 在企业合规制度相关的行政立法、行政执法和行政救济中体现比例原则。这包括三个层面:一是企业合规制度的行政妥当性根基。行政机关对企业合规内部治理介入必须契合于实现企业有效合规内部治理的目的。例如,在对企业合规内部治理予以行政激励时,从宽处罚应以企业实施有效合规内部治理制度为前提,在实施从宽处罚时,倘若没有促使企业有效实施合规内部治理制度,就违背了企业合规制度的行政妥当性原则。二是企业合规制度的行政必要性根基。行政机关介入企业合规的内部治理应以必要为前提。如果私权自治能实现企业合规内部治理目标,行政机关就不宜介入。三是企业合规制度的行政均衡性根基。行政机关介入企业的合规内部治理对行政相对人利益的侵害不能小于行政机关介入获得的公共利益,或者说,当行政机关介入企

---

① See Davis K., *Can Business Afford to Ignore Social Responsibilities*, California Management Rev., Vol. 2:3, p. 70-76(1960).

② 张树义主编:《行政法学》,北京大学出版社2012年版,第31页。

业合规内部治理,对企业利益的损害明显超过其获得的公共利益时,便违反了企业合规制度的行政均衡性根基。

（三）企业合规制度中的信赖行政根基

信赖行政是行政法的一个重要原则,在企业合规治理语境中可以理解为:当企业对行政机关介入企业合规治理产生信赖利益时,这种信赖利益应当得到保护,行政机关不能随意变动该行为,即使遇到不得不变动该行为情形时,必须补偿企业由此受到的信赖损失。信赖行政成为企业合规制度的行政权介入的根基有以下两方面的原因:一是建设法治国家的体现。作为基本价值标准和道德标准的诚信原则是弘扬法治精神、建设法治行政机关的重要基础,信赖行政是行政机关介入企业合规内部治理获取公信力的基础。由于企业合规内部治理需要承担一定的成本,如果企业对行政机关规范、引导、促使合规内部治理的行为没有信赖利益,将会对建设法治企业产生直接影响。例如,企业合规的行政激励反映行政机关对企业合规治理的交换式双向思维,政府利用所支配的资源与企业协商来使企业遵守法的秩序,其建立在信赖基础上,如果没有信赖行政根基的支撑,企业合规的行政激励制度就失去存在的价值。二是保护企业利益的体现。行政机关对企业合规内部治理介入的稳定性,能对企业合规内部治理产生稳定性预期,从而对企业合规制度的价值体现和功能实现产生积极影响。如果行政机关随意变动介入企业合规内部治理的意图、方式,则企业合规行政约束和行政激励会难以达到应有的效果。

基于以上分析,体现企业合规制度的信赖行政根基的方式有三种情形。第一种情形是将行政机关介入企业合规制度进行法制化。法律的稳定性是法律权威性的要求,在建设法治政府语境中,法制化是实现信赖行政的基础。将行政机关规范、引导、促使企业合规内部治理的制度进行法制化,是实现企业合规制度的信赖行政的关键。当前,我国在企业合规制度供给方面开展了积极探索,但由于企业合规制度的法制化水平不高,企业对行政机关介入企业合规治理的信赖利益预期有限,影响了我国企业合规治理的整体效能。第二种情形是对体现行政机关意图的“规”保持稳定性。监管规定是企业赖以遵守的“规”的重要部分,相比于法律法规,监管规定的变动相对频繁,这种频繁变动使企业合规内部治理面临不确定性。因此,提升涉企监管规定制定的科学化水平,防止监管规定的朝令夕改,保持监管规定的相对稳定性,是企业合规制度的信赖行政根基的重要保证。第三种情形是维持行政机关介入企业合规内部治理的效力。对企业不合规行为的行政处罚应保持一定威慑力,对企业合规内部治理的行政激励利益予以保护,如对构建和实施以及承诺构建和实施企业合规内部治理制度的从宽处罚、行政和解的激励利益予以兑现。

(四)企业合规制度中的程序正当行政根基

正当程序原则是行政法的基本原则之一,“通过规范行政程序、保障相对人程序权利来控制行政权利,成为形式法治发展到实质法治的重要标志”。[①] 企业合规制度的程序正当行政根基体现在行政权介入企业合规内部治理过程,对正当程序原则的遵守,主要有四个层面的含义。第一层含义是企业合规制度中的行政程序公开。这里的行政程序公开是指行政机关对其介入企业合规内部治理的行为应依申请或依职权公开,体现对企业合规的法治治理。其既包括介入企业合规治理的行政法规、部门规章以及相关规范性文件和指导文件的公开,还包括行政机关对不合规行为企业的行政处罚的公开,对企业合规内部治理的行政激励的公开。例如,对于尚未构建和实施合规内部治理制度的企业,对承诺构建和实施合规内部治理制度的行政处罚宽大情况进行公

---

① 张树义主编:《行政法学》,北京大学出版社2012年版,第40页。

开。企业合规制度的行政公开既能使企业及时获取行政机关介入企业合规内部治理的相关信息,同时也对行政机关介入企业合规内部治理的行为进行一定的监督。第二层含义是企业合规制度中的行政程序公正。行政程序公正基于对行政机关介入企业合规内部治理的自由裁量权而产生,是对自由裁量权可能产生不公正行为的预防和纠正。其既包括企业合规治理的行政立法程序公正,如在制定相关行政法规、部门规章以及相关规范性文件时,应兼顾不同类型、不同规模企业的利益,也包括企业合规的行政执法程序公正,如在和企业就承诺构建和实施有效合规内部治理制度达成行政和解时,应对企业合规的评估、第三方监督、违背合规承诺的惩罚等进行程序上的规定,避免企业将合规制度作为逃避行政处罚的"借口"。第三层含义是企业合规制度中的行政参与。行政参与是行政的基本原则之一,指行政机关应尽可能为企业参与行政活动提供机会。企业合规制度的行政参与根基表现在两个方面:一方面,行政机关在制定规范、引导、促使企业合规内部治理相关制度时,应公开征求意见,将企业合规治理诉求和意见尽可能体现到相关制度中;另一方面,行政机关在行使企业合规内部治理的约束权时,应充分保障企业陈述权、抗辩权,在行使企业合规的激励权时,应保障企业能充分参与协商。第四层含义是企业合规制度中的行政效率。行政效率是行政权介入企业合规内部治理的生命,集中体现在行政机关介入企业合规治理的成本与收益之间比较的结果。例如,在与涉案企业进行基于构建和实施有效合规内部治理制度的行政和解时,应确保在既定总收益下,构建和实施有效合规内部治理制度的行政合规和解的总成本应低于直接处以行政处罚的总成本,或者确保在既定总成本下,构建和实施有效合规内部治理制度的行政合规和解的总收益应高于直接处以行政处罚的总收益。

(五)企业合规制度中的责任行政根基

责任行政与行政责任属于不同的概念。"责任行政"所思考的是公共行政在社会系统中所扮演的角色。[①] 有学者对责任行政进行了如下的定义：责任行政是指行政机关一切行政活动都要处于担负责任的状态之中，一切行政权力运用都要处于权力主体与权利主体的监控之下，一切不负责的行政行为都必须受到追究和惩罚。[②] 据此，这里的责任行政根基是指行政机关对介入企业合规内部治理所担负责任的状态，对企业合规内部治理的行政权介入应处于行政机关和企业的监控之下，不负责任的企业合规行政权介入应受到追究和惩罚。责任和权力是一对孪生物，它们相生相克又相辅相成。[③] 行政机关具有对企业合规治理介入的行政指导权、行政强制权、行政激励权，需要通过责任行政对企业合规制度的行政权介入效果和任务完成情况进行检验。企业合规制度中的责任行政根基包括四个方面内容：一是行政权介入应处于责任状态。行政机关应对介入企业合规内部治理的行为负责，如对行政权介入不当给企业造成损害的应当承担赔偿责任，对行政权介入涉嫌违法的应当承担撤销行政机关介入行为的责任。二是行政权介入应有明确的职责主体。企业合规制度中的“规”外延涉及多个职能部门，如企业需要同时面对市场交易、安全环保、产品质量、劳动用工、财务税收、知识产权、商业伙伴等领域的合规治理。企业合规的行政权介入面临多个责任主体，如果不对责任主体进行明确，就会存在责任主体不清、层次不清、规范不统一的问题。三是行政权介入应与担负的责任相连。权力与责任必须一致是实现行政权对企业合规内部治理有效介入的保障，行政权介入企业合规内部治理时应确保责任到位。《证券公司和证券投资基金管理公司合规管理办法》在赋予证监会介入企

---

① 参见何艳玲、汪广龙：《我们应该关注什么：关于公共行政学“大问题”的争论》，载《中国行政管理》2011 年第 12 期。

② 参见张世杰：《行政责任与责任行政：概念与逻辑关系析论》，载《法制与社会》2007 年第 11 期。

③ 参见张树义主编：《行政法学》，北京大学出版社 2012 年版，第 47 页。

业合规内部治理的权力时对其责任进行了明确，规定证监会及其派出机构对证券基金经营机构合规负责人依法开展工作、组织行业合规培训和交流、督促证券基金经营机构为合规负责人提供充足的履职保障等责任。四是行政权介入应有相应的法律责任制度。这既包括对行政权介入企业合规内部治理的责任制度，也包括履行责任的监督制度和责任追究制度，如在行政权介入企业合规内部治理相关的法律、行政法规、部门规章中，对行政权介入相应的法律责任予以明确。

四、企业合规制度的刑法根基

企业合规刑事治理的立论基础是单位犯罪，单位犯罪即西方刑法理论中的“法人犯罪”，其定义不尽统一。有学者认为，单位犯罪是“机关、团体、企业事业单位以及其他合法社会组织体违反法律规定或不履行其法律义务，故意或过失实施的危害社会的、依法应受刑罚处罚的行为”。[①] 还有学者认为，单位犯罪是“公司、企业、事业单位、机关、团体为本单位谋取非法利益，经单位集体决定或者由负责人员决定实施的，严重危害社会的，法律明文规定应当受刑罚处罚的行为”。但无论如何定义单位犯罪，单位犯罪所具有的两个特征成为共识，即以单位名义和为单位利益实施犯罪。据此，企业合规领域的刑事犯罪可以理解为：以企业名义，通过故意或者过失的不合规行为为企业牟取非法利益，依法应受刑罚处罚的行为。企业合规制度的刑法根基是在企业犯罪论的前提下，指导和规范刑事司法权介入企业合规内部治理的立法、执法以及指导和规范刑事司法行为的实施和司法争议的处理的基础性法则，涉及企业不合规行为的刑事定罪、刑事归责、刑事处罚等环节，包括企业合规制度的刑事实体法根基和刑事程序法根基。

（一）企业合规制度中的刑事实体法根基

截至 2020 年 12 月 26 日第十三届全国人民代表大会常务委员会

---

① 何秉松主编：《法人犯罪与刑事责任》，中国法制出版社 1991 年版，第 527 页。

第二十四次会议通过《中华人民共和国刑法修正案(十一)》时,《中华人民共和国刑法(2020修正)》(以下简称《刑法》)涉及483项罪名,涉及单位犯罪罪名约占三分之一,涉及单位犯罪的,绝大部分与企业有关。也就是说,涉及企业合规相关的刑事罪名有160项左右,在罪刑法定原则下,这是刑事罪名构成企业合规治理领域刑事定罪、刑事归责、刑事处罚的依据。

1. 企业合规制度中的刑事定罪根基

刑事犯罪包括自然犯和法定犯,前者是指行为人在侵害或者威胁所保护的法益的同时违反伦理道德的犯罪,后者是指行为人侵害或者威胁所保护的法益但没有明显违反伦理道德的犯罪。企业合规制度的"规"既包含了对法律法规、监管规定的遵守,也包含了对商业伦理等的遵守。可见,对企业不合规行为的刑事定罪,既可能是法定犯,也可能是自然犯。由于国家对企业的公权介入主要依靠行政法手段和经济法手段,因而企业不合规行为触犯罪名多数属于法定犯。但在少数场合中,企业不遵守商业伦理的行为也可能触犯刑法罪名,即自然犯,如诈骗罪就是违反了商业伦理中的诚信原则而触犯的自然犯。在我国,对企业不合规行为的刑事定罪需要从主体要件、客体要件、主观要件来进行。在主体要件方面,实施不合规行为的主体应为企业,即存在以企业名义并为企业牟取利益的情形;在客体要件方面,企业实施了不合规行为,且这种不合规行为侵害了国家保护的法益,如企业实施了虚开增值税发票的行为,侵害了国家的增值税不被流失的法益;在主观要件方面,企业实施不合规行为须有主观故意或过失,表现为企业不合规行为由企业依照程序作出的决定或授权,或者企业对不合规行为没有尽到注意义务。

2. 企业合规制度中的刑事归责根基

这里的刑事归责是指确定实施不合规行为的企业承担刑事责任的

理由、标准和依据，“对企业违法犯罪进行必要的刑法规制已成为大多数国家的共识，但如何对企业进行刑事归责，实务界与理论界仍存在较大分歧”。[①] 例如，英国以“替代责任原则”与“同一视原则”作为对企业刑事归责的基本原则，美国以“上级责任原则”和“同一视原则”作为对企业刑事归责的基本原则，均为企业设定了严格的法律责任负担。[②] 其中，替代责任原则指企业员工在职权范围内为实现企业的利益实施了犯罪行为，不论企业是否具有故意或过失，均需要承担刑事责任。[③] 同一视原则是基于公司高级代理人主观要件的归责理念，“公司的高级代理人被认为是公司的组成部分，他们的犯意和行为被认为是单位的犯意和行为”。[④] 上级责任原则将员工或代理人的行为直接归责于企业，不重视企业的主观过错。显然，英美国家对企业不合规行为的刑事归责原则与我国存在一定的差别。我国刑法涉及企业犯罪有两种情形：一种情形是企业集体决定或由企业责任人决定实施的犯罪；另一种情形是非基于企业集体决定或单位负责人的决定，而是由于企业工作人员在履行业务的过程中的犯罪。[⑤] 可见，我国对企业不合规行为的犯罪一般采取主观罪过的归责原则。

3. 企业合规制度中的刑事处罚根基

从各国刑事处罚实践来看，对企业不合规行为的刑事处罚主要有转嫁模式、代罚模式、双罚模式和混合模式。其中，转嫁模式是指只对

---

① 蔡仙：《组织进化视野下对企业刑事归责模式的反思》，载《政治与法律》2021 年第 3 期。

② 参见李翔：《企业刑事合规的反思与合理路径的构建——基于我国单位犯罪原理的分析》，载《犯罪研究》2021 年第 5 期。

③ 参见[英]杰瑞米·侯德：《阿什沃斯刑法原理》（第 8 版），时延安、史蔚译，中国法制出版社 2019 年版，第 186 页。

④ 谢治东：《单位犯罪中个人刑事责任研究》，法律出版社 2014 年版，第 99 页。

⑤ 参见孙道萃：《单位犯罪刑事责任中行为归责与责任归责理论之整合》，载《中国刑事法杂志》2012 年第 8 期。

企业科以刑事处罚,不对企业员工科以刑事处罚;代罚模式是指只对企业员工科以刑事处罚,不对企业科以刑事处罚;双罚模式是指对企业及其负有责任的主管人员和直接责任人员科以刑事处罚;混合模式是对企业糅合多种刑事处罚。对企业不合规行为的刑事处罚主要是采取罚金的方式,包括定额罚金方式、倍比罚金制方式和无限额罚金方式。我国对企业不合规行为触犯犯罪的刑罚采取以双罚模式为主、兼顾单罚制的模式,《刑法》第 31 条规定"单位犯罪的,对单位判处罚金,并对其直接负责的主管人员和其他直接责任人员判处刑罚。本法分则和其他法律另有规定的,依照规定",同时对违规披露、不披露重要信息罪,工程重大安全事故罪,私分国有资产罪等十余种企业犯罪采取只处罚企业责任人员、不处罚企业的模式。对企业不合规行为刑事处罚采取无限制额度的罚金方式,对罚金赋予了司法机关较大自由裁量权,数额限度无标准。由于刑法上采取根据犯罪的事实、犯罪的性质、犯罪情节和对社会的危害程度进行刑事处罚的原则,存在可以从轻、减轻、免于处罚的从宽情形。有效的企业合规制度体现了企业对法律法规、监管规定、商业伦理等的主动遵守,对企业不合规行为的主观恶性、社会危害程度起到一定程度上的阻却效果,如免除企业的主观罪过、履行法定的管理义务、接受合规考察并消除潜在的制度隐患等。可见,企业合规制度可以成为对企业刑事处罚从宽的事由,如在采取双罚制过程中对企业处罚予以从宽,采取只追究企业工作人员的刑事责任。

(二)企业合规制度中的刑事程序法根基

对企业合规制度的刑事司法权介入,刑事程序承担着犯罪治理、权利保护、经济效率等诸多重要职能,在某种程度上甚至可以说,刑事程序的准备是否成熟、充分,将决定着企业合规的刑事制度的效能能否实现。[1] 企业合规制度的刑事程序法根基是刑事司法权介入企业合规治理的正当性基础,包括企业合规制度的刑事程序谦抑性、刑事举证激励、刑事公诉激励等。

1. 企业合规制度中的刑事程序谦抑性根基

刑罚具有"水波效应",或者说,"惩罚罪犯对其他人(与犯罪行为无涉,但与罪犯存在某种社会关系的第三人)所可能产生的不利影响"。[2] 相比于自然人,对企业的刑事处罚可能会产生更大的"水波效应"。以美国史上对安达信判处 50 万美元罚金引发的灾难性后果为例,2001 年安达信在全球 85 个国家和地区设有 390 个分支机构,雇员总数一度达到 8.5 万人,全球营业总额达 93.4 亿美元,在被处以 50 万美元的刑事罚金后,至 2002 年年底,2300 多家上市公司客户陆续离开安达信,全球分支机构相继被撤销或收购,雇员仅剩 3000 人。[3] 对此,有学者认为"起诉法人就相当于宣判其死刑"。[4] 可见,一旦企业被刑事处罚后,可能会对相关利益方的利益实现产生"连带"影响。因此,对企业应秉持刑法谦抑的原则,即刑罚不能过于广泛地介入企业合规内部治理,不能一有违法行为就想到动用刑法对其进行处罚。这就要求在刑事司法权介入企业合规内部治理过程中,其刑事诉讼规则、制度、程序应体现谦抑性原则,更多利用刑事激励的方式介入企业合规内部治理。对此,有学者将对企业合规的刑事司法权介入等同于企业合规的刑事激励,虽失之偏颇,但确实反映了企业合规制度的刑事程序谦

① 参见杨帆:《企业刑事合规的程序应对》,载《法学杂志》2022 年第 1 期。

② 叶良芳:《美国法人审前转处协议制度的发展》,载《中国刑事法杂志》2014 年第 3 期。

③ 参见叶良芳:《美国法人审前转处协议制度的发展》,载《中国刑事法杂志》2014 年第 3 期。

④ Lynsey Morris Barron, Comment, *Right to Counsel Denied: Corporate Criminal Prosecutions, Attorney Fee Agreements, and the Sixth Amendment*, Emory Law Journal, Vol. 58, p. 1265 (2009).

抑原则。

2. 企业合规制度中的刑事举证激励根基

在“诉讼以审判为中心、审判以庭审为中心、庭审以证据为中心”的刑事诉讼制度中，赋予企业合规制度在涉企刑事诉讼证据中的地位，对激励企业构建和实施合规内部治理制度具有“牵引”作用。其机理在于：将企业合规制度作为认定涉案企业犯罪的事实、犯罪的性质、犯罪情节及其对社会的危害性的考量因素，会促使企业构建和实施合规内部治理制度，防范企业合规的刑事责任风险，体现了惩罚与教育相结合的刑罚原则。一方面，审判机关将企业合规内部治理制度构建和实施的有效性作为对涉案企业刑事审判的重要参考，促使检察机关提起公诉时对企业合规内部治理制度建设和实施情况提交证据，并对涉案企业合规内部治理制度缺失及其无效性提供证据加以证明。另一方面，辩护人在庭审中就涉案企业合规内部治理制度的完善性、实施有效性提供证据，该证据可以成为对涉案企业进行从轻、减轻、免于刑事处罚审判的参考依据，成为隔离企业刑事责任的手段，即在判决对涉案企业刑事处罚时，对涉案企业责任人员进行刑事处罚，而对涉案企业从轻、减轻甚至免于处罚，体现对企业的保护作用。在生产或销售伪劣商品、侵犯知识产权等自诉案件中，审判机关赋予企业合规内部治理制度在证明有罪、量刑裁决中的证据地位，作为对涉案企业犯罪的事实、犯罪的性质、犯罪情节及其对社会的危害性等认定的参考依据，从而对企业合规内部治理发挥着激励作用。

3. 企业合规制度中的刑事公诉激励根基

刑事公诉是由私人起诉发展而来的一种国家行使追诉权的起诉方式和诉讼制度，是检察机关代表国家要求人民法院审理被指控的被告人的行为，以确定被告人刑事责任并予以刑事制裁的诉讼职能。[①] 刑事公诉介入企业合规内部治理有两种方式：一是对实施不合规行为的企业涉嫌犯罪进行指控，提请审判机关判决涉嫌不合规犯罪行为的企业的刑事罪行和刑事处罚，在此过程中，检察机关可以对企业合规内部治理制度缺失或者其实施无效性提出证据和公诉意见，体现了刑事公诉机关对企业合规内部治理的约束性介入。二是检察机关对企业合规内部治理进行公诉上的激励，鼓励、引导企业建立有效的合规内部治理制度。以对涉案企业建立有效合规内部治理制度可以不予起诉的激励为例，不起诉权体现了公诉权中立性，在域外各国普遍存在，如日本每年不起诉案件占全部处理案件数的近六成，[②]德国对损及公众利益的轻微案件实行不起诉制度。[③]《中华人民共和国刑事诉讼法(2018 修正)》(以下简称《刑事诉讼法》)对当事人和解的公诉案件诉讼程序进行的规定，成为企业建立有效合规内部治理制度不予起诉的法律依据之一。

企业合规制度的刑事公诉激励体现了惩罚与教育相结合的刑罚原则，是刑事程序介入企业合规内部治理的常见方式，在世界各国企业合规治理中有着重要的地位。例如，在刑事程序上，美国检察机关介入企业合规内部治理有公诉、不起诉以及与辩护方达成辩诉交易。与辩护方达成辩诉交易最能体现对企业合规内部治理的刑事程序激励，主要有暂缓起诉协议(Deferred Prosecution Agreement，DPA)和不起诉协议(Non Prosecution Agreement，NPA)两种方式。这两种辩诉交易方式一般适用于企业而不适用于自然人，通常要求企业进行合规承诺、建立有效合规内部治理制度并加以有效实施。在暂缓起诉协议和不起诉协议

---

① 参见孙谦：《全面依法治国背景下的刑事公诉》，载《法学研究》2017 年第 3 期。

② 参见[日]田口守一：《刑事诉讼法》，张凌、于秀峰译，中国政法大学出版社 2010 年版，第 128 页。

③ 参见严义挺：《公诉权的属性——给予审判中心语境下的分析》，载《上海政法学院学报(法治论丛)》2016 年第 5 期。

所确定的考验期之内，通常会指派一位独立的合规监察员对企业合规内部治理制度实施进行合规监督。由于企业合规的刑事公诉激励制度对于激励、引导企业合规内部治理表现出良好的实践效果，如促使企业合规内部治理水平的提升，有效避免了对涉案企业的刑事处罚产生的“水波效应”，我国最高人民检察院于2020年3月开始在全国开展企业刑事合规改革试点，在改革实践中形成了企业合规制度的刑事公诉激励的两种模式，即检察建议模式和附条件不起诉模式。其中，检察建议模式是指检察机关在审查涉案企业涉嫌犯罪时，对犯罪情节轻微且认罪认罚的涉案企业作出相对不起诉决定后，以检察建议的方式责令涉案企业建立企业合规内部治理制度；附条件不起诉模式是指检察机关在审查涉案企业涉嫌犯罪时，给予承诺实施有效合规内部治理制度的涉案企业一定的考验期，在考验期内对涉案企业予以暂时不起诉，对涉案企业合规内部治理制度实施情况进行监督考察，在期满后根据企业合规内部制度实施的有效性，作出起诉或者不起诉的决定。

五、企业合规制度的民商法根基

在充分发挥价值规律、供求规律、竞争规律等作用的语境中，企业参与经济活动需要有企业的平等自主性、经营活动竞争性、交易关系的契约性、企业治理规则的统一性等保障。无论是民商合一还是民商分立的立法模式，民商法都是作为调节企业参与经济活动保障的基础性法律，具有诚实信用、公平、效益、平等的价值取向，对企业整个生命周期经营管理活动产生广泛而深入的影响，进而对企业合规治理产生不可或缺的影响。这使企业合规制度具有民商法的根基，包括企业合规制度的商法根基和企业合规制度的民法根基。

（一）企业合规制度的商法根基

商法是维系市场经济秩序的主要法律工具，涉及商事主体和商事行为两大范畴。从当事人意思自治的主导性地位来看，我国商法体系包括公司法、合伙企业法、个人独资企业法、外商投资法、企业破产法、票据法、证券法、海商法等及其配套行政法规、部门规章。企业合规制度与商法有着密切的关系。例如,我国第一个有关企业合规制度的部门规章,即《证券公司和证券投资基金管理公司合规管理办法》的立法依据就包含了公司法、证券法相关条款;再如,《德国证券交易法》第33条规定,“制定适当的原则,预留资金,设立程序,特别是要设立一个长期性与有效性的合规职能,从而能够独立地履行职责”。[①] 商法体现了商人自治和国家干预之间的平衡,其所具有的主体法定、公平交易、交易自由、交易安全、交易效率等成为企业合规制度的商法根基。

1. 企业合规制度中的主体法定根基

商主体的法定“就是商法要以大量的强制性规范确认商主体的形态,以及商主体的入市、退市的条件和程序,从而提高市场交易的效率和安全”,[②]包括商事主体的类型法定、商事主体的内容法定、商事主体的公示法定。在组织法的框架下,企业合规职责的分配、合规义务的内容、合规工作的组织以及违反合规义务的责任是公司合规领域的核心问题。[③] 企业合规制度中的主体法定根基一般体现在三个方面:一是对不同类型企业的合规义务作出宣示性法定。例如,对企业的合规义务作出法律上的倡导,《公司法》第5条“公司从事经营活动,必须遵守法律、行政法规,遵守社会公德、商业道德,诚实守信,接受政府和社会公众的监督,承担社会责任”的规定,属于对公司的合规义务进行宣示性法定。二是对企业内部关键人员、关键岗位的合规内部治理职责进行约束性法定。例如,《证券公司和证券投资基金管理公司合规管理

① [德]乌尔里希·齐白:《全球风险社会与信息社会中的刑法:二十一世纪刑法模式的转换》,周遵友、江溯等译,中国法制出版社2012年版,第244~245页。

② 郑在义:《论我国商主体的法定化》,载《国家检察官学院学报》2006年第3期。

③ 参见王东光:《组织法视角下的公司合规:理论基础与制度阐释——德国法上的考察及对我国的启示》,载《法治研究》2021年第6期。

办法》对证券基金经营机构的董事会、监事会、高级管理人员以及合规负责人等合规内部治理义务作出了规定。三是对企业违反合规内部治理义务进行法律责任法定。例如:《证券公司和证券投资基金管理公司合规管理办法》就对此进行了相应的规定;《中央企业合规管理办法》第37条提到,"因合规管理不到位引发违规行为的,国资委可以约谈相关企业并责成整改;造成损失或者不良影响的,国资委根据相关规定开展责任追究"。

2. 企业合规制度中的公平交易根基

公平交易起着保护交易主体利益和市场经济秩序的作用,是调整交易关系的基本原则之一。公平交易作为重要的商业伦理,是企业合规制度中"规"的重要内容,在商法中,公平交易还被纳入商法规范范畴。例如:《公司法》规定,"股份的发行,实行公平、公正的原则";《中华人民共和国合伙企业法(2006修订)》(以下简称《合伙企业法》)第5条规定,"订立合伙协议、设立合伙企业,应当遵循自愿、平等、公平、诚实信用原则";《中华人民共和国证券法(2019修订)》(以下简称《证券法》)第3条规定,"证券的发行、交易活动,必须遵循公开、公平、公正的原则"。公平交易成为企业合规制度中的商法根基,主要体现在两个方面:一方面,在法律规范不明确的情形下,企业能恪守公平交易的商业伦理精神,公平对待交易相对方。例如,在新业态出现时,对新业态相关的法律约束尚未建立健全的情形下,企业可以按照公平交易的准则从事交易活动,从而减少政策变化引起的风险。另一方面,在法律规范明确的情形下,遵守有关体现公平交易原则的法律条款。

3. 企业合规制度中的交易自由根基

交易自由的法理基础是企业自治,企业自治是私法自治理念在商法中的体现,是指商人(企业)在从事经营活动中依自主意思形成商事权利义务关系，商人自己具有决定和管理自身事务的权利和能力。[①]企业合规制度中的交易根基一般体现在两个场合中：第一个场合是企业内部合规治理，企业在遵循商法基本原则前提下，依照商法对企业合规相关义务的规定，按照自己意思建立企业合规内部治理制度并实施企业合规内部治理制度，同时可以按照自己意思决定交易相对方的合规要求。例如，拒绝与有不合规行为的企业进行交易，且这类拒绝行为对交易歧视、滥用优势地位具有抗辩作用。第二种场合是国家权力对企业合规治理的介入，由于交易自由是商法的基本原则之一，国家权力介入企业合规治理应保障应有的交易自由为前提。或者说，国家权力对企业合规内部治理不能对企业的交易自由造成不当的损害，当然，企业交易自由是相对自由，以不能损害利益相关方和公共利益为前提。

4. 企业合规制度中的交易安全根基

商法的交易安全是指法律对当事人（企业）基于交易获得新利益的活动加以保护，不使其归于无效。[②] 商法对交易安全的实现通过强制主义、公示主义、外观主义和严格责任主义予以保障，企业合规制度具有保护交易安全的作用。与之相对应，企业合规制度中的交易安全根基一般表现在四个方面：一是强制主义。商法赋予国家权力介入商事活动的正当性，企业合规连接着国家权力和企业自治权，成为体现商事强制主义的有效工具。二是公示主义。将企业合规内部治理相关的基本制度纳入企业章程并加以公示，或者对企业合规承诺进行公示，体现商法的公示主义。三是外观主义。由于企业合规很大程度上属于企业内部治理行为，交易相对方很难全面获取合规信息，依据商法中的外

① 参见李长兵：《论商法的商人自治理念》，载《兰州大学学报（社会科学版）》2014年第3期。

② 参见熊进光、丁京萍：《论商法对交易安全的保护》，载《江西财经大学学报》2002年第6期。

观主义，即交易相对方依据企业合规内部治理制度完善与否来认定对企业合规内部治理是否履行了注意义务，从而有利于交易相对方获取相关救济权。四是严格责任主义。对商事活动中的"关键少数"予以严格规定，在企业合规内部治理中，赋予企业领导层承担相对严格的合规内部治理义务，体现对企业的"关键少数"人员的合规内部治理义务的严格性。

5. 企业合规制度中的交易效率根基

唯有交易效率价值，才是体现商法根本特性的价值，①"商业是以营利为目的，为谋达到此种目的，必须力求交易敏捷。因为交易敏捷，从事于商业之人，才能多次反复地交易，得以经济其时间之利用，而达到其营利之目的"。② 企业合规制度的交易效率根基表现在两个方面：一方面，企业合规制度能促使企业依照法律法规、监管规定、行业准则、商业伦理等从事经营管理活动，增强企业与交易相对方交易信息的透明性，减少企业与交易相对方的信息不对性，有利于实现资源的帕累托最优配置，提高交易效率；另一方面，企业合规制度体现了对市场交易秩序的维护，降低了企业参与经济活动的交易费用，交易效率与市场秩序正相关性以及其与交易费用的负相关性，说明了企业合规制度对交易效率的保障作用。

（二）企业合规制度的民法根基

民法调整平等主体之间财产关系和人身关系，《民法典》对营利法人和非法人组织的经营行为进行了规定，是规范企业经营管理活动的重要法律。由于民法分为民事实体法和民事程序法，考察企业合规制

---

① 参见林艳琴：《对我国商自然人法律制度的审视》，载《政法论坛》2009年第1期。

② 张民安：《商法总则制度研究》，法律出版社2007年版，第68页。转引自张国键：《商事法论》，台北，三民书局股份有限公司1981年版，第38页。

度的民法根基可以从企业合规制度的民事实体法和企业合规制度的民事程序法来理解。

1. 企业合规制度的民事实体法根基

民事实体法是以规定和确认民事权利和民事义务为主要内容的法律,在我国主要体现在《民法典》中。由于我国实行的是不完全的民商合一制度,民事实体法所遵循的原则有民事权利受法律保护原则、平等原则、自愿原则、公平原则、诚信原则、守法及公序良俗原则、绿色原则等,商法体现出的基本原则和民事实体法的基本原则有一定的交集。例如,在商事活动中,商法中的公平交易原则与民事实体法上的公平原则和平等原则,商法中的交易自由原则与民事实体法中的自愿原则等具有同一性,这种同一性使得企业合规制度的商法根基在一定范围内也体现着企业合规制度的民事实体法根基。一方面,民事实体法中的平等原则、自愿原则、公平原则、诚信原则是商业道德规范的体现,公序良俗原则是商业惯例的体现,守法则与“规”所指对法律法规的遵守有相同的含义。可见,企业合规制度应遵循的原则在民事实体法中得到了体现。另一方面,由于合同、物权、权利救济与企业经营管理活动密切相关,民事实体法对合同、侵权责任、物权等做了法律规范,本身成了企业合规制度中“规”的构成部分。以企业与交易相对人缔结合同为例,在双方缔结合同时应遵守自愿、诚实的原则,否则可能承担合同缔约过失责任和合同违约责任。在企业合规内部治理的语境中,如果交易相对方在缔结合同时实施了构建和实施有效合规内部治理制度的承诺,使企业对其产生信赖利益,一旦交易相对方没有兑现相应的合规承诺而对企业产生信赖利益损失时,企业可以据此主张缔约过失责任。同理,如果企业和交易相对人的交易是以交易相对人实施有效的合规内部治理制度为基础,交易相对人由于自身原因没有践行有效的合规内部治理责任,企业可以据此主张合同违约责任。再以侵权责任为例,其规则原则包括过错责任原则、无过错责任原则和公平责任原则。对于过错责任原则,如果企业实施了有效的合规内部治理制度,由于企业员工自身原因实施不合规行为而对利益相关方权利产生侵害时,实施有效企业合规内部治理制度可以作为没有主观过错的参考。同理,对于公平责任原则,如果企业实施了有效的合规内部治理制度,尽到了企业合规的注意义务,并为此承担了一定成本,则企业实施有效的合规内部治理制度可以作为侵权责任分配的参考。

2. 企业合规制度的民事程序法根基

民事程序法是以保证民事权利得以实现或行使,民事义务得以履行的有关程序为主的法律。民事程序法遵循平等原则、同等对等原则、自愿与合法原则、辩论原则、处分原则、支持起诉原则、人民调解原则、法院独立审判原则等,在涉及企业合规相关的民事诉讼中,应体现这些原则。由于企业合规制度在证据中的地位直接关系民事诉讼权介入企业合规内部治理,此处重点从证据的视角考察企业合规制度的民事程序法根基。概括来看,可从证据裁判原则、证据证明原则、举证责任分配原则中考察。一是企业合规制度中的证据裁判根基。证据裁判是指对于民事诉讼中事实的认定,应依据有关的证据来作出,没有证据,不得认定事实。在企业合规制度的语境中,对企业不合规行为的认定可以结合企业合规内部治理制度构建与实施情况来考虑,将企业合规内部治理制度及其实施情况作为涉企民事纠纷的重要证据,作为判定民事责任承担的重要依据。二是企业合规制度中的证据证明根基。证据证明包括证据证明能力和证明力,由于企业合规内部治理制度及其实施情况与企业合规行为之间存在内在一定的逻辑关系,企业合规内部治理制度当然具有证明企业行为合规与否的主观动机。企业合规内部治理制度及其实施情况的证明力大小与企业合规内部治理制度的有效性具有正相关关系,因此判断企业合规内部治理制度的有效性成为其证据证明力的关键。企业合规内部治理制度的有效性判断是一项技术性比较复杂的工作,民事诉讼法中高度盖然性的证明标准适合对企业合规内部治理制度有效的证明,即在待证明事实的证据无法达到确实充分的证明力下,如果企业提出的证据已经证明企业合规内部治理制度及其实施有效性具有高度盖然性,民事审判机关即可对此予以确定。三是企业合规制度中的举证责任分配根基。在民事程序法中,举证责任分配是指民事诉讼中对各方举证责任进行分配,其一般原则是"谁主张,谁举证",同时辅以根据待证明事物的性质或内容来进行举证责任分配,根据主张事实的难易程度来举证责任公平分配。在企业合规制度的语境中,由于评价企业合规制度及其实施有效性具有一定复杂性,且企业合规制度及其实施相关信息主要由企业内部掌握,在企业合规制度的有效与否方面可以赋予实施主体更多的举证责任,即在发生涉企民事纠纷时,实施企业合规内部治理制度的一方应对其有效性承担举证责任,相对方对企业合规内部治理制度的举证不能免除该企业的举证责任。以侵权纠纷的举证责任分配为例,在过错责任或公平责任的归责原则下,企业应对构建和实施合规内部治理制度的有效性承担举证责任,主张其对没有主观上的故意或履行了注意义务的责任,从而实现有利于制定和实施企业合规内部治理制度的企业侵权责任分配。

第四章　企业合规制度的发展历程

一、国外有关国家企业合规制度的发展历程

国外企业合规制度既包括企业层面上的企业合规内部治理制度，也包括国家层面上规范、引导、促进企业进行合规内部治理的企业合规国家治理制度。企业合规制度源起于20世纪初期的美国，并于20世纪90年代趋向成熟，之后，国外一些其他国家主动或被动接受或者借鉴引入美国的企业合规制度，对企业合规内部治理进行规范、引导和促进。如今，企业合规制度已成为国际上不少国家对企业进行治理的一项常规性制度安排。从国外相关国家的实践来看，企业合规制度遵循了从作为树立企业形象的自我治理，到作为一种轻微违规监管处罚的替代工具，再到作为减轻处罚的情节考量，直到监管部门要求的一项常规制度的演化路径。

（一）美国企业合规制度的发展历程

企业合规制度兴起于美国，具体可追溯到20世纪初的食品和金融领域。一方面，在20世纪初期，美国作家厄普顿·辛克莱（Upton Sinclair）在对当时美国的食品安全问题实地调查基础上，撰写出版了揭露当时美国食品安全问题的小说《屠场》。该书在当时引起了社会强烈反响，促使美国建立了严格的食品安全监管制度。面对趋严的政府监管环境，当时美国一些食品生产经营企业为应对食品安全监管和树立企业形象需要，开始重视企业合规的自我治理。另一方面，20世纪二三十年代经济危机爆发之前，美国对金融业的限制很少，银行控制了大部分证券企业，经济危机的爆发暴露出当时美国普遍存在的市场操纵等证券欺诈问题，使美国不得不加强对金融业的监管，如《格拉斯－斯蒂格尔法》《1933年证券法》及《1934年证券交易法》强化了企业的信息披露责任。这些对金融业严格监管的制度供给倒逼了金融企业不得不主动遵守美国的相关监管制度，一些金融企业为应对政府金融监管和树立企业形象的需要，开始将合规治理纳入企业治理的范畴。也就是说，无论是食品企业还是金融企业均是出于应对严格的政府监管和树立社会形象的考虑，而主动以合规的方式规范员工行为，属于企业单方面的"自我监管"，①在这一时期，具有公权力的监管部门很少介入企业合规的内部治理。

企业合规治理真正意义上开始进入美国政府监管部门视野的是对反垄断合规内部治理的认可和推进。1890年出台的《谢尔曼法》、1914年出台的《克莱顿法》与《联邦贸易委员会法》、1936年出台的《鲁宾逊－帕特曼法》，构筑了美国反垄断的法律框架，美国一些具有垄断地位的企业主动采取合规承诺的方式以应对反垄断监管以及树立企业形象。

---

① See Todd H., *The Criminalization of Compliance*, Notre Dame Law Rev., Vol. 92:3, p. 1215－1270 (2017).

例如,20 世纪 50 ~ 60 年代,美国通用公司等电气设备制造企业由于实施划分市场、控制招标以及操纵价格等滥用市场支配地位而遭受政府监管部门处罚,被要求进行反垄断合规承诺并保障其得到严格执行,政府监管部门开始将反垄断合规承诺的践行情况作为认定企业违法和处罚裁量的考量因素。通用公司等电气设备制造领域企业的反垄断合规承诺在实践中表现出了一定的有效性,也在一定程度上节省了政府监管资源,使政府监管部门开始对企业反垄断合规内部治理激励的关注。例如,美国联邦贸易委员会主席狄克逊(Dixon)在 1966 年就曾提到,在企业具有符合法律规定的内部体系并得到有效监督和诚实运营的前提下,倘若违规不是企业故意造成的,且能及时得到纠正,企业对政府监管部门所作出的承诺是可以相信的。①

在 20 世纪 70 ~ 90 年代,美国的企业合规制度逐步拓展到了军工、证券、财税、环保等领域,涉及司法机关和行政机关。1974 年发生于美国的"水门事件",揭露出当时美国不少军工企业在海外通过行贿获取订单的腐败行为,促使美国于 1977 年出台了《海外反腐败法案》。该法案要求企业必须准确记录资金流动情况,方便政府监管机构在反贿赂、反腐败案件中搜集证据,符合标准的合规内部治理能避免相关负责人的刑事责任或重大罚款;《海外反腐败法案》还对企业内部的合规调查进行了规定,企业发现合规问题时,应进行自我合规调查,否则将会面临从重处罚,相关责任人因此可能遭受刑事处罚。例如,美国摩根士丹利公司制定了有效的合规内部治理制度,包括企业内部的合规培训、合规调查、合规整改、合规举报,2012 年在美国证券交易委员会对其高管逃避内部控制进行行贿的指控过程中,该企业因构建和实施了有效的

---

① See Richard J. MacLaury, *Compliance Programs Under the Robinson-Patman Act and Other Antitrust Laws—The Practical Effect of Such Programs or the Absence Thereof*, Antitrust L. J, Vol. 37:1, p. 96 – 103 (1967).

企业合规内部治理制度而免受处罚。1986 年美国国防部建立了国防企业自愿信息披露制度，对企业构建和实施有效的合规内部治理制度，可以相应减少监管，酌情减轻行政处罚；同年，美国国防企业联合起草了《国防工业的商业伦理与行为倡议》(Defense Industry Initiatiles on Business Ethics and Conduct)，倡导国防企业将建立合规内部治理制度作为企业自律的要求，此外，美国还出台了《环境审计政策声明》，将环保合规内部治理作为企业治理的工作要点，鼓励企业对设备使用是否符合环保要求进行检查。1988 年美国出台了《内幕交易与证券欺诈执行法案》，对证券领域企业合规内部治理制度进行了规定，促使证券企业参与行业监管。例如，该法案规定如果上市企业自愿向证监会披露商业贿赂信息、及时进行自我调查，就可以减轻处罚。此外，针对政府采购中的欺诈行为，当时美国还规定，如果承包商自愿披露欺诈信息，就可以减轻处罚。1991 年美国联邦量刑委员会发布了《针对机构实体联邦量刑指南》，首次在刑事规范中引入了企业合规内部治理的理念。该指南规定，对采取措施发现和预防犯罪的企业可以减轻处罚，从而激励企业建立企业合规内部治理制度。1992 年美国反虚假财务报告委员会下属的发起人委员(The Committe of Sponsoring Organizations of the Treadway Commission，COSO)发布《内部控制—集成框架》(Internal Control - Integrated Framework，ICF)，确立了评估和监管企业内部控制制度的标准。2004 年美国对《针对机构实体联邦量刑指南》进行了修订，该指南重申企业建立合规内部治理制度可以减轻处罚的规定，同时还对有效合规内部治理制度进行了规范，涉及有效合规内部治理制度的标准和程序、领导重视或领导负责、从领导做起、教育与培训、审查与监控、激励与纪律、违规应对与预防等内容。2010 年美国再次修订了《针对机构实体联邦量刑指南》，对企业合规官的独立性予以强调。

21 世纪以来，有两个里程碑事件诠释了美国对公权力介入企业合规内部治理的积极态度,即2001年安然公司破产事件和2002年安达信公司财务丑闻事件,这两个事件促使美国的行政机关和司法机关开始广泛引用企业合规内部治理的激励制度。前者促使美国行政机关建立对企业的实质性的监管机制,广泛使用行政和解协议,以激励企业建立有效合规内部治理制度,以取代的行政监管模式;后者促使美国司法机关调整对企业的刑事起诉政策,广泛使用以建立有效合规内部治理制度来换取暂缓起诉或不起诉的协议制度。具体来说,安然公司破产事件直接导致2002年7月美国出台了《上市公司会计改革和投资者保护法案》(萨班斯－奥克斯利法案)。该法案的出台意味着美国治理上市公司基本理念由简单的信息披露向实质性监管的方向转变,强化行政机关对企业合规内部治理的行政介入。例如,该法规定了行政机关对上市公司建立内部控制体系的督促职责,确立了上市公司管理层对内部控制体系的建立、运行、评估、披露等责任。安达信公司财务丑闻事件直接推动了美国刑事审前转处协议的兴起,即对于涉案企业,除无法达成辩诉交易之外,在考验期之内进行合规承诺、实施有效合规内部治理制度、接受合规监督并缴纳罚款的前提下,经过持续监督审查并进行主动自我披露,可以实施缓起诉协议或者不起诉。2008年美国联邦副总检察长马克·菲利普(Mark Filip)签署了修订的《美国商事组织起诉原则》备忘录,明确建立企业合规内部治理制度旨在实现在企业治理过程中防止和发现不当行为,保证企业行为符合刑事、民事法律以及相关政策规定。[①] 2017年美国司法部出台了《公司合规计划评估》,并于2019年、2020年进行了修订,为审查企业合规内部治理制度有效性提供了指引。

针对始于2006年的美国次贷危机(subprime crisis),2010年美国

---

① 参见莫丽华:《从摩根大通案看美国〈公司合规计划评估〉新近发展》,载《中国检察官》2021年第18期。

出台了《多德－弗兰克法案》，该法案对鼓励举报企业不合规行为进行了规定。例如，该法第922条规定，如果罚款金额超过100万美元，那么证券交易委员须向证券违规举报原始信息的举报人发放10%～30%的奖励；要求银行机构执行有效合规制度，遵守第619条的“沃尔克规则”；对企业内部的举报和合规程序、改进合规内部治理制度作出了具体的要求。2019年美国司法部发布的《公司合规计划评估》规定，评价企业合规内部治理制度的有效性包括三个方面，即企业合规内部治理制度是否设计良好，企业合规内部治理制度是否得到了认真、真诚的执行，企业合规内部治理制度是否运作良好。

总之，美国的企业合规制度源于企业出于应对严格的政府监管以及树立自身社会形象的考虑，而实施企业合规的自我承诺和自我治理，后因其实践的有效性，以及政府监管部门治理企业不合规问题的需要，企业合规制度发展经历了从作为单纯的自我治理，到作为一种轻微违规监管处罚的替代工具，再成为减轻处罚的情节考量，直到政府监管部门要求的常规性制度安排的演化轨迹。

（二）国外其他国家企业合规制度的发展历程

20世纪90年代，美国成为全球唯一的超级大国，其经济实力、科技实力、军事实力非常突出，美国企业合规制度的实践及美国凭借其突出的实力地位，直接或间接对他国引入企业合规制度产生着重要的影响。美国对其他国家引入企业合规制度发展的影响主要有以下两种路径：一种路径是美国企业在海外经营需要受其企业合规制度的制约；另一种路径是其他国家在美国上市、向美国出口及利用美国技术、金融等渠道开展业务都会受企业合规制度的制约。此外，企业合规制度使美国企业承担了一定的合规内部治理成本，包括因合规要求失去在其他国家的交易机会，如其他国家对商业贿赂的容忍会给美国企业带来获取交易机会上的劣势，促使美国凭借长臂管辖并利用其超级大国地位，在国际上大力推行其企业合规制度。在上述原因的共同作用下,美国之外的不少国家主动或被动并结合本国实际引入了兴起于美国的企业合规制度,将企业合规制度作为国家治理企业的一种常规手段。早在1997年加拿大竞争署就出台了合规体系建设指南。澳大利亚标准局于1998年出台了合规治理的国家标准,即《澳大利亚合规体系标准AS3806》,并将其应用到了有关法律中。澳大利亚证券与投资委员会于1996年要求在澳洲证券交易所挂牌上市的企业,应根据澳大利亚《公司法》自主制定具有规制犯罪效果的合规内部治理制度。2003年澳大利亚出台了《企业治理原则与最佳操作指引》,并于2007年进行修订,该指引主张由上市公司设置并推行的合规内部治理制度,要求该制度应包括鼓励举报的措施。

意大利于2001年出台了《关于法人、公司、协会及非法人组织行政责任的法令》。该法令规定,在涉嫌反腐败的案件中,企业应当对为其利益或优势而犯罪的董事、其他高级职员及其下属雇员的罪行负责,但企业有证据证明采取了有效的合规内部治理制度,并经过审查后认定合规内部治理制度具有效用性、特定性和生命力时,可以免除责任。该法令依据企业人员职位的差异,分别规定了不同的企业免责条件。对于企业高管犯罪,企业免罪的情形是:在犯罪发生之前采用并有效地实施了组织、管理和控制模式;委托具有自主权和控制权的企业监管机构负责监督合规内部治理制度的运行和更新;犯罪人以欺诈方式规避企业治理而实施犯罪;监督机构未履行监管职责或者监管不足。对于企业一般员工,企业免罪的情形是:有证据证明在员工实施犯罪之前企业已经采取并有效地实施了适当的预防犯罪的组织、管理和控制模式(有效的企业合规内部治理制度)。①

---

①　参见刘霜:《意大利企业合规制度的全面解读及其启示》,载《法制与社会发展》2022年第1期。

韩国公平交易委员会于2002年决定在1980年出台的《规制垄断与公平交易法》框架下，对推行公平交易合规内部治理制度的企业给予减轻罚款的激励，最高减轻幅度可达20%。2008年韩国出台的《公平交易合规计划和奖励措施条例》对企业合规内部治理制度构建和实施情况给予不同程度的激励，包括采取减轻罚款、免除依职权调查和缩小公示范围等激励措施，其中，减轻罚款措施在2014年后予以取消。

日本于2006年出台了修订后的《公司法》。该法第348条规定，资本金为5亿日元或者负债200亿日元以上的大型股份公司必须构筑内部控制体系。日本在《公司法实施规则》第100条中规定，构建内控体系的类别应包括合规体系。

英国于2010年出台了《反贿赂法》，将英格兰和威尔士有关贿赂犯罪的法律编成法典，该法规定了商业机构未有防范行贿罪，即在商业机构相关人员为该机构开展业务过程中，为获取或保持业务或好处而贿赂他人，就构成了该项罪名。英国的商业机构未有防范行贿罪适用于英国企业在国内和海外贿赂行为，同时，只要外国机构在英国有全部或部分业务，亦受到该法管辖。对于该项罪名，该法规定商业机构可通过证明其具备完善的反腐败合规内部治理制度来抗辩。英国于2011年颁布了《竞争法合规指南》，该指南规定，在企业采取足够步骤进行竞争合规的情况下，对其垄断行为的经济处罚可以减轻。①

德国于2013年出台了《银行独立法》，该法将金融企业的合规治理失职行为纳入了犯罪范畴，规定企业高管在未履行风险管理职责，并且违反德国监管部门的合规指令时，将可能承担刑事责任。2009年德国联邦最高法院判决，企业合规负责人负有《德国刑法典》第13条规定的保证人义务，即合规官应负有一般刑法上的保证人义务，阻止与企业

---

① 参见丁茂中：《英国竞争合规指引机制的考察与思考》，载《价格理论与实践》2014年第9期。

相关的、由企业员工作出的刑事犯罪行为;阻止违法和刑事犯罪行为是他对企业管理承担的必要义务。①

法国于2016年出台了《关于提高透明度、反腐败以及促进经济生活现代化的2016－1691号法案》(萨宾第二法案),该法案要求大型企业应建立和实施反贿赂合规内部治理制度。如果没有该项制度,即使企业没有实施腐败行为,法国反腐败局也可以对企业和个人予以行政处罚;如果企业涉嫌贿赂犯罪,公诉机关可以与企业达成和解协议,免于起诉,在和解协议下,企业缴纳相当于过去3年平均年营业额的30%和解金,并承诺3年内构建和实施有效的合规内部治理制度;审判机关可以判决企业在既定时限内构建和实施合规内部治理制度,由该国反腐败部门负责合规监督,费用由企业承担。

二、国际组织企业合规制度的发展历程

企业合规制度在一些国际组织得到了推广和应用,包括制定企业合规内部治理的标准和要求,出台企业合规内部治理制度指南等。国际组织在反腐领域引入和应用企业合规制度尤为突出,如经济合作与发展组织(Organization for Economic Cooperation and Development, OECD)发布的《打击国际商业交易中行贿外国公职人的行为公约》、联合国发布的《联合国反腐败公约》、世界银行发布的《廉政合规指南》、亚太经济合作组织发布的《北京反腐败宣言》《亚太经合组织预防贿赂与反贿赂执法准则》等。

经济合作与发展组织早在1976年就出台了《跨国企业准则》,对在成员国境内的企业和以成员国为总部的跨国企业提出符合法律及国际公认标准的原则,对企业合规内部治理提出了倡导。该倡导涵盖7个方面的内容:一是定期披露企业的运行、组织结构、财务状况、经营状

① 参见[德]托马斯·罗什:《反对合规负责人的保证人义务》,李本灿译,载李本灿等编译:《合规与刑法:全视野的考察》,中国政法大学出版社2018年版,第372页。

况、员工等方面的信息，开展高水平的财务和非财务报告工作；二是实施和督促商业伙伴尊重人权，采取措施消除侵犯人权的消极影响；三是尊重工会的权利和集体谈判的权利，杜绝强迫劳动和使用童工，实施非歧视雇佣和营造非歧视工作环境，在条件允许范围内为员工尽可能支付多的报酬，保障职业卫生和安全；四是采集、分析、公开损害环境的企业数据，培育员工环境保护意识和能力；五是加强企业内控和企业合规内部治理，遏制商业领域腐败；六是产品应满足法定的卫生和安全标准，提供消费者决策相关必要信息，杜绝消费欺诈，提供消费纠纷救济渠道；七是促进科技创新，杜绝不正当竞争，依法及时纳税等。2005 年经济合作与发展组织公布了《OECD 保险公司治理指引》，该指引明确了确保企业行为的合规性是董事会的基本职责。2010 年经济合作与发展组织发布了《内控、道德与合规最佳行为指南》，该指南规定企业应采取有效政策来禁止海外贿赂，制定针对企业员工的合规内部治理执行体系、相关交流和培训机制、完善的举报制度等。以举报制度为例，针对迫于企业内部和交易相对方的压力，但同时又不愿意违反职业标准或道德等情形，给企业相关人员提供一个畅通的合规报告渠道。

2000 年联合国全球契约组织成立，该组织依据《世界人权宣言》《关于工作中的基本原则和权利宣言》《里约宣言》《联合国反腐败公约》等国际规则，倡议企业遵守国际公认的 10 项价值观和原则，具体包括：尊重和维护国际公认的各项人权；不参与任何漠视与践踏人权的行为；维护结社自由，承认劳资集体谈判的权利；消除各种形式的强迫性劳动；支持消灭童工制；杜绝任何在用工与职业方面的歧视行为；对环境挑战未雨绸缪；主动增加对环保所承担的责任；反对各种形式的贪污，包括敲诈勒索和行贿受贿。

2004 年国际保险监督协会发布了《保险公司治理的核心监管原则》，该文件所倡导的核心监管原则包括保险公司遵循所有适用的企业治理标准、保险公司治理结构应区分和保护所有有关各方的利益、董事会是保险公司治理结构监管的重点等。同时,该文件还提出了保险公司治理结构监管的基本标准与附加标准,将董事会指定专人负责确保企业合规内部治理并定期向董事会报告纳入其附加标准中。

巴塞尔银行监督管理委员会于2005年发布的《合规与银行内部合规部门》提出了合规风险的概念,即银行因未能遵循法律、监管规定、规则、自律性组织制定的有关准则,以及适用于银行自身业务活动的行为准则而可能遭受法律制裁或监管处罚、重大财务损失或声誉损失的风险。《合规与银行内部合规部门》明确银行必须遵循有效的合规政策和程序,在发现违规情况时,银行管理层能够采取适当措施予以纠正,规定合规与银行内部的每一位员工都相关,应被视为银行经营活动的组成部分。

世界银行于2010年制定了《诚信合规指南》,该指南禁止企业的欺诈、腐败、共谋和强迫等不当行为,界定董事会、管理层和普通员工的合规内部治理职责,明确企业合规内部治理制度的构建和实施应以综合考虑企业实际情况、评估不当行为风险基础为前提,明确对合规风险进行持续评估并及时改进,将诚信合规义务延伸到交易相对方,规定合规培训、合规奖励、不合规举报等合规保障制度。

亚太经济合作组织于2014年发布了《有效和自愿的公司合规项目基本要素》,该文件所倡导的基本要素体现了对企业合规治理经验和教训的总结,包括开展风险评估,管理层全力支持和参与,制定和遵守公司行为准则,建立合规管理组织架构,开展反腐败培训、教育讲座和持续指导,开展基于风险和详尽记录的尽职调查,审计和内部会计控制,合规机制和报告要求等。①

---

① 参见常武显、王志乐:《强化企业合规文化建设》,载《思想政治工作研究》2015年第7期。

国际标准化组织于2014年公布了ISO 196009《合规管理体系指南》,该指南适用于包括企业在内的所有组织,对合规治理体系的建立、发展、执行、评估、维护和改进进行了标准化,其框架涉及组织环境、领导力、计划、支持、运行、效果评价、改进等架构,明确合规治理体系建设步骤,即识别和评估合规风险、建立合规制度、明晰合规职责、合规管理效果评估、合规管理体系改进。2021年国际标准化组织修订并代替ISO 196009《合规管理体系指南》,出台了ISO 37301:2021《合规管理体系 要求及使用指南》,在风险评估、合规文化、领导层作用、人力资源流程、合规问题上报及调查等方面,提出了较ISO 196009《合规管理体系指南》更为明确与具体的要求。

三、中国企业合规制度的发展历程

我国企业合规制度是社会主义市场经济制度下的对外开放的产物,并随着改革开放的深入推进,企业合规制度所涉及的领域呈现向广度和深度方向渐进式发展的特点。

(一)改革开放以后至2005年的企业合规制度发展

发展社会主义市场经济和对外开放使我国接触了盛行于欧美的企业合规制度。由于美国在企业合规治理领域实行长臂管辖,总部在美国的跨国企业在我国境内开展业务要受美国的企业合规国家治理制度的制约,如受美国《海外反腐败法案》的制约。因此,在改革开放初期的一段时间内企业合规制度存在于在我国开展业务的美资企业,此外,我国企业在美国开展业务时也会被要求建立合规内部治理制度。在这一期间,"合规"一词在我国财务和银行领域可以算作是频率较高的词汇。例如,1992年审计署公布的《关于对金融机构贷款合规性审计的意见》,提出对贷款合规性开展审计,审查贷款管理与发放过程中存在的漏洞与问题,提出健全内部控制制度的建议,促进其加强廉政建设,提高队伍素质。再如,在广东省1994年审计工作要点中,将证券买卖、财务收支、中外合资合作企业、预算外资金的合规性纳入审计范畴。[①]又如，国家外汇管理局洛阳分局于1997年与外汇指定银行签订的《洛阳市外汇指定银行合规经营责任书》，强化了外汇指定银行执行外汇管理政策自律性。总的来说，在这一期间，无论是在我国的外资企业，还是在境外开展业务的我国企业，企业合规制度很大程度属于企业内部治理范畴，国家对企业合规制度介入较少，但在金融和审计领域，则体现了国家对企业合规制度一定程度上的介入。

（二）2005年至2017年的企业合规制度发展

2005年巴塞尔银行监督管理委员会发布了《合规与银行内部合规部门》，该文件对会员国银行企业组建合规部门和建立合规体系，确立了基本原则和制度框架。为有效参与银行监管国际标准的制定，保障我国银行企业的利益等，我国于2009年3月加入了巴塞尔银行监督管理委员会，在此之前我国为申请加入该组织作了充分准备工作，其中，按照巴塞尔银行监督管理委员会《合规与银行内部合规部门》的要求，推进我国银行的合规制度建设，便是其中的一项重要工作。此外，我国商业银行在国外因不合规行为而遭受处罚，也促使我国构建和实施银行合规内部治理制度。例如，2002年1月中国银行纽约分行因给不符合资质的客户发放大额贷款而引发风险，受到美国货币监理署和中国人民银行分别予以1000万美元的处罚。鉴于上述等原因，我国在《合规与银行内部合规部门》出台的第二年即2006年，原银监会出台了《商业银行合规风险管理指引》。该指引是银行业风险监管的一项核心制度，要求商业银行建立与其经营范围、组织结构和业务规模相适应的合规风险治理体系。该指引共分5章31条，分为总则，董事会、监事会和高级管理层的合规管理职责，合规管理部门职责，合规风险监管和附则

① 参见《1994年全省审计工作要点》，载《广东审计》1994年第3期。

等5个部分。特别应提出的是，该指引要求商业银行的合规治理职能应与内部审计职能分离，这与之前将银行合规等同于审计合规等存在很大差别。该指引的出台促使我国商业银行合规内部治理得到了重视，银行业合规内部治理制度逐步得以形成并得到实施。

2004年国际保险监督协会发布的《保险公司治理的核心监管原则》、2005年经济合作与发展组织公布的《OECD保险公司治理指引》等有关保险公司的企业合规制度在一定程度上促使了我国保险企业的合规内部治理制度的形成。为了规范保险公司治理结构，加强保险公司合规风险治理，实现有效的内部控制，原保监会于2007年发布了保险公司合规的指导性文件，即《保险公司合规管理指引》。该指引对保险企业合规治理制度、合规治理组织架构、合规治理责任、合规治理体系、识别并防范化解合规风险等作了规定，明确了原保监会根据保险公司发展实际，采取区别对待、分类指导的原则，加强督导，推动保险公司建立和完善合规治理体系的职责。2016年原保监会出台了《保险公司合规管理办法》，相比于《保险公司合规管理指引》的指导文件地位，该办法属于规范性文件，具有一定约束力。该办法对保险公司设置合规管理部门、合规岗位、合规人员的时限作了规定，即相关工作应当于2017年7月1日前完成，特别是对合规负责人的独立性做了一定的要求，如“确立合规管理部门和合规岗位的组织结构、职责和权利，并规定确保其独立性的措施”。

相比于银行、保险，我国证券领域的企业合规制度法制化程度和探索力度相对较大。证监会于2006年5月发布了《证券投资基金管理公司督察长管理规定》（已失效），2008年7月发布了《证券公司合规管理试行规定》（已失效），在证券、基金行业推行合规治理制度。2017年证监会出台了《证券公司和证券投资基金管理公司合规管理办法》，并于2020年进行了修正。该办法在法律位阶上属于部门规章，对证券基金经营机构、证监会派出机构等在合规治理中的职责进行了规定，特别是该规定还提出了企业合规的行政激励机制，即“证券基金经营机构通过有效的合规管理，主动发现违法违规行为或合规风险隐患，积极妥善处理，落实责任追究，完善内部控制制度和业务流程并及时向中国证监会或其派出机构报告的，依法从轻、减轻处理”“情节轻微并及时纠正违法违规行为或避免合规风险，没有造成危害后果的，不予追究责任”。2015 年证监会出台的《行政和解试点实施办法》(已失效)，在政府监管中引入了行政和解，为企业合规治理的行政激励制度提供了制度上的土壤。

(三)2018 年至 2022 年的企业合规制度发展

2018 年以来，中央高度重视企业合规制度建设。中央对企业合规制度的重视源于基于对我国企业参与国际经贸往来所面临的合规要求而作出的正确研判。2018 年 12 月国家发展改革委等 7 部门出台了《企业境外经营合规管理指引》，提出了“合规是企业‘走出去’行稳致远的前提，合规管理能力是企业国际竞争力的重要方面”的时代命题。2021 年 11 月国家市场监管总局出台了《企业境外反垄断合规指引》，旨在引导企业建立和加强境外反垄断合规管理制度，增强企业境外经营反垄断合规管理意识，防范境外反垄断法律风险。由此可看出，我国企业在境外经营频繁遭遇处罚和制裁，引发了我国企业合规治理领域由金融领域向境外经营实体领域拓展。

2018 年以来我国加大对国有企业合规制度构建和实施的推进力度，彰显了负责任大国的担当，体现了实现国有企业高质量发展、建设世界一流企业的发展追求。2015 年 8 月《中共中央、国务院关于深化国有企业改革的指导意见》出台，提出推动企业依法经营、合规管理。2018 年 11 月国务院国资委出台了《中央企业合规管理指引(试行)》，对中央企业提升依法合规经营管理水平进行框架性的指导。2021 年

10 月国务院国资委出台《关于进一步深化法治央企建设的意见》,提出到 2025 年中央企业基本建立全面覆盖、有效运行的合规管理体系。2022 年 8 月国务院国资委出台了属于部门规章性质的《中央企业合规管理办法》。以上四个文件的出台标志着企业合规管理由特定领域、涉外领域向全面合规管理的时代转变,也对地方国有企业合规治理产生了示范作用。例如,2023 年 2 月江苏省出台了《江苏省省属企业合规管理办法》,2023 年 5 月广东省出台了《广东省省属企业合规管理办法》,2023 年 5 月天津市出台了《天津市国资委监管企业合规管理办法》等。特别是,《中央企业合规管理办法》明确了"地方国有资产监督管理机构参照本办法,指导所出资企业加强合规管理工作"。从这些已出台的国有企业合规管理相关文件可以看出,我国在企业合规管理方面实现了由过去特定行业、特定领域合规管理到基于企业生命周期的全面合规管理的转变,这种转变对我国国有企业管理的理念创新、对国有企业改革发展都有着深远的意义。除了推进国有企业合规制度的建设,我国在民营企业合规制度的建设方面也予以了重视。2021 年 11 月国务院促进中小企业发展工作领导小组办公室印发《提升中小企业竞争力若干措施》,对推动企业合规化建设进行了规定,提到"引导企业增强合规意识,建立合规管理组织架构、制度体系和运行机制,提升合规管理能力。开展线上线下法律培训,定期举办企业合规国际论坛,做好企业国际化经营合规风险排查,组织专家团队出具专属评估报告,帮助企业提升合规经营水平"。

此外,2018 年以来我国在企业合规的刑事激励、企业反垄断合规等领域进行了积极探索。在企业合规的刑事激励领域,企业合规刑事激励制度成为企业合规制度的重要领域。最高人民检察院从 2020 年起探索涉案企业合规改革试点,即对依法可不捕、不诉的,责成涉案企业作出合规承诺、切实整改，[①]2020 年 3 月开始在上海市浦东新区人民检察院、上海市金山区人民检察院、江苏省张家港市人民检察院、深圳市宝安区人民检察院、深圳市南山区人民检察院、山东省郯城县人民检察院等 6 个基层检察院开展企业刑事合规不起诉改革的试点工作；2021 年 4 月开始将试点范围扩大到北京、辽宁、上海、江苏、浙江、福建、山东、湖北、湖南、广东等 10 个省、直辖市。2021 年 6 月最高人民检察院联合多部门发布的《关于建立涉案企业合规第三方监督评估机制的指导意见（试行）》，明确对第三方对涉案企业的合规承诺进行调查、评估、监督和考察。2022 年 4 月最高人民检察院联合全国工商联等部门制发了《涉案企业合规建设、评估和审查办法（试行）》。在最高人民检察院推动下，一些地方相应出台了企业合规治理的相关配套制度，如《江苏省人民检察院关于服务保障民营企业健康发展的若干意见》、辽宁省人民检察院等十机关《关于建立涉罪企业合规考察制度的意见》、《宁波市检察机关关于建立涉罪企业合规考察制度的意见（试行）》、《深圳市宝安区人民检察院、深圳市宝安区司法局关于印发〈企业刑事合规协作暂行办法〉的通知》。2020 年 3 月至 2022 年 12 月，全国检察机关共办理相关案件 5150 件，适用第三方监督评估机制案件 3500 余件，已有 1498 家企业整改合格，3051 名责任人被依法不起诉，67 家企业整改不实，243 名责任人被依法追诉。[②] 相对于检察院系统对企业合规激励的探索，法院系统对企业合规激励探索相对较少。对此，2023

① 参见张军：《最高人民检察院工作报告——2023 年 3 月 7 日在第十四届全国人民代表大会第一次会议上》，载最高人民检察院官网 2023 年 3 月 17 日，https://www.spp.gov.cn/spp/tt/202303/t20230317_608765.shtml。

② 参见张军：《最高人民检察院工作报告——2023 年 3 月 7 日在第十四届全国人民代表大会第一次会议上》，载最高人民检察院官网 2023 年 3 月 17 日，https://www.spp.gov.cn/spp/tt/202303/t20230317_608765.shtml；戴佳：《奋楫潮头逐浪高——新时代检察改革这五年》，载《检察日报》2023 年 3 月 5 日，第 4 版。

年3月28日最高人民法院主要负责人在北京市海淀区人民法院调研时就提道“商事、刑事涉企合规改革,不只是检察机关的事,法院也要参与发挥作用”。[①] 在企业反垄断合规领域,2020年9月国务院反垄断委员会出台《经营者反垄断合规指南》,对反垄断合规制度、反垄断合规风险重点、反垄断合规风险管理、反垄断合规管理保障等进行了指引,上海、浙江、四川、山东、河南、河北、湖北、海南等地反垄断机构也相应出台了经营者合规指引类文件。

另外,近年来我国有关部门和地方积极探索企业合规制度相关的标准化工作。2020年11月,上海地方标准DB31/T 1255－2020《经营者竞争合规指南》公布。2020年11月,行业标准GY/T 336－2020《视音频内容分发数字版权管理　系统合规性要求》公布。2022年1月,吉林地方标准DB22/T 3328－2022《经营者竞争合规指南》公布。2022年4月,广东地方标准DB44/T 2361－2022《企业知识产权国际合规管理规范》公布。2022年7月,浙江地方标准DB33/T 2511－2022《互联网平台企业竞争合规管理规范》公布。2022年10月,国家推荐性标准GB/T 35770－2022《合规管理体系　要求及使用指南》公布。除此之外,一些行业协会也在积极探索企业合规制度相关的标准化工作,如2022年5月中国中小企业协会发布了T/CASMES 19－2022《中小企业合规管理体系有效性评价》。

四、企业合规制度发展的规律与趋势

(一)企业合规制度发展的规律

纵观全球企业合规制度发展历程,企业合规制度形成与发展有其必然性,表现出了一定的规律性。

---

① 《为全国法院提供走在前的北京方案——最高法调研组到北京海淀法院调研,督导促进抓落实》,载最高人民法院官网2023年3月28日,https://www.court.gov.cn/zixun-xiangqing－394661.html。

规律之一：政府与市场关系决定着企业合规制度的发展方向。企业合规制度背后是政府和市场之间关系的边界，反映着政府对企业的干预程度。美国的企业合规制度源起于20世纪初的食品和金融领域，其原因是美国为应对自由放任主义所带来的食品安全问题和银行等金融失序问题。美国大企业的垄断所带来的种种问题促使美国加强反垄断治理，促使反垄断合规制度的出现。同样，企业合规治理向反商业贿赂、环保等领域的拓展是源于美国对其监管力度的加强。此外，1997年亚洲金融危机、2008年美国的次贷危机，让世界各国对自由放任主义进行了反思，不同程度加大了对市场的干预力度，而企业合规制度正好契合了国家对市场干预的需要，促使不少国家开始关注引入和建设企业合规制度。

规律之二：企业合规制度是企业与监管部门双向驱动的结果。企业合规制度一定程度上属于企业内部治理范畴，无论是企业合规内部治理制度，还是企业合规行政治理制度、企业合规刑事治理制度，或是企业合规民事治理制度，其立足点都是实现企业合规内部的有效治理。在美国20世纪早期出现的食品安全合规制度、银行合规制度、反垄断合规制度都是企业为应对趋严的政府监管和树立良好社会形象而进行的“自我监管”。但这种“自我监管”在实践中取得的效果及其不足促使政府监管部门开始对企业合规内部治理进行介入，使企业合规制度从“自我监管”转向“自我监管”与“政府监管”的结合。可以说，企业合规制度之所以得以兴起、之所以在全球得以推广，与世界相关国家的企业和政府监管部门的双向推动密切相关。

规律之三：企业合规制度是在主动选择和被动而为之间进行平衡的产物。企业合规制度体现了企业对法律法规、监管规定、行业规则、商业伦理、国际准则等的遵守，体现了企业对利益相关者的承诺，是树立企业形象的有效方式。可见，企业有着借助企业合规制度来实现可持续发展的动机。然而,企业合规制度无疑也给企业戴上了“紧箍”,使企业也有抵制构建和实施企业合规内部治理制度或被动消极应对企业合规内部治理的动机。从各国对企业合规内部治理的行政干预和司法干预的实践来看,所推行的行政激励措施和司法激励措施,在很大程度上增加了企业合规内部治理制度实施的利益预期。例如,在反商业贿赂合规制度中,对企业合规内部治理的刑事激励,促使企业合规内部治理过程中企业主动和被动地平衡,既体现了企业的利益,也体现了国家的“秩序”利益。

(二)企业合规制度发展的趋势

企业合规制度发展契合了特定时代的发展要求,对其理解应放在特定的语境中。从其发展的历程来看,企业合规制度源起于国外少数国家特定时期的特定领域,再向其他领域拓展,后被国外多数国家认可和引入,呈现出一定由点到面发展趋势。

趋势之一:企业合规制度所涉及的领域呈现广泛化的趋势。美国的企业合规制度所涉及的领域从当初的食品领域、银行领域,逐步向证券、军工企业、税务、反商业贿赂等多领域方向拓展,从而企业合规制度所涉及的领域呈现逐渐拓展的趋势。其他国家以及相关国际组织企业合规制度涉及的领域也从当初的反商业贿赂向其他领域拓展,体现了企业通用合规制度和企业专项合规制度共同发展的趋势。

趋势之二:企业合规制度供给主体呈现多样化的趋势。从企业合规制度发展历程来看,起初,美国的企业合规治理仅是企业的自我治理行为,企业合规制度供给主体仅有企业,当然,也有少数行业协会为行业利益制定和实施相应的行业合规治理制度。其后,随着美国政府对企业合规内部治理的介入,行政机关和司法机关为实现对企业合规内部治理的有效干预,制定和实施相应的规范、引导、促进企业合规内部治理的行政治理制度和司法治理制度。随着企业合规制度在国际上的推广，经济合作与发展组织、联合国全球契约组织、巴塞尔银行监督管理委员会、亚太经济合作组织、国际标准化组织、世界银行以及有关行业企业等国际组织制定和实施了相应的企业合规治理制度。企业合规制度呈现出了多样化供给趋势。

趋势之三：企业合规制度所涉及的措施呈现约束与激励并重的趋势。企业合规的内部治理制度起初是企业对内部员工行为进行约束的一项制度，但在实践中暴露出一定的制度低效性等问题，促使在企业内部合规治理中引入激励制度，如合规举报奖励制度。作为行使国家权力的行政机关和司法机关，除对企业不合规行为依法予以惩罚，以及在某些特定行业、特定环节对企业合规进行强制要求之外，行政机关对企业合规内部治理的行政激励、司法机关对企业合规内部治理的刑事激励，也成了介入企业合规制度的常用手段。从而，企业合规的内部激励制度与约束制度、行政激励制度与约束制度、刑事激励制度与约束制度、民事激励制度与约束制度相互融合、相互共生成为企业合规制度发展的趋势之一。

趋势之四：企业合规制度功能呈现多元化的趋势。纵观企业合规制度发展历程，起初，在美国，企业合规制度是企业为应对政府监管、树立企业形象的工具。随着政府对企业合规治理的介入，企业合规制度成为政府实现"秩序"目标的手段，体现了政府的施政利益。随着美国在国际上对企业合规制度的推广，企业合规制度成为制定游戏规则、体现国家利益的手段。例如，美国通过出台或调整涉及敏感行业的合规审查制度、扩大审查行业范围、降低审查门槛等来提高他国企业进入美国的合规成本。正如有学者认为，美国推行的企业合规制度是美国霸权主义的直接表现，"一种声音代表了国际政治的视角，认为合规是美帝国主义经济霸权和长臂管辖权的体现”。[①] 在以国际组织为供给主体的企业合规制度中,体现了不同国家在企业合规治理中的制定规则话语权,企业合规制度发展呈现承载企业利益、秩序利益、国家利益等多重功能的趋势。

五、企业合规制度的中国化构建

作为公司治理的一种方式,企业合规并不是一种内生性制度,而是从西方国家移植和借鉴而来的制度。[②] 在西方国家的公共治理理论和实践变革、政府对企业监管趋严、国际经贸往来中的合规要求等外在因素的共同影响下,在近20年内我国对兴起于欧美国家的企业合规制度进行了逐步的引入。由于我国在国情、发展阶段、社会制度上与企业合规治理兴起的西方国家存在差异,企业合规制度引入面临着中国本土化改造的问题,即我国在引入企业合规制度的过程中,既要站在推动规则、规制、管理、标准等制度型开放的高度,以海纳百川的宽阔胸襟参考西方国家企业合规制度建设的有益经验,又要不做西方理论的“搬运工”,警惕和防范西方所谓“宪政”思潮、保护主义、霸权主义的不良影响,应坚定制度自信,对企业合规制度进行本土化改造,以适应我国特定的国情、发展阶段和制度环境,唯有如此,企业合规制度才能在我国落地生根、广为接受。其实,在2023年3月最高人民检察院工作报告中,就提道“推动创建中国特色涉案企业合规司法制度”。[③]

(一)企业合规制度中国化构建的动因

企业合规制度之所以要进行中国化构建,存在多种动因,包括法律

---

① 陈瑞华:《企业合规的基本问题》,载《中国法律评论》2020年第1期。

② 参见陈瑞华:《论企业合规的中国化问题》,载《法律科学(西北政法大学学报)》2020年第3期。

③ 张军:《最高人民检察院工作报告——2023年3月7日在第十四届全国人民代表大会第一次会议上》,载最高人民检察院官网2023年3月17日,https://www.spp.gov.cn/spp/tt/202303/t20230317_608765.shtml。

制度、政治体制、经济体制、参与经济全球治理机制等方面的动因。一是在法律制度差异层面中国化构建的动因。从学理上讲,企业合规制度的发源地美国采用英美法系,我国内地采用大陆法系。法系的不同决定了企业所遵守的法律法规的差异性,即使分属同一法系,由于国情、发展阶段等不同,企业合规制度中赖以遵守的"规"也有所不同。同时,我国行政机关和司法机关对企业合规内部治理的介入也会因法律制度不同而存在差别。法律制度差异决定了我国在引入企业合规制度时,要在我国法律制度框架下对企业合规制度进行本土化构建。二是在政治体制差异层面中国化构建的动因。我国实行的人民代表大会制度、中国共产党领导的多党合作和政治协商制度,与企业合规制度发源地的美国在政治体制上有着本质上的差异。企业合规制度体现对国家政治权威的服从,这种服从的内容、方式与特定的政治制度密切相关,这就决定了我国企业合规制度必须建立在社会主义政治体制基础之上,而不能脱离社会主义政治体制来谈企业合规制度。三是在经济体制差异层面中国化构建的动因。企业合规制度在一定程度上从属于一国的经济体制。在市场经济体制下,由于其市场经济属性,我国企业合规制度与西方国家企业合规制度在很多方面存在同一性。然而,西方国家市场经济体现资本主义属性,而我国市场经济体现社会主义属性,作为体现"充分发挥市场在资源配置中的决定性作用,更好发挥政府作用"的企业合规制度由于社会制度上的差别而存在差异。因此,我国除了要参考西方国家企业合规制度中体现市场经济的一般元素,还需要从我国社会主义市场经济体制出发,将企业合规治理与社会主义经济制度进行深度融合。四是在参与经济全球化治理机制差异层面中国化构建的动因。经济全球化是时代潮流,作为国际普遍接受的企业治理规则,企业合规制度是保障经济全球化有序进行、降低经济全球化成本的有效工具,体现着经济全球化治理的价值导向。西方国家主导经济全球化在促成贸易繁荣、投资便利、人员流动、技术发展的同时，也带来了国家内部和国与国之间的经济失衡，以及大国恃强凌弱、巧取豪夺、零和博弈等弊端，西方国家的企业合规制度，可能被西方某些国家不当应用于经济全球化的治理中，充当西方国家主导经济全球化弊端的"帮凶"。建立开放、包容、普惠、平衡、共赢的新型经济全球化是克服西方国家主导全球化的弊端、进一步释放经济全球化红利的要求，符合我国发展的利益和推动构建人类命运共同体的追求。坚持经济全球化这一方向，需要在认识西方国家企业合规制度的经济全球化治理弊端基础上，将企业合规制度构建与实施放在推动开放、包容、普惠、平衡、共赢的新型经济全球化中去谋划，放在积极参与经济全球治理体系改革和建设中去推动，体现企业合规制度中国化构建的参与经济全球化治理、服务构建人类命运共同体的大局思维。

（二）企业合规制度中国化构建的路径

我国在企业合规制度中国化研究方面较为缺乏，以企业合规的刑事激励制度研究为例，基本是在阐释国外企业合规制度发展历程、制度架构、学者观点、有效性争议的基础上，从理论上推导该制度在我国的适用性，或者是为了适用我国法律制度而提出或修正相应的学说，如提出企业独立意志理论、客观的中心归责理论、修正的组织责任理论等企业刑事归责原则，实质上为了说明企业制度引入的正当化而进行的理论创设或理论调适，缺乏从我国国情、发展阶段、社会制度出发对企业制度引入正当性以及本土化改造进行深度研究。整体来看，对企业合规制中国化研究缺乏，影响了企业合规制度中国化实践进程。实际上，无论是对企业合规制度中国化构建的研究，还是对企业合规制度中国化构建的实践，都需要一段时间去摸索。

企业合规制度中国化构建路径要遵循系统推进的原则。立足我国国情、发展阶段、社会制度，对接企业合规制度发展的国际趋势，对分散在企业、行业协会、行政机关、司法机关、立法机关的企业合规制度进行体系化构建。一是对企业合规的内部治理制度进行中国化构建。例如,我国中小微企业的合规问题较为突出,需要引导中小微企业实施合规内部治理,这与西方国家企业合规制度大多针对大型企业有所不同。再如,我国国有企业由于其在我国经济社会发展中的独特地位,其合规制度的建设具有特殊意义,其合规内部治理有着自身的特殊性,特别是对政治站位的要求。二是对企业合规的行政治理制度进行中国化构建。例如,企业合规的国家激励制度的前提是和解制度,我国行政和解制度和刑事和解制度实施范围狭窄,有别于西方国家,需要在既有的和解制度供给框架下推进企业合规的行政激励和司法激励,或是结合我国实际对西方国家和解制度进行引入上的创新,以适应企业合规的激励要求。三是对企业合规的司法治理制度进行中国化构建。例如,在企业合规的刑事治理方面,结合我国法律和司法制度,对以美国为代表的美国量刑起诉激励模式、以英国为代表的独立成罪模式、以意大利为代表的司法审查模式、以法国为代表的强制模式等进行企业合规刑事治理的本土化改造,构建体现中国特色的合规刑事治理模式。四是对企业合规的立法制度进行中国化构建。例如,在社会主义法律体系下,制定规范、引导、促进企业合规治理的法律法规,为企业合规的内部治理、行政治理、刑事治理、民事治理提供法制化基础,提升企业合规制度的法制化水平和法治治理水平。总之,企业合规制度中国化需要系统推进,逐个突破。唯有如此,我国才能通过企业合规制度的中国化构建,赋予企业合规制度的中国元素,才能在全球的企业合规治理中赢得与我国地位相称的话语权和规则制定权。

值得一提的是,现行有效的法律、行政法规、部门规章、法律解释、司法解释、地方性法规、地方政府规章、中国共产党党内法规是企业合规制度中国化构建的基本遵循。截至 2023 年 10 月 31 日,我国现行有效的法律共299部,现行有效的行政法规共602部,详见本书附录。截至2023年3月30日,我国现行有效的部门规章共2574部;[①]现行有效的法律解释共24部;现行有效的司法解释共535部,其中,最高人民法院司法解释424部,最高人民检察院司法解释40部,最高人民法院、最高人民检察院联合发布司法解释71部。[②] 此外,各地还有数量众多的地方性法规和地方政府规章。截至2023年3月30日,全国现行有效的地方政府规章共8053部;全国现行有效的地方性法规共13632部,其中,省级地方性法规6699部,设区的市地方行政法规5431部,自治州单行条例387部,自治州自治条例29部,自治县单行条例518部,自治县自治条例117部,经济特区法规440部,海南自由贸易港法规11部。[③] 另外,中国共产党党内法规也是企业尤其是国有企业应予遵守的"规","截至2021年7月1日,全党现行有效党内法规共3615部。其中,党中央制定的中央党内法规211部,中央纪律检查委员会以及党中央工作机关制定的部委党内法规163部,省、自治区、直辖市党委制定的地方党内法规3241部"。[④]

---

① 现行有效的部门规章和地方政府规章的数据来源于中央人民政府官网国家规章库,http://www.gov.cn/zhengce/xxgk/gjgzk/index.htm。

② 现行有效的司法解释的数据来源于国家法律法规数据库,https://flk.npc.gov.cn/dfxfg.html。

③ 现行有效的地方性法规的数据来源于国家法律法规数据库,https://flk.npc.gov.cn/dfxfg.html。

④ 中共中央办公厅法规局:《中国共产党党内法规体系(二〇二一年七月)》,载《人民日报》2021年8月4日,第1版。

第五章　企业合规的内部治理制度

一、企业合规内部治理制度的应用场景

企业合规内部治理制度的应用场景是指企业基于特定目的而构建和实施合规内部治理制度的具体场合，旨在解决企业在何种情形下借助合规内部治理制度工具来解决经营管理活动中的不合规问题。企业合规内部治理制度的应用场景与其属性、价值、功能等密切相关，或者说，企业合规内部治理制度的属性、价值、功能等内在特性直接决定了企业合规内部制度的应用场景。基于此，企业合规内部治理制度可以有 5 个应用场景，即分别应用于应对政府监管、规避经营风险、维系与交易相对方关系、参与国际市场竞争以及塑造企业形象。

（一）企业合规内部治理制度应用于应对政府监管

应对政府监管是企业合规内部治理制度的首要应用场景，这一点可以从企业合规内部治理制度

的发展历程中得到启示：企业合规内部治理制度缘起于政府对企业监管力度的加大，为减少（或减小）政府对其监管频度和力度，企业采取的一种主动应对的工具。政府对企业不合规行为的立案调查、行政强制、行政处罚等，会给企业经营管理活动带来冲击，特别是在信息多元化时代，政府对企业立案调查、行政强制、行政处罚的信息可能会通过各种渠道进行放大，对企业产生致命的"水波效应"式的负面影响。因此，企业合规内部治理制度应首先应用于如何有效应对政府监管的场景。企业应将合规内部治理制度作为维护政府与企业之间的良好关系、践行政府监管各项制度安排以及应对政府监管部门的调查、强制和处罚的重要手段。一是由于企业合规内部治理制度反映出企业符合法律法规、监管规定、行业准则的主观态度，以及企业对政府权威的服从，其实施的过程体现着企业与政府监管部门的良好沟通，其实施的结果体现出政府对企业的监管效能，这决定了企业合规内部治理制度在维系政府和企业良好关系中的重要角色。因此，企业可以将企业合规内部治理制度纳入维系政府与企业之间良性关系的范畴。二是政府对企业监管的意图集中体现在法律法规、监管规定、行业准则等政府监管制度中，遵守政府监管制度是企业规避、减少政府监管风险最直接的方式，也是企业履行强制性社会责任最直接的体现。可见，企业合规内部治理制度是企业及其员工主动遵守政府监管制度的制度保障。因此，企业可以将企业合规内部治理制度纳入遵守政府监管制度的范畴。三是政府监管部门对企业的调查、强制和处罚一般需要考虑不合规行为实施过程、实施后果以及不合规行为人的主观态度。例如，国家市场监管总局于2022年10月出台的《关于规范市场监督管理行政处罚裁量权的指导意见》（国市监法规〔2022〕2号）第2条就提到，各级市场监管部门在实施行政处罚时，要综合考虑违法行为的事实、性质、情节、社会危害程度以及当事人主观过错等因素，决定是否给予行政处罚、给予行政处罚的种类和幅度。企业合规内部治理制度是对合规风险进行预防、应对的制度安排，起到管控不合规行为、控制不合规行为危害性后果的作用。同时，企业合规内部治理制度也体现了企业对“规”遵守的主观态度，对端正不合规行为人的主观态度具有教育的作用。因此，在企业应对政府监管立案调查、强制、处罚等场景中，可以将企业合规内部治理制度构建和实施情况纳入其中。

（二）企业合规内部治理制度应用于规避经营风险

通说认为，企业合规内部治理制度是管理合规风险的手段，此处的合规风险是指企业因不合规行为，引发法律责任、受到相关处罚、造成经济或声誉损失以及其他负面影响的可能性及其后果。其实，企业合规内部治理制度除具有管理合规风险作用之外，同时还具有规避经营风险的作用，其原因是企业合规风险与经营风险具有内在统一性。在市场经济条件下，企业经营管理活动必然会面对各种不利的不确定性因素，构成企业的经营风险，如战略风险、财务风险、人力资源风险、法律风险等。这些风险的产生不外乎三个方面原因，即市场本身风险、政府监管制度变动、利益相关方行为的合规性，这三个方面和企业合规风险之间有着千丝万缕的联系。在市场本身风险方面，市场机制的天然缺陷产生了市场“失灵”，这种市场“失灵”需要政府有形之手对其予以干预，涉企的法律法规、监管规定、行业准则以及政府所倡导的商业伦理，正是政府基于市场的“失灵”而作出的规则安排。在此情形下，企业合规内部治理制度是政府解决市场“失灵”在企业经营管理活动中的直接反映。在政府监管制度变动方面，一般来说，经济、政治等形势的变化和发展是政府监管制度变动的直接原因，企业合规内部治理制度建立在对经济、政治等形势进行研判的基础上，有效的企业合规内部治理制度体现为企业依据经济、政治形势发展而进行及时、动态调整。在利益相关方行为的合规性方面，企业合规内部制度不仅可以治理企业及其员工的不合规行为，也可以对利益相关方产生合规内部治理的“倒逼效应”，促使利益相关方践行合规要求。可以看出，企业内部合规治理制度通过对市场本身风险、政府监管制度变动、利益相关方行为的合规性等产生作用机理，进而对企业经营风险治理产生作用。因此，将企业合规内部治理制度的应用场景限于预防和应对企业合规风险的观点，忽视了企业合规风险与企业经营风险之间的内在联系。实际上，企业合规内部治理制度的应用场景不仅适用于合规风险防范和应对，也适用于范围更广的经营风险防范和应对。基于此，企业可以将企业合规内部治理制度纳入企业经营风险治理的场景中，在预防和应对经营风险中，重视从企业合规内部治理层面去查找经营风险源、探索经营风险治理路径。

（三）企业合规内部治理制度应用于维系与交易相对方关系

维系与交易相对方关系是指企业通过各种方式与交易相对方进行良性合作，旨在实现双方在资金、技术、渠道、管理等领域的合作共赢，是市场经济中企业实现自身利益的一种理性行为。由于企业与其交易相对方存在经营管理活动方面的往来，不合规行为能产生对彼此的传导效应。也就是说，倘若企业的交易相对方在与其商业往来过程中存在不合规行为，一定程度上意味着该交易相对方的不合规行为可以看作企业授权给交易相对方实施的不合规行为，从法律责任归责来看，企业可能为其交易相对方的不合规行为承担相应的责任。此外，由于同一企业一般有多个交易相对方，交易相对方的不合规行为通过对企业产生直接的传导效应，还会对与该企业有着经营往来的其他交易相对方产生间接的传导效应。可见，合规性以及合规内部治理水平是企业评估、选取交易相对方不可或缺的指标，如果交易相对方存在明显的不合规行为，其潜在的合规风险容易转化成实际的损失。值得一提的是，对交易相对方的合规要求是国际上企业治理的一项常用手段。以世界银行的合规要求为例，对于与其有贷款交易往来的企业，如果存在腐败、欺诈、串通、施加压力、阻碍等违背合规要求的行为，世界银行可以对涉案企业作出一系列程度不等的制裁，且这种制裁会连累与其相关的企业。有学者曾对我国企业因不符合世界银行合规要求被世界银行予以制裁的案例进行了统计，截至2019年，我国被世界银行处罚的母公司只有44家，但是所有关联公司加在一起达到700余家。[①] 不难看出，企业合规内部治理制度在治理交易相对方的不合规行为方面可以发挥着积极作用，是企业保护自身利益免受交易相对方不合规行为累及的有效工具。

企业合规内部治理制度不仅对交易相对方产生合规约束，还能为维系与交易相对方的可持续、健康关系产生积极影响，这是因为企业合规不仅表现为对法律法规、监管规定的"硬法"的遵守，而且表现为对商业伦理等的遵守，而对商业伦理的遵守是维系与交易相对方良好关系的基本前提。以作为商业伦理基础的诚信为例，诚信对于维系与交易相对方良好关系具有基础性作用，遵守诚信价值准则是培育企业与交易相对方之间信赖关系的基本要求，而商业信赖可以减少企业和交易相对方之间的信息不对称、降低双方的交易成本、保障经营活动的运行秩序。因此，企业可以将企业合规内部治理制度纳入与交易相对方关系维系的范畴之中，通过有效的企业合规内部治理实现与交易相对方的良好关系。例如，在企业合规内部治理的合规调查制度中，通过对交易相对方的关联关系、交易相对方以往行为的合规性、交易相对方的合规内部治理能力等进行合规调查，在有效评估交易相对方合规的基础上，选取崇尚合规价值观、具备合规内部治理能力的交易相对方作为其商业伙伴，形成企业与交易相对方的合规"生态圈"。

---

① 参见陈瑞华：《企业合规的基本问题》，载《中国法律评论》2020年第1期。

（四）企业合规内部治理制度应用于参与国际市场竞争

随着企业合规制度在全球企业治理领域的普及，合规成为了企业参与国际竞争的基本要求。在此语境中，我国企业及其境外子公司、分公司、代表机构等境外分支机构在参与对外贸易、境外投资、对外承包工程等"走出去"相关业务时，应主动符合业务所在国或地区的合规要求。例如，在对外贸易过程中，主动符合业务所在国或地区的贸易管制、质量安全与技术标准、知识产权保护、反倾销、反补贴等合规要求；在境外投资过程中，主动符合业务所在国或地区的市场准入、贸易管制、国家安全审查、行业监管、外汇管理、反垄断、反洗钱、反恐怖融资等合规要求；在对外承包工程中，主动符合业务所在国或地区的投标管理、合同管理、项目履约、劳工权利保护、环境保护、连带风险管理、债务管理、捐赠与赞助、反腐败、反贿赂等合规要求。企业合规内部治理制度是企业主动符合合规要求的制度安排，在对外贸易、境外投资、对外承包工程过程中，能为我国企业规避、减少因不符合业务所在国或地区的合规要求而引发法律责任、受到相关处罚、造成经济或声誉损失等合规风险构筑"防火墙"。事实上，企业合规内部治理制度正逐步成为我国企业开展对外贸易、境外投资、对外承包工程等相关业务的不可或缺的制度安排。企业合规内部治理制度作为企业治理能力的重要表征，体现着我国企业参与国际竞争的"软实力"。因此，在"合规是企业'走出去'行稳致远的前提，合规管理能力是企业国际竞争力的重要方面"的语境中，[①]企业在参与对外贸易、境外投资、对外承包工程等业务时，可以将企业合规内部治理制度作为减少境外经营风险、展现其国际竞争力的重要工具，结合自身境外业务所在国或地区的法律法规、国际条约、监管规定、行业准则、商业惯例、道德规范，构建和实施有针对性的

① 参见国家发展改革委等《关于印发〈企业境外经营合规管理指引〉的通知》（发改外资〔2018〕1916号）的开头语。

企业合规内部治理制度。

(五)企业合规内部治理制度应用于塑造企业形象

企业形象是指社会对企业的总体印象和评价,是企业在市场角逐中取胜的神秘砝码和无形力量,成为企业无形资产保值增值的重要手段。[①] 对于企业来讲,企业形象具有市场竞争的功能、强化企业管理的功能、社会责任的功能。[②] 企业合规内部治理制度对企业形象塑造主要体现在践行社会责任、规范企业行为、培育企业文化等方面。首先,践行社会责任是现代企业形象不可或缺的表征。企业社会责任理论是企业合规内部治理制度的基础理论之一,该理论认为企业应该承担对社会的责任和义务,如霍华德·R.鲍恩认为,企业家在经营决策时,应自愿符合社会的价值和目标,向相关政策靠拢,承担合理的义务,[③]在此基础上,戴维斯(Davis)提出了著名的"责任铁律"理论,即企业所承担的社会责任应与其所享受的社会地位和社会权利相一致。[④] 可见,对社会责任的践行,可以体现企业合规内部治理制度对企业良好形象的塑造。其次,企业行为规范是企业形象的基本表征。企业合规内部治理制度无论是体现对法律法规、监管规定等"硬法"的遵守,还是体现对商业惯例、商业伦理等"软法"的遵守,抑或是体现对企业内部管理规范的遵守,都通过企业及其员工在经营管理活动中的行为规范予以表现出来。一般来说,企业行为规范对企业形象塑造的影响通过两种途径予以表现出来:一是生产经营符合安全和品质要求的产品或服

① 参见王维平、尹星腾:《现代企业形象的基本特征和理论范畴》,载《兰州大学学报(社会科学版)》2000 年第 2 期。

② 参见王立宏:《谈企业形象的功能及塑造方法》,载《理论界》1999 年第 4 期。

③ See Bowen, H. R., *Social Responsibility of the Businessman*, New York: Harper, 1953, p. 31.

④ See Davis K., *Can Business Afford to Ignore Social Responsibilities*, California Management Rev., Vol. 2:3, p. 70 – 76 (1960).

务;二是展现出良好的企业治理能力。最后,企业文化是企业形象的重要表征。企业文化体现着企业在经营活动中所创造的特色精神财富和物质形态,其外延包括企业愿景、文化观念、价值观念、企业精神、道德规范、行为准则、历史传统、企业制度、文化环境、企业产品等,其中,企业价值观念、企业精神、道德规范、行为准则等文化元素可以在企业合规内部治理中得到实现,也就是说,企业合规内部治理制度蕴含着企业的正能量文化因子。由此可见,企业合规内部治理所体现出的对社会责任的践行、企业行为的规范、对企业文化的培育等与企业形象的塑造具有内在的一致性。或者说,企业合规内部治理制度构建和实施过程本身就是企业形象塑造的过程。因此,企业可以将企业合规内部治理制度作为塑造企业形象的重要工具,通过构建主动符合法律法规、监管规定、行业准则、商业伦理、商业规则、企业章程等的长效机制,来展现其负责任、讲规矩、重文化的良好企业形象。

二、企业合规内部治理制度的构建方法论

有观点认为,合规治理与业务治理、财务治理并称企业治理的三大支柱,在一定程度上说明了企业合规治理制度在企业治理制度中扮演的重要角色。一般看来,企业合规内部治理制度在企业治理中扮演着固化企业合规内部治理经验、维系企业合规协同治理、维持企业合规内部治理稳定性、培育企业合规文化等角色。构建和实施有效的企业合规制度是其成功扮演其角色的前提,或者说,只有构建体现企业合规内部治理的基本理念与精神实质的制度并使之得以有效施行,企业合规内部治理的价值才能得以充分实现。企业合规内部治理制度构建是一项专业化和复杂性较高的工作,虽然其呈现方式可不尽相同,如“采用合规手册 + 合规内部治理通用制度 + 合规内部治理专项制度”的方式,但都需要遵循一定的方法论。此处方法论是指企业构建其合规内部治理制度一般方法的理论,涉及对企业合规内部治理制度的“怎么

建”的论点和主张,包括企业合规内部制度所涉及的治理主体、治理客体、治理内容、治理进路等制度构建的一般方法。

（一）企业合规内部治理制度构建的主体方法论

企业合规内部治理制度构建的主体是指在企业内部对企业合规内部治理制度构建产生影响的“人”(此处的“人”既指企业,也指对企业经营活动产生关键影响的“关键员工”,还指企业的一般员工)。缘于制度与“人”的深度攸关性,对于“人”的不同认知导致制度建构逻辑起点的差异,①企业合规内部治理制度构建有三个不同的逻辑起点,即主体方法论个人主义、主体方法论整体主义、主体方法论混合主义。其中,主体方法论个人主义是指企业合规内部治理制度构建的逻辑起点是包括高层在内的企业内部员工个体,是企业员工追求自身利益最大化的结果;主体方法论整体主义是指企业合规内部治理制度构建的逻辑起点是代表企业员工整体利益的企业自身,是企业追求自身利益最大化的结果;主体方法论混合主义是指企业合规内部治理制度是企业及其员工经营管理活动的产物,其构建逻辑起点包括企业及其员工,是企业及其员工追求各自利益最大化的结果。以上三个不同的逻辑起点决定了企业合规内部治理制度的差异。

在主体方法论个人主义语境中,合规内部治理制度的生成、发展是由企业的不同层级的员工主导和参与的,呈现出特定的实践性、目的性。一般来说,企业合规内部治理制度的构建所体现的是对企业内部员工利益的维护,包括对企业关键员工利益的维护和对企业一般员工利益的维护。企业关键员工是指对企业合规内部治理制度构建具有主导“话语权”的企业领导层等对企业决策产生决定性影响的企业员工;企业一般员工是指对企业决策不能直接影响的企业员工。关键员工主

① 参见何艳:《科学发展观的制度建构方法论研究》,载《新视野》2010年第2期。

导构建企业合规内部治理制度以维护自身利益，主要表现在两个方面，即隔离自身法律责任和追求利益最大化。一方面，企业合规内部治理制度是企业主动预防和制止企业不合规行为的制度安排，这种企业不合规行为通常以企业员工的行为表现出来。也就是说，企业主动预防和制止企业不合规行为最终体现为预防和制止企业员工不合规行为。从利益共同体上来讲，相对于企业一般员工，企业关键员工的利益与企业利益存在更大的一致性，且其担负更大的责任。鉴于此，关键员工通过构建企业合规内部治理制度可以让企业一般员工承担相应的合规义务、担负相应的合规责任，将企业合规义务和合规责任进行分散配置，起到分担企业合规义务、隔离企业合规责任的作用。例如，在企业合规内部治理行政激励和刑事激励的语境中，企业关键员工可以借构建和实施合规内部治理制度达到从轻、减轻、免予处罚的目的。另一方面，企业合规内部治理制度具有避免、减少企业合规风险的目的，起到保障企业可持续发展的作用。企业关键员工通过构建企业合规内部制度来保障企业可持续发展，体现自身的工作业绩，从而实现自身的利益最大化。一般员工参与构建企业合规内部治理制度对其利益的实现主要体现在两个方面，即维护职业生涯稳定发展和个人利益最大化。一方面，企业合规内部治理制度可以对员工合规意识和技能培育产生积极影响，防范与应对工作中出现的合规风险，有效规避合规内部治理责任，从而稳定自身职业生涯。另一方面，因企业合规内部治理制度具有保护企业可持续发展的作用，其对企业工资福利有着直接的正面影响。然而，总的来看，由于存在决策权差异，企业合规内部治理制度构建更多体现对关键员工利益的维护。

在主体方法论整体主义语境中，企业整体利益最大化是企业构建合规内部治理制度的动机。企业整体利益可以看作股东利益最大化，企业整体利益和企业关键员工利益、企业一般员工利益之间有着一致性,也有着差异性。由于存在委托代理问题,无论是企业关键员工主导,还是一般员工参与,企业合规内部治理制度的构建存在偏离企业整体利益的可能。主体方法论整体主义语境中的企业合规内部治理动机包括股东利益最大化、企业可持续发展。一方面,企业合规内部治理制度减少企业合规风险,避免股东利益因不合规问题而遭受冲击;另一方面,企业合规内部治理制度所具有的保障企业可持续发展作用,本身就是企业整体利益的体现。由于主体方法论整体主义强调企业整体利益实现,而企业合规行为终究要体现为其员工的合规行为,脱离企业员工个体利益的企业整体利益缺乏实现的基础。因而,主体方法论整体主义虽然反映了企业合规内部治理制度的企业价值导向,但存在一定的实现难题。

在主体方法论混合主义语境中,企业内部合规治理制度构建需要考虑利益相关方利益,或者说,既应考虑企业整体利益,也应考虑企业关键员工、一般员工利益,还应鼓励上下游企业利益、交易相对方利益,将企业合规内部治理制度放在企业利益相关方链条中予以考虑。例如,企业合规内部治理制度的构建需要考虑减少利益相关方合规信息的不对称性。相比于主体方法论个人主义、主体方法论整体主义,企业合规内部治理制度构建的主体方法论混合主义强调了合规利益共生的价值导向,体现了企业社会责任价值,是企业合规内部治理的主体制度构建的最优选择。或者说,在构建企业合规内部治理制度时,应综合考虑企业整体利益、关键员工、一般员工以及企业其他利益相关者的合规利益,企业合规内部治理的主体应涉及多元主体,包括企业股东、关键员工、一般员工,甚至鼓励其他利益相关方参与企业合规内部治理。

(二)构建企业合规内部治理制度的客体方法论

企业合规内部治理制度的客体是指企业合规内部治理的对象边界,也就是需要进行合规内部治理的企业及其员工经营管理行为。企业合规内部治理制度构建的主体和客体之间存在辩证关系,体现主体客体化和客体主体化的有机统一。企业通过合规内部治理工具作用于企业经营管理行为,使企业经营管理行为产生符合企业合规内部治理理念的变化,即主体客体化;企业内在特性使企业经营管理行为蕴含了企业合规内在规定性,即客体主体化。在一般情况下,企业经营管理活动的任一领域、任一环节都有可能触发合规风险,因而严格意义上的企业合规内部治理制度的客体是企业经营管理行为的整体,但在具体实践中,应在整体推进的同时,突出某些重点领域、重点环节的合规内部治理,体现对企业合规内部治理制度客体的精准化。不难看出,实现企业合规内部治理制度构建的主体客体化和客体主体化的有机统一,要求在构建企业合规内部治理制度时坚持系统思维和需求思维。一方面,企业所处的行业特性、企业规模、股权结构、商业模式、治理能力等存在诸多不同,企业合规内部治理制度构建应体现企业的个性,而不能千篇一律。有学者曾对此予以如此评价:合规应当"因人而异",但反讽的是,大多数公司都是类似的。[①] 可见,确立企业合规内部治理制度的客体需要放在企业所处的生态系统中加以考虑,包括企业经营的战略、性质、规模、复杂性和可持续性等商业模式,企业内部治理体系,利益相关方的范围和性质,法律法规等监管制度环境,经济与政治发展形势,社会与文化背景等。唯有如此,企业合规内部治理制度才能体现"因人而异",否则千篇一律的企业合规内部治理制度易引发形式主义,难以起到企业合规内部治理应有之效果。另一方面,企业合规内部治理制度构建的客体确立应坚持需求导向,立足企业利益相关方的合规需求和诉求,树立自觉发现问题、正视问题和解决问题的问题意识,培育企业满足利益相关方的合规内部治理能力。在按照系统思维和需

---

① 参见邓峰:《公司合规的源流及中国的制度局限》,载《比较法研究》2020 年第 1 期。

求思维确立需进行合规内部治理的企业及其员工经营管理行为后,将其合规要求覆盖到相关各业务领域、各部门、各级子企业和分支机构、全体员工,贯穿决策、执行、监督全流程,对需进行合规内部治理的企业及其员工的经营管理行为实行闭环治理。

(三)企业合规内部治理制度构建的内容方法论

企业合规内部治理制度构建的内容涉及企业合规内部治理制度如何体现的问题,包括企业合规内部治理的根本制度、基本制度、重要制度和各领域具体制度。运用不同方法论,企业合规内部治理制度构建的内容会呈现不同的外在表现。例如,运用企业管理的要素分析方法,企业合规内部治理制度包括人力资源合规内部治理、财务合规内部治理、企业资产合规内部治理、生产合规内部治理、原料供给合规内部治理、销售合规内部治理、库存合规内部治理等制度。再如,运用"重点"与"一般"的分析方法,可以按照企业合规内部治理重点来构建企业合规内部治理制度,包括反商业贿赂、反垄断、反不正当竞争、资产交易、招投标等在内市场交易合规制度,安全环保合规制度,产品质量合规制度,劳动用工合规制度,财务税收合规制度,知识产权合规制度,商业伙伴合规制度等。不管如何构建企业合规内部治理制度的内容,一般都需以良好治理原则、比例原则、透明和可持续原则等为其前提。

由于受 ISO 37301:2021《合规管理体系　要求及使用指南》等企业合规治理标准采用 PDCA 方法的影响,在实践中,企业合规内部治理制度的内容构建多采用 PDCA 方法。PDCA 方法是由美国质量管理专家沃特·阿曼德·休哈特(Walter A. Shewhart)提出并由爱德华兹·戴明(W. E. Deming)推广的质量管理方法,企业通过制订合规计划(Plan)、组织实施合规计划(Do)、检查合规结果(Check)以及问题反馈(Action)来持续循环改进合规治理的制度安排,确保企业合规治理制度实施效能。在 PDCA 框架下,企业合规内部治理制度的内容涉及 6

个方面。一是企业合规内部治理的组织领导制度,包括企业领导层的合规内部治理职责(如公司制企业领导层包括董事、监事、高层管理层),合规负责人及其相关人员的合规治理职责,企业合规内部治理具体岗位职责,以及合规治理相关职责的管理规范等制度。二是企业合规内部治理的规划制度,包括反映企业的价值观、目标、战略和合规风险的企业合规治理体系谋划,以及企业合规内部治理的基本要求与基本措施等制度。三是企业合规内部治理的资源保障制度,包括企业合规内部治理的人才开发保障、技术应用保障、物质资金保障等制度。四是企业合规内部治理的过程管理制度,包括企业内部合规的治理程序、治理规则、治理标准、过程质量控制等制度。五是企业合规内部治理的绩效评估制度,包括企业合规内部治理绩效的评价指标、评价方式、评价结果运用等制度。六是企业合规内部治理的持续改进制度,包括企业合规风险评估,以及内部治理问题发现、问题处置、动态改进等制度。

(四)构建企业合规内部治理制度的进路方法论

构建企业合规内部治理制度涉及企业经营管理活动各个环节、各个领域,覆盖企业的全生命周期,可以说,企业自登记注册开始到注销期间,企业无时无刻不都面临着合规内部治理的问题。然而,严格意义上说,企业合规内部治理属于风险治理范畴,企业经营管理活动的不同环节、不同领域、生命周期不同阶段的合规风险都会有所不同。因此,除企业合规治理领域通用性制度外,还需要针对自身实际制定重点领域、重点环节的专项合规制度。例如,对于具有垄断地位的企业,在经营管理活动中容易产生滥用垄断地位或者垄断协议的竞争合规风险,因而对竞争合规产生专门的需求。再如,对于保健品生产经营企业,在销售领域员工出于业绩的考虑容易出现虚假宣传的不合规行为,因而对诚信合规产生了专门的需求。又如,对于医药销售企业,员工容易出现商业贿赂的不合规行为,因而对反商业贿赂合规产生了专门需求。

因此，确立企业合规内部治理制度构建的进路时，应树立重点与一般、整体和个体的方法论思维，体现重点突破与统筹推进的有机统一，“必须考虑其系统性、整体性、协同性。在完善和发展制度过程中，运用重点突破和统筹推进的思想方法和工作方法，使各个层次、各个领域、各个方面的制度形成联动，维持系统的良性运转”。[①] 企业应当根据外部环境的变化，结合自身实际，在全面推进合规内部治理的基础上，突出重点领域、重点环节和重点人员，有效防范合规风险。其中，重点领域如市场交易、安全环保、产品质量、劳动用工、财务税收、知识产权、商业伙伴等；重点环节如制度制定、经营决策、生产运营等；重点人员如中高级管理人员、重要风险岗位人员、涉外经营人员等。

三、企业合规内部治理的组织与领导制度

企业合规内部治理的机构设置制度、职责配置制度、领导制度是实现企业合规的有效治理的保障。我国企业分为公司制企业、合伙制企业和个人独资企业，相应法律均对其合规的要求进行了规定。《公司法》第 5 条规定，“公司从事经营活动，必须遵守法律、行政法规，遵守社会公德、商业道德，诚实守信，接受政府和社会公众的监督，承担社会责任”；《合伙企业法》第 7 条规定，“合伙企业及其合伙人必须遵守法律、行政法规，遵守社会公德、商业道德，承担社会责任”；《中华人民共和国个人独资企业法》（以下简称《个人独资企业法》）第 4 条规定，“个人独资企业从事经营活动必须遵守法律、行政法规，遵守诚实信用原则，不得损害社会公共利益”。由于公司制企业、合伙制企业、个人独资企业在内部治理机制上存在差异，这三类企业的合规内部治理制度不尽相同。鉴于现代企业制度是以企业法人制度为主体，以公司制度为核心，故此下面对企业合规内部治理的组织与领导制度的论述和阐

① 周昭成：《完善中国特色社会主义制度方法论探析》，载《马克思主义与现实》2020 年第 5 期。

释主要以公司制企业为主,同时对合伙制企业和个人独资企业予以适当涉及。

（一）企业合规内部治理的机构设置制度

企业合规内部治理是一项专业性较强的工作,需要由专门的机构来付诸实施。此处的企业合规内部治理的机构设置是指企业依据国家有关规定,以及企业章程等基本制度,确定专门的合规内部治理机构性质、规格、职责等。由于企业合规内部治理具有个性化特点,企业应根据自身所处行业特性、商业模式、企业规模、商业伙伴特点等,在对自身经营管理活动中合规风险进行预期评估的基础上,设置专门的合规内部治理机构。企业应确保专门的合规治理机构的独立性,尤其是独立于业务部门,这是因为合规内部治理是企业对其经营管理活动的合规性进行“硬”法和“软”法上的约束,这种约束有时与业务部门的短期利益存在一定的“冲突”,确保专门的合规内部治理部门的独立性使企业在这种“冲突”中能独立开展合规内部治理的工作;否则,专门的合规内部治理部门可能在“冲突”中对业务部门作出不当的妥协与让步,导致企业合规内部治理难以有效展开。与此同时,专门的合规内部治理部门还应与业务部门在合规内部治理方面进行协作,对于由专门的合规内部治理部门直接管理效果较好或需要进行企业合规的内部集中性治理的工作,宜由专门的合规内部治理部门直接管控。而对于其他的合规内部治理的工作,以业务部门进行合规内部治理为宜,专门的合规内部治理部门可以对业务部门给予配合、监督、培训等方面的支持,而不直接参与管控,唯有这样,才能在企业的合规内部治理上形成工作合力。

在通常情况下,专门的合规内部治理部门应承担以下职责:一是起草企业合规内部治理的年度计划及工作报告、基本制度和具体制度等涉及企业合规内部治理工作全局的相关文件;二是对事关企业发展大局的重大事项实施合规审查,提出合规审查的意见和合规内部治理的建议;三是开展合规风险治理,组织识别和预警合规风险,应对事关企业发展大局的重大合规风险;四是畅通不合规行为的举报渠道,受理不合规行为的举报,组织或参与对不合规行为事件的调查,提出对不合规行为的处理意见或建议;五是开展企业内部合规治理的绩效管理,组织企业合规内部治理的评价与考核,督促整改违规行为;六是指导其他部门和分支机构开展合规内部治理工作;七是开展合规内部治理领域的人才开发,组织或协助业务部门、人力资源部门实施合规培训等。

对于规模较大或者合规风险预期较大的企业,在条件允许情况下,可以设置高层级的合规内部治理议事协调机构,承担企业合规内部治理的组织协调工作。一般来说,可以在高级经理层下设置合规内部治理委员会,承担合规治理具体的组织协调职责,合规内部治理委员会的委员宜由有关高级管理人员,以及专门的合规内部治理部门、人力资源部门、法务部门等主要负责人担任,合规治理委员会办公室和专门的合规内部治理部门可以实行合署办公。

在我国企业合规内部治理的实践中,企业合规内部治理的机构设置往往没有得到应有重视,合规内部治理、法律风险治理、内控治理之间职责交叉、边界不清,造成合规内部治理职责的"虚位",合规内部治理让位于业务治理、财务治理,充当"配角"的现象普遍存在,导致企业合规治理部门与法务部门、内部控制部门、审计部门等职责模糊、设置混乱,相关岗位设置和人员配备普遍存在交叉和冲突。例如,不少企业对专门的合规内部治理部门和法务部门实行合署办公,甚至将合规内部治理纳入法务部门的工作范围。实际上,企业合规内部治理的范围、专业性、复杂性要远超过企业法务工作,企业合规内部治理不仅是法律问题,更是管理问题,还是经济问题。从这一点上看,应将法务工作纳入合规治理工作范畴,而不是将合规治理工作纳入法务工作范畴。

(二)企业合规内部治理的岗位职责制度

明确合规内部治理的岗位职责是企业合规内部治理工作落地的关键,此处的岗位职责是指企业的员工工作岗位所需要完成的合规治理工作内容以及应当承担的合规责任范围。“因事设岗”是岗位设置的基本原则,从企业合规内部治理的事项来看,企业合规内部治理的岗位可以划分为合规内部治理负责人岗位、合规内部治理专职岗位、合规内部治理兼职岗位。企业合规内部治理的负责人一般由企业高级管理人员担任为宜,且有直接向企业主要负责人汇报工作的权限。企业可以参照首席执行官、首席财务官来设置首席合规官,在设置合规内部治理委员会的语境中,首席合规官可以作为合规内部治理委员会的具体负责人,其地位以不低于企业高层管理的副职为宜。首席合规官的岗位职责一般可以包括以下几项:一是参与企业的重大经营决策,提出合规性审核意见;二是分管专门的合规内部治理部门,推进合规内部治理体系建设;三是向企业主要负责人汇报合规内部治理重大事项;四是指导业务部门开展合规内部治理工作,对合规内部治理职责的落实情况提出意见和建议;五是指导分支机构的合规内部治理工作,对下属企业首席合规官的任免、合规内部治理体系建设情况提出意见等。企业合规内部治理专职岗位是指专门从事合规内部治理的岗位,不仅包括专门的合规内部治理部门的具体岗位,还包括企业其他部门专门从事合规内部治理的岗位。企业合规内部治理专职岗位需要较强专业能力,包括但不限于法律知识与能力、管理学知识与能力、经济学知识与能力,以及一定的合规内部治理方面的业务能力,如具备合规风险治理、合规组织建设、合规治理制度建设、合规规划、合规性审查、合规治理考核与评价、合规治理奖励与问责等方面的能力。在专门的合规内部治理部门之具体岗位方面,其设置一般应基于专门的合规内部治理部门的职责来设定,具体可以包括 6 个方面:一是合规文件起草岗位,专司合规内部治理相关文件的起草;二是合规审查岗位,专司参与企业重大事项合规审查,提出意见和建议,指导相关部门非重大事项的合规审查;三是合规风险评估岗位,专司合规风险识别、预警和评价,组织重大合规风险应对,指导一般合规风险应对;四是合规举报受理岗位,专司企业的内部员工或者利益相关方对企业不合规行为的举报,组织或参与对违规事件的调查,提出处理建议;五是合规绩效管理岗位,专司组织开展合规内部治理的评价与考核,督促违规行为整改和持续改进;六是合规培训岗位,专司组织或协助业务部门、人力资源部门开展合规培训等。

在实践中,有些企业将合规内部治理看成仅是专门的合规内部治理部门的事,业务部门等其他部门没有参与到企业合规内部治理中去,造成了企业合规内部治理难以推进、效能难以发挥的困境,在其他部门设立专职或兼职的合规内部治理岗位是破解企业合规内部治理这一困境的需要。其他部门的合规内部治理专职岗位职责,应基于本部门业务来设定,体现"业务谁主管、合规内部治理谁负责"的原则,其岗位职责一般可以包括以下几项:一是按照合规要求建立本部门合规内部治理制度及流程,制定与实施本部门合规内部治理指引,向专门的合规内部治理部门报告合规内部治理工作计划和工作总结;二是开展本部门合规风险识别、预警与评估,及时向部门员工发布合规预警信息,及时向专门的合规部门报告合规风险情况,组织或配合合规风险应对工作;三是对本部门的经营管理行为及相关制度、文件、合同等开展合规审查;四是组织本部门员工开展合规培训和对交易相对方的合规调查;五是组织或配合专门的合规内部治理部门开展本部门合规评估、调查与改进。在其他部门合规内部治理的兼职岗位设置方面,由于企业合规内部治理是全员行为,几乎所有岗位都有可能触发合规风险,因此对于其他部门非专职合规内部治理的工作岗位,企业应将承担相应的合规内部治理职责纳入其岗位职责体系。例如,在岗位职责中体现以下内容:熟悉并遵守与本岗位职责相关的合规义务,履行合规内部治理职责,接受合规培训等。

(三)企业合规内部治理的领导制度

合规治理与业务治理、财务治理并称企业治理的三大支柱,[①]然而,在具体实践中,合规内部治理在企业治理中的地位并没有得到应有的重视,存在一定的形式主义,这在很大程度上与企业合规内部治理的领导制度构建不健全、实施不到位等相关。企业合规内部治理需要企业的领导层来推动。企业合规内部治理的领导制度是指企业领导层为实现既定的合规内部治理目标,对合规内部治理活动施加影响的制度安排。企业领导层对企业合规治理的影响体现在以下方面:确保制定与企业战略方向相一致的合规内部治理制度;确保合规内部治理要求整合到业务流程中;确保合规内部治理所需的各种资源;确保培育、发展和促进合规文化;确保企业合规内部治理机构的权限和独立性。为保障这些"确保"能够实现,企业应根据其领导层成员权责上的差异,采取相应的企业合规内部治理领导制度。以公司制企业为例,公司制企业董事会对企业合规内部治理的影响可以通过下列5种方式:一是对有关部门起草的合规内部治理基本制度和体系建设方案进行审议,并按照企业章程规定的决策程序予以批准;二是对企业合规内部治理重大事项进行研究讨论,审议批准企业合规内部治理的年度工作报告;三是依据有关组织人事工作的规定和程序,决定设立首席合规官,并决定聘任或者解聘首席合规官;四是决定专门的合规内部治理部门设置、岗位职责以及人员配置;五是按照权限决定对不合规行为人员的处理事项。公司制企业高级管理层对企业合规内部治理的影响一般可通过

① 参见邢娟:《论企业合规管理》,载《企业经济》2010年第4期。

以下6种方式：一是拟订合规内部治理体系建设方案，拟订合规内部治理基本制度，经董事会批准后组织实施；二是落实董事会批准的基本制度的具体化工作，批准合规内部治理的具体制度、年度计划等；三是根据制定合规内部治理的工作流程，采取措施促使合规内部治理与业务发展相互融合；四是对重大合规风险及时决定采取应对措施，及时制止、纠正企业的不合规行为，按照组织人事权限对不合规人员追究责任或提出处理意见和建议；五是对各部门、各分支机构合规内部治理进行指导、监督和评价；六是在设置首席合规官制度下，提名首席合规官人选。公司制企业监事会对企业合规内部治理的影响一般可通过以下5种方式：一是对企业经营管理活动进行监督，对不合规行为提出整改意见；二是会同专门的合规内部治理部门、有关业务部门对合规内部治理工作开展专项检查或全面检查；三是对企业不合规行为整改情况开展监督检查；四是在权限范围内对不合规行为进行调查，对相关责任人员追究提出意见和建议；五是对企业合规内部治理体系建设提出意见和建议。

对于合伙制企业，全体合伙人对企业合规内部治理的领导制度，可以参照公司制企业董事会和监事会的制度来设计，执行合伙人对企业合规内部治理的领导制度，可以参照公司制企业高级管理层的制度来设计。对于个人独资企业，出资人对企业合规内部治理的领导制度，可以参照公司制企业董事会和监事会的制度来设计，高级管理人员对企业合规内部治理的领导制度，可以参照公司制企业高级管理层的制度来设计。

需要指出的是，我国国有企业是中国特色社会主义的重要物质基础和政治基础，坚持党的领导是我国国有企业的“根”和“魂”，也是我国国有企业的独特优势。因此，国有企业合规内部治理的领导制度有着其鲜明的特点，即党的组织在国有企业治理中具有“把方向、管大局、促落实”的领导地位。国有企业合规内部治理的领导制度应包括党的领导制度，保障党组织在企业合规内部治理中发挥把方向、管大局、促落实的领导作用，在职责范围内积极推进合规的内部治理工作，保障党中央关于深化法治建设、加强合规内部治理的重大决策部署在企业能得到全面贯彻落实。例如，国有企业可以建立监事会与党的监察机构协同监督企业的合规内部治理制度，与监事会形成监督企业内部合规治理的工作合力，实现对企业合规内部治理的有效监督。

四、企业合规内部治理的体系规划制度

构建企业合规内部治理体系是有效防范和应对企业合规风险的重要保障。企业合规内部治理体系是由企业合规内部治理方针、合规内部治理目标，以及践行合规内部治理方针、实现合规内部治理目标过程中相互关联、相互作用的要素等所构成的系统。企业合规内部治理体系规划是指企业对企业合规内部治理体系进行长远性、全局性、方向性、概括性的前瞻性谋划和战略性安排。鉴于此，企业合规内部治理的体系规划制度是指对企业合规内部治理方针、合规内部治理目标，以及践行合规内部治理方针、实现合规内部治理目标过程中相互关联、相互作用的要素等进行系统的前瞻性谋划和战略性安排的工作规程或行动准则。企业合规内部治理的体系规划制度是企业合规内部治理体系规划所具有的，包括企业共同行动纲领、资源配置引导、履行职责依据、企业及其员工行为约束等在内的功能得以有效实现的保障。从规划实现的过程来看，企业合规内部治理的体系规划制度包括规划的制定主体、制定模式、基本原则、实现目标、基本内容、任务分配等一系列制度。从规划的生命周期来看，企业合规内部治理体系规划制度又可分为企业合规内部治理体系规划的制定制度、实施制度和调整制度。

（一）企业合规内部治理体系规划的制定制度

在企业合规内部治理体系规划制定主体方面，企业合规内部治理

体系规划事关企业合规内部治理的全局，甚至关乎到企业发展的全局，因此企业合规内部治理体系规划制定的主体应是“在高级管理层领导下，以企业战略规划部门为主导，以专门的合规内部治理部门为主体，其他部门依职责共同参与”的协同格局，企业合规内部治理体系规划需经股东大会审议，并由董事会审议批准。企业合规内部治理体系规划需要建立在对企业内外部环境、相关基础进行充分分析的基础上，形成具有自身特色的企业合规内部治理规划的制定模式。对于企业合规内部治理体系规划的制定模式，有以“环境”为出发点的模式、以“资源能力”为出发点的模式、以“环境—资源整合”为出发点的模式。其中，以“环境”为出发点的模式主要是根据企业发展的外部环境来制定企业合规内部治理体系规划，以“资源能力”为出发点的模式主要是根据企业合规内部治理资源与能力来制定企业合规内部治理体系规划，以“环境—资源整合”为出发点的模式则是综合考虑企业合规治理的外部环境和内部治理资源与能力制定企业合规内部治理体系规划。总的来看，以“环境—资源整合”为出发点的模式是企业合规内部治理体系规划的优选模式，即充分分析企业合规治理的外部环境，如法律法规、监管规定、行业准则等现状，利益相关方对企业合规内部治理的要求等，结合自身合规内部治理的资源基础、能力现状以及潜在的合规风险程度，制定具有可行性的体系规划。

在企业合规内部治理体系规划制定的基本原则方面，应坚持系统思维，突出深度融合、权责清晰、协作联动、独立客观等基本要求。其具体包括以下内容：一是深度融合。将企业合规内部治理贯穿于各业务部门、各分支机构、各岗位员工，贯穿于决策、执行、监督各企业经营活动环节。二是权责清晰。建立覆盖企业全员的合规内部治理责任制，明确各层级管理人员和各岗位员工的合规内部治理职责，并采取有效措施督促落实。三是协作联动。明确合规内部治理部门与法务、监察、审计、内控、风控等部门之间的权责边界，实现合规内部治理工作与法务、监察、审计、内控、风控等工作相衔接，破除企业合规内部治理的“中梗阻”，形成企业合规内部治理的合力。四是独立客观。确保专门的合规内部治理部门的独立性，不受其他部门干预，对企业高层的干预实施留痕制度，并制定科学、公正、合理的工作评价机制。

在企业合规内部治理体系规划制定的目标方面，将避免企业及员工因不合规行为而引发法律责任、受到相关处罚、造成经济或声誉损失以及其他负面影响等作为直接目标，将塑造企业良好形象、保障企业可持续发展等作为根本目标，并根据直接目标和根本目标来确定具体目标。具体目标设定应考虑契合企业合规内部治理原则、目标具有实现可行性、目标可控可测并有明确的实现进程。

在企业合规内部治理体系规划制定的内容方面，企业可以根据其合规内部治理的外在环境和自身资源、能力，立足合规内部治理的基本原则和目标，在全面评估企业的合规风险基础上，围绕企业应实施什么样的合规内部治理体系等进行谋划。例如，对企业合规内部治理的基本制度、具体工作规则、具体工作标准，相关人员合规内部治理义务，合规内部治理的重点领域、重点环节、主要措施、相关保障、激励与约束等进行整体谋划和战略安排。

在企业合规内部治理体系规划制定的任务分配方面，包括以下内容：一是依据企业领导层在合规内部治理方面的领导职责，对企业领导层的合规治理任务进行规划，如对公司制企业的董事会、高级管理层、监事会的合规内部治理任务进行规划；二是依据业务部门的业务属性，确定业务部门合规内部治理的工作规划；三是立足职能部门的职能职责，对职能部门参与企业合规内部治理的任务进行规划，如人力资源部门对全员合规技术技能开发的任务规划，文化宣传部门对企业合规文化培育的任务规划；四是对专门的企业合规内部治理部门的任务进行规划;五是对推进交易相对方合规内部治理进行谋划。

(二)企业合规内部治理体系规划的实施制度

企业合规内部治理体系规划的生命力在于实施,需要对其实施进行规划,形成企业合规内部治理体系规划实施的合力。企业合规内部治理体系实施是指将已构建的企业合规内部治理体系付诸实现的一系列活动,企业合规内部治理体系实施的规划制度是对企业合规内部治理体系实施进行前瞻性谋划和战略性安排的工作规程或行动准则。企业合规内部治理体系规划的制定制度主要是解决企业合规内部治理体系是什么的问题,而企业合规内部治理体系规划的实施制度则主要是解决企业合规内部治理体系如何实现的问题,体现为围绕企业合规内部治理的基本原则、实现目标、基本内容、任务分配等,对其合规内部治理"将要做什么,需要哪些资源,谁将负责,如何评估结果"等方面进行制度上的设计。

在"将要做什么"方面,在对企业合规风险进行充分评估的基础上,领导层、业务部门、专门的合规内部治理部门及其他职能部门根据自身的合规内部治理任务,结合本领域工作职责,将相应的合规内部治理任务进行分解,确定具体的合规内部治理任务清单、合规内部治理指引以及合规内部治理工作标准,并将企业合规内部治理任务清单落实到具体工作岗位,确保员工的合规治理任务与岗位职责有效融合。

在"需要哪些资源"方面,对企业领导层、业务部门、专门的合规内部治理部门以及其他相关职能部门完成相应的合规治理任务所需的资源要素进行谋划,包括人才资源、技术资源、权力资源、物质资源等。人才资源是指完成企业合规内部治理具体任务目标所需的人员的配置数量、素质结构、合规内部治理技能、合规意识等。技术资源是指完成企业合规内部治理具体任务目标所需的技术支撑。例如,在企业经营管理活动中将信息化技术融入合规内部治理过程,建设企业合规内部治理信息系统,将合规内部治理要求、合规内部治理指南、合规内部治理人才开发、合规内部治理案例、合规内部治理培训、不合规行为记录纳入信息系统,利用大数据、云计算等对重点领域、关键节点开展实时动态监测,实现对企业合规内部治理的数字化、智能化,实现对企业合规内部治理的精准化治理。权力资源是指完成合规内部治理具体任务目标所需要的治理权力,这里的权力是指参与企业合规内部治理的企业领导层、业务部门、专门的合规内部治理部门以及其他相关职能部门完成各自合规治理任务时所应具有的影响力和控制力,其权力来源于所应承担的职责。可以说,企业合规内部治理主体所拥有的权力资源是有效开展企业合规内部治理的前提,没有相应的合规内部治理权力资源,就没有相应的合规内部治理任务。对于物质资源,企业合规内部治理体系规划的实施需要一定的物质成本,如专门的合规内部治理部门的工作经费、薪酬福利,合规风险评估与应对专项经费,合规调查经费,合规外部专家咨询经费等,需要根据企业合规内部治理体系规划对经费进行制度上的安排。

在"谁将负责"方面,对于企业合规内部治理责任实行主要负责人责任制。在企业层面,如因领导层的问题而产生合规风险损失,则应由企业领导层的主要负责人承担责任,如对于公司制企业,可以根据领导职责分工对董事会、高级管理层、监事会的一把手追究责任;在企业部门层面,如因部门负责人问题而产生合规风险损失,则应由其承担责任;在具体岗位层面,如因员工岗位履职问题而产生合规风险损失,则应由从事该岗位工作的员工来承担责任。此外,还应实行逐级责任负责制,即因下一级部门或员工的问题而产生合规风险损失,其上一级部门或管理者承担相应的责任。

在"如何评估结果"方面,建立对企业合规内部治理体系规划实施进行定期评估的制度,对其实施进程、目标实现程度、实施成效、实施过程中存在的问题等进行定期评估，评估采取对企业合规内部治理体系配套制度文本进行分析、对企业员工及其他相关利益者进行调查分析等综合的方式获取企业合规内部治理体系规划实施情况信息。

总之，在企业合规内部治理体系规划的实施过程中，按照“将要做什么，需要哪些资源，谁将负责，如何评估结果”，对规划实施进行总体谋划和战略性安排，为企业合规内部治理体系规划实施提供方向和实施框架，企业合规内部治理相关主体据此制定相应的实施方案和具体推进措施，实现企业合规内部治理体系规划实施的落实、落地。

值得一提的是，企业合规内部治理体系认证是一种对企业合规内部治理水平进行信用保证的一种方式，对内可以强化企业合规的内部治理，提高企业员工的合规意识，培育企业合规文化，对外可以塑造企业的形象和公信力。企业可以在其合规内部治理体系规划的实施过程中，将企业合规内部治理体系认证作为规划实施的手段。国际标准化组织于 2021 年 4 月公布了 ISO 37301：2021《合规管理体系　要求及使用指南》，我国于 2022 年 10 月公布了 GB/T 35770－2022《合规管理体系　要求及使用指南》，可以依据这些标准分别对企业合规内部治理体系符合 ISO 37301：2021、GB/T 35770－2022 等标准进行声明，或者依据 ISO 37301：2021、GB/T 35770－2022 等标准对企业合规内部治理体系进行认证，从而使企业合规内部治理体系认证成为企业开展合规内部治理的一种方式。例如，2022 年 3 月百度智能云智慧金融业务通过 ISO 37301：2021 进行企业合规内部治理体系认证，其认证机构——中国质量认证中心对其颁发了首家 ISO 37301：2021 合规管理体系认证证书。因此，企业可以参照 ISO 37301：2021《合规管理体系　要求及使用指南》、GB/T 35770－2022《合规管理体系　要求及使用指南》等，将企业合规内部治理体系认证纳入企业合规内部治理体系规划的实施制度体系之中。

（三）企业合规内部治理体系规划的调整制度

企业合规内部治理是动态的，应随着业务和市场的变化而发展。企业应根据外部经营环境的变化和企业经营活动的变化等评估合规内部治理体系的有效性，对合规内部治理规划确定的具体目标、相关内容、任务分配，以及合规内部治理体系规划实施的具体措施、所需资源、相关责任人、完成时限等制度进行定期或者不定期分析，评估其调整的必要性。在确立企业合规内部治理体系规划的调整制度时，应对企业合规内部治理体系规划调整的目的和潜在后果、相应资源保障的有效性、相关职责权力变更等进行可行性分析。在企业经营管理活动没有发生巨大变革时，一般不对企业合规内部治理体系规划进行大幅度调整，而是在必要的限度内进行局部调整，以保持规划的持续性。例如，在企业经营业务发生变化时，可以对企业合规内部治理的重点领域进行必要的调整。由于企业合规内部治理体系规划实施过程实际上也是企业合规文化培育过程，企业文化培育是一个长期过程，频繁变动会影响企业合规文化的培育，这就要求企业在确立合规内部治理体系时应进行充分准备和科学论证。当然，在企业经营管理活动发生巨大变革时，应对企业合规内部治理体系规划进行调整。例如，企业从事与原来不同的主营业务，应根据新的主营业务的行业属性、发展阶段、监管环境，对企业合规内部治理体系的规划进行较大幅度的调整。此外，企业外部经营环境变化，对企业合规内部治理也产生着重要影响。以监管环境为例，一些新兴行业的监管制度健全完善需要一个过程，尤其在包容监管理念下，这些新兴行业的监管环境较为宽松，但是一旦这类行业的监管制度趋于完善，或者行业问题变得严重时，监管部门对其采取趋严的环境，此时，处于这些新兴行业领域的企业应对其合规内部治理体系进行调整。例如，当平台经济领域的垄断问题需要进行治理时，该领域具有垄断地位的企业应突出反垄断在其合规内部治理中的地位。

基于以上分析可知，在企业合规内部治理体系的规划制度中，应有对企业合规内部治理体系规划调整的前瞻性谋划和战略安排的工作规程和行为准则，包括对企业合规内部治理体系规划进行调整的主体、场景、方式等进行制度设计。

五、企业合规内部治理的资源保障制度

资源是企业实施合规内部治理的保障，企业应确定并提供建立、实施、改进合规内部治理体系所需的资源，包括支撑企业合规内部治理的人才资源、信息资源、文化资源和物质资源。企业合规内部治理的资源保障制度是指对支撑企业合规内部治理的人才资源、信息资源、文化资源和物质资源等进行保障的工作规则和行为准则。企业合规内部治理的资源保障制度在企业合规内部治理制度中具有基础性地位，是衡量企业合规内部治理水平的重要表征。

（一）企业合规内部治理的人才资源保障制度

人才资源是企业合规内部治理的战略资源和关键资源。近年来，企业合规内部治理人才开发得到了有关部门的重视，国务院国资委出台的《中央企业合规管理办法》第 12 条提出中央企业“应当结合实际设立首席合规官”，第 14 条提出中央企业“应当配备与经营规模、业务范围、风险水平相适应的专职合规管理人员”。人力资源和社会保障部等于 2021 年 3 月将企业合规师作为新职业纳入《中华人民共和国职业分类大典》①。企业合规内部治理人才是指具有一定的合规内部治理专业知识、合规内部治理专门技能、合规内部治理意识等合规内部治理素养，从事企业合规内部治理劳动并对企业合规内部治理作出贡献的劳动者，是企业合规内部治理人力资源中合规内部治理素养较高的

---

① 参见《人力资源社会保障部、国家市场监督管理总局、国家统计局联合发布集成电路工程技术人员等 18 个新职业》，载人力资源和社会保障部官网，http://www.mohrss.gov.cn/xxgk2020/fdzdgknr/rcrs_4225/jnrc/202103/t20210318_411357.html。

劳动者。从岗位职责来看,企业合规内部治理人才的外延有广义与狭义之分。广义上的企业合规内部治理人才包括所有涉及合规内部治理工作的各类人才,在企业合规内部治理全员参与的语境中,企业合规内部治理人才基本等同于企业全部的人才;狭义上的企业合规内部治理人才是指专门从事企业合规内部治理的人才,包括专门的企业合规内部治理部门的人才,以及其他有关部门将合规内部治理作为主要工作的人才。考虑到广义的企业合规内部治理人才开发很大程度上与企业合规文化培育有关,故此将在企业合规内部治理的文化资源保障中予以考察,此处的合规内部治理人才专指专门的企业合规内部治理的人才。从企业合规内部治理的效能来看,企业合规内部治理人才是释放企业合规内部治理效能的关键资源,在特定语境中,企业合规内部治理人才与企业合规内部治理人才资源可以视作同一概念。从企业合规内部治理的实践来看,企业合规内部治理人才的规模、结构、素质是企业合规内部治理的内生变量,必要的合规内部治理人才规模、合理的合规治理人才结构、良好的合规治理人才素质等直接决定了企业合规内部治理的效能、效果、效率。基于以上分析,可以对企业合规内部治理的人才资源保障制度进行如下定义:企业为发挥人才对企业合规内部治理的保障作用,对企业合规内部治理人才资源进行开发的一系列制度安排,包括企业合规内部治理人才的选拔制度、使用制度、培养制度、流动配置制度,这些制度为企业开发合规内部治理所需的专门人才提供保障,旨在实现企业内部治理人才规模、结构、素质等供给与企业合规内部治理人才需求之间的匹配。

企业合规内部治理人才的选拔制度是企业选拔胜任企业合规内部治理岗位的人才开发制度,旨在匹配适合企业合规内部治理岗位所需知识、技能、态度和价值观的人才。从人才选拔的范围来看,企业合规内部治理人才选拔制度包括企业合规内部治理人才的招聘制度、引进制度以及内部选拔制度。企业合规内部治理人才的招聘制度是指企业根据岗位职责和岗位胜任力要求,对外公开招聘企业合规内部治理人才的制度,涉及对应届毕业生和社会的公开招聘,公开招聘是企业合规内部治理的一般性人才选拔的主要渠道。企业合规内部治理人才的引进制度是指企业根据合规内部治理的需求,对企业合规内部治理的高端人才或急需人才进行引进的制度,企业合规内部治理人才的引进制度一般适用于企业合规内部治理的高级管理人才和高级专业技术人才。相比于企业通过公开招聘渠道选拔的人才,通过引进渠道选拔的人才通常对人才的专业能力要求较高。此外,人才引进方式较为灵活,公开招聘企业合规内部治理人才需要和企业形成劳动关系,引进人才除形成劳动关系外,还可以通过“柔性引进”,与企业形成劳务关系或者是合作关系。企业合规内部治理人才的内部选拔制度是指企业从其他岗位选拔企业合规内部治理人才的制度,包括从生产经营一线岗位选拔合规内部治理的人才、从企业其他管理岗位选拔合规内部治理的管理人才、从企业相关专业技术岗位选拔合规内部治理的专业技术人才。由于企业内部人才对企业经营相关业务较为熟悉,从企业内部选拔的企业合规内部治理人才,体现了对企业人才内部的优化设置,也体现了企业对合规内部治理人才开发的重视程度。

企业合规内部治理人才的使用制度,是指企业为释放合规内部治理人才的红利,[①]对合规内部治理人才进行使用的人才开发制度。人才不仅是选拔出来的,更是使用出来的,人才只有在使用过程中才能不断提高自己,体现价值,才能更好地释放红利。[②] 不难看出,企业合规

① 此处的人才红利特指企业因拥有企业合规内部治理人才而具有合规内部治理方面的优势,是企业合规内部治理人才综合能力素质的价值集中体现。参见王山:《探索充分释放人才红利的新思路》,载《中国组织人事报》2013 年 7 月 12 日,第 6 版。

② 参见王山、冯凌:《兴才新制——人才强国战略下的人才开发制度研究》,中国人事出版社 2013 年版,第 3 页。

内部治理人才使用制度在一定程度上直接决定了企业合规内部治理人才的发展空间。一般来说,企业合规内部治理人才的使用制度包括企业合规内部治理人才的机构设置制度、岗位职责制度、岗位约束和激励制度。其中,机构设置制度体现了企业对合规内部治理的重视,也体现了企业对合规内部治理人才使用的重视;岗位职责制度决定企业合规内部治理人才的发展舞台,岗位制度的科学与否对企业合规内部治理人才使用绩效有着决定性影响;岗位约束和激励制度则是激发企业合规内部治理人才潜能的压力和动力,合理的岗位约束和激励制度是实现企业合规内部治理有效的决定性因素之一。

企业合规内部治理人才的培养制度是企业对其合规内部治理能力进行提升的人才开发制度。企业合规内部治理人才培养是一个系统工程。从广义上来讲,人才选拔、人才使用以及将要谈及的人才流动配置等过程也是人才能力提升的过程,或者说是人才培养过程。但从狭义上来看,企业合规内部治理人才的培养可以理解为对企业合规内部治理人才的教育培训。也就是说,此处所谈及的企业合规内部治理人才的培养制度是企业对专门的企业合规内部治理人才进行教育培训的制度,该制度应基于企业合规内部治理的胜任力和关键任务进行构建,包括对专门的企业合规内部治理人才培训资源的开发、组织、评价、改进等制度。

企业合规内部治理人才的流动配置制度是指企业基于实现人尽其岗、岗尽其才的考虑,防止合规内部治理领域出现劣币驱逐良币现象,对企业合规内部治理人才进行优化配置的制度,包括企业合规内部治理人才的晋升制度、岗位交流制度、优胜劣汰制度。其中,企业合规内部治理人才的晋升制度为企业合规内部治理人才上升渠道提供制度上的保障,企业合规内部治理人才的岗位交流制度为专门的合规内部治理人才在合规内部治理不同岗位流动提供制度上的保障,而企业合规内部治理人才的优胜劣汰制度则是为企业合规内部治理人才“能上能下”提供制度上的保障。

(二)企业合规内部治理的信息资源保障制度

企业合规内部治理离不开畅通的信息渠道,企业合规内部治理信息是反映企业合规内部治理主体、客体、内容、环境等对企业开展合规内部治理具有使用价值的信息,是企业实现合规内部有效治理不可或缺的要素。或者说,企业合规内部治理信息资源是企业进行合规内部治理决策的依据、实施合规内部治理有效控制的灵魂、维护合规内部治理秩序的保证。基于此,企业合规内部治理的信息资源保障制度可以定义为:企业为实现其合规内部有效治理,对企业合规内部治理所需的信息收集、信息传输、信息加工和信息储存等进行开发,以满足企业合规内部治理信息资源需求的制度。

在企业合规内部治理信息的收集方面,对需要收集的信息建立清单制度,确定企业各部门对合规内部治理信息的收集范围、收集边界,规范企业对合规内部治理信息收集程序和收集方式。在企业合规内部治理信息的传输方面,企业内部各部门之间可以建立合规内部治理信息的沟通机制,建立企业合规内部治理信息传输网络,实现企业合规内部治理信息在部门之间的共享,企业应畅通其业务部门与专门的合规内部治理部门之间的信息渠道,如规定业务部门应及时将掌握的合规内部治理信息报告给专门的合规内部治理部门。此外,企业应建立面向企业内部员工和利益相关方的投诉举报机制,确保投诉举报信息传输渠道的畅通。在企业合规内部治理信息的加工方面,企业可以建立对合规内部治理信息的分析机制,基于合规内部治理信息的分析,建立合规风险识别机制,设立合规风险分级分类监测机制,对企业经营管理活动中的合规风险点进行预警,将预警信息作为企业合规内部治理决策、风险应对、改进的依据。在企业合规内部治理信息的储存方面,可以建立企业合规内部治理信息存储规范，对收集、传输、加工的合规治理信息进行必要的安全保护，建立企业合规内部治理信息安全防火墙，统筹企业合规内部治理信息资源开发效率和安全。此外，企业可以建立企业合规内部治理数据库，对涉及企业经营活动的法律法规、监管规定、行业准则、商业规则、商业伦理以及国际规则、企业内部治理制度等相关信息进行归集，并确保数据库信息能被企业全员方便、快捷地获取。在条件允许下，企业可以建立企业合规内部治理信息的定期报告制度，如公司制企业可以建立定期向董事会报送企业合规内部治理信息简报。

（三）企业合规内部治理的文化资源保障制度

由于企业合规内部治理具有全员参与的特点，合规文化培育在企业合规内部治理中具有举足轻重的作用。此处的企业合规文化是指企业在产经营活动中形成的关于企业合规的精神理念、制度行为和物质形象，伴随着企业合规内部治理产生而逐渐形成。企业通过一系列合规理念、制度和准则等引导其员工践行合规义务和责任，约束和规范员工的经营管理行为，从而提高企业合规内部治理水平。企业合规文化应贯穿于企业经营管理活动各个环节，只有树立起人人合规、主动合规、全流程合规的文化，合规才能成为全员的行为准则和自觉行动，才能真正融入企业血脉。[①] 基于此，企业合规内部治理的文化资源保障制度是指企业为实现企业合规内部的有效治理，通过培育企业合规文化，发挥企业合规文化对企业合规内部治理的牵引作用，而对企业合规文化资源进行开发的制度。企业合规内部治理的文化资源保障制度可以包括企业合规承诺制度、企业全员合规意识培育制度、企业合规文化激励制度。值得一提的是，企业合规内部治理的文化资源保障不仅需

---

①　参见王晓娅等：《强化合规理念　建立合规文化》，载《质量与认证》2021 年第 3 期。

企业自身努力，也需外部共同参与，如将合规文化培育纳入通识教育体系，或者说要推动构建和实施合规通识教育制度。此处的合规通识教育是指非专业、非职业、非功利性，不直接为合规治理职业服务的知识和能力教育，①如将合规文化培育纳入中小学课程教育体系。

在企业合规承诺制度方面，企业合规是企业对法律法规、监管规定、行业准则、商业伦理、商业准则、国际规则等的主动遵守，体现了企业的信用治理属性，企业合规承诺是对企业合规内部治理的信用属性的直接体现，对企业树立合规文化具有引领作用。因此，企业领导层应建立常态化的合规承诺制度，承诺企业践行合规义务，履行合规内部治理职责。例如，企业的主要负责人代表企业向社会作合规公开承诺，企业领导层的其他人员对主要责任人进行合规承诺，企业员工向其直接上级领导作合规承诺。在企业全员合规意识培育制度方面，由于企业合规内部治理涉及企业经营管理活动全过程，实施企业合规内部的全链条治理是企业实现有效合规内部治理的前提，这就决定了全员参与合规治理的必要性。因此，建立培育全员合规意识制度是企业合规内部治理的文化资源保障制度的重要组成部分，企业应建立常态化的企业合规内部治理教育培训制度，将合规意识培育纳入企业员工教育培训体系，如《中央企业合规管理办法》第30条提出“中央企业应当建立常态化合规培训机制”，第31条提到“中央企业应当加强合规宣传教育”，第32条明确“中央企业应当引导全体员工自觉践行合规理念”。在企业合规文化激励制度方面，由于企业合规文化在塑造企业形象、保持企业可持续发展方面的积极作用，因此应将企业合规文化建设放在企业文化建设范畴，建立有效的企业合规文化建设激励机制，突出合规文化培育在企业文化培育中的地位。例如，企业可以建立企业合规内

① 参见王山：《对质量通识教育的思考》，载《上海质量》2018年第10期。

部治理工作的标杆制度，树立企业合规内部治理的人物典型，建立企业合规内部治理的表彰机制，对企业合规内部治理表现突出的员工进行奖励，激励企业员工崇尚合规文化。

（四）企业合规内部治理的物资资源保障制度

企业合规内部治理离不开一定的物资资源，包括企业开展合规内部治理所需的工作经费、办公设备、人员工资福利等。企业合规内部治理相对独立是企业合规内部治理的基本要求，如对企业及其员工行为的合规性进行独立评价和处理，专门的合规治理部门应独立履行职责，不受其他部门和人员的干涉。企业合规内部治理独立的前提是物资资源保障的独立，如果企业合规内部治理在工作经费、办公条件、人员工资福利上不能独立于其他部门，企业合规内部治理的独立性就成为了一纸空谈。可见，只有对企业合规内部治理的物资资源予以充分保障，企业合规内部治理工作才能实现事实上的独立。基于此，企业合规内部治理的物资资源保障制度是指企业为实现企业合规内部的有效治理，确保企业合规内部治理工作的独立性，对企业合规治理所需的物资资源予以保障的制度。其一，企业应建立企业合规内部治理经费保障制度，企业可以列支专门的企业合规治理专项经费，用于保障企业合规内部治理工作的经费需求；其二，企业应建立保障企业合规内部治理所需的办公条件，如对企业合规内部治理信息化提供必要的保障；其三，企业合规内部治理岗位的工资福利应有必要的保障，企业应按照企业合规内部治理的工作量、工作强度确定专门的企业合规内部治理人员的薪酬福利水平，其工资福利以不低于内部同类岗位的平均水平为宜。

六、企业合规内部治理的过程控制制度

企业合规内部治理的过程控制制度是指企业在组织领导合规内部治理过程中，利用企业合规内部治理各种资源，确保合规内部治理体系运行不偏离企业合规内部治理体系规划的轨道，而采取对合规内部治

理活动进行全过程管控的制度。企业合规内部治理过程控制制度贯穿企业内部治理活动的全过程,相比于企业合规内部治理体系规划制度,其具有以下两个方面明显的差别:一方面,企业合规内部治理过程控制制度属于标准化制度,通过文字说明、格式说明和流程图等方式,把合规内部治理规划确立的原则、目标、措施、保障等进行标准化规定;另一方面,企业合规内部治理过程控制制度属于程序性制度,对企业合规内部治理体系规划实施程序进行具体设计,包括对需开展哪些具体工作、需哪些部门和人员参与并承担责任、达到什么样的目标等进行具体安排。企业合规内部治理过程控制制度一般包括企业合规内部治理事前控制制度、企业合规内部治理事中控制制度和企业合规内部治理事后控制制度。从形式上看,企业合规内部治理事前控制制度主要表现为企业合规内部治理过程控制的标准化制度,企业合规内部治理事中控制制度主要表现为对企业合规内部治理过程控制标准实施的文件化制度,以及依赖于企业合规内部治理过程控制标准的问题发现制度,企业合规内部治理事后控制制度主要表现为企业合规内部治理事中控制过程出现问题的纠偏制度。

(一)企业合规内部治理过程控制的标准化制度

企业合规内部治理涉及合规审查、合规评估、合规报告、合规风险监测、合规风险预警、合规风险应对、合规内部治理考核、合规内部治理人才开发、合规内部治理信息开发、合规文化培育等各个环节。由于企业合规内部治理的复杂性程度高,如“规”涉及范围非常广泛,不仅包括法律法规、监管规定等“硬法”,也包括商业伦理、商业规则等“软法”,专业化程度强,需要法律、管理、经济等复合型专业要求,在此情形下,对企业合规内部治理过程控制进行标准化就显得十分必要。所谓企业合规内部治理过程控制的标准化,是指企业以企业合规内部治理过程控制为核心,对各部门合规内部治理过程控制职责和各环节合规内部治理过程控制要求进行串联，以科学的技术、方法和程序对合规内部治理过程控制事项建立标准，并按照标准开展相关治理活动的企业合规内部治理过程控制方式，包括对企业合规内部治理各个环节的分工范围、程序方法、控制方式等进行标准化。企业合规内部治理过程控制的标准化是企业合规内部治理过程控制的基础性工作。企业合规内部治理过程控制的标准化可以将复杂性和专业性强的合规内部治理工作进行分解，确保合规内部治理过程控制有关措施的可操作性；企业合规内部治理过程控制的标准化过程是企业执行企业合规内部治理体系规划安排的过程，企业合规内部治理过程控制的标准化能为企业合规内部治理各部门和各岗位履行相应职责提供具体方向和具体方法；企业合规内部治理过程控制的标准制定需对企业合规内部治理过程控制相关内容进行梳理分析，需对相关企业合规内部治理过程控制内部经验和外部经验进行总结和借鉴，体现了企业合规内部控制的科学性和可持续性。例如。企业将合规内部治理过程控制经验进行标准化，可以保障企业合规内部治理过程控制的经验传承，避免因为人才流失而出现经验“断层”现象。

企业合规内部治理过程控制标准的制定需要考虑以下三个方面内容：一是企业合规内部治理过程控制标准制定应将有效性和可操作性作为其价值准则，将以最经济的方式实现对企业合规内部治理过程的有效控制作为首要价值准则，即企业合规内部治理过程控制标准制定应充分考虑标准执行过程中成本问题，在既定目标下，制定标准时应考虑其执行标准所需要的成本，选择最节约成本方式的标准。此外，企业合规内部治理过程控制标准应建立在企业合规内部治理基础之上，以企业可以执行的方式设计标准。二是企业合规内部治理过程标准制定需要体现企业的个性化特点，应建立在对企业合规内部治理组织领导、体系规划、资源配置、绩效考核、持续改进等具体分析基础上，这是因为企业合规内部治理过程控制是管控企业的合规内部治理活动不偏离方向的治理行为，确保其组织领导、体系规划、资源配置、绩效考核、持续改进等制度落实到位是其存在的原因。或者说，企业合规内部治理过程标准体现对其他有关合规内部治理制度的从属性。三是企业合规内部治理过程控制标准制定可以参考通用的做法。特定领域如反垄断、金融、国有企业等企业合规内部治理指导文件，以及相关的合规内部治理标准等在不同程度上体现了企业合规内部治理过程控制的要求和方法，如 ISO 37301:2021《合规管理体系　要求及使用指南》体现了国际标准化组织对合规内部治理体系建设的要求和方法。因此，企业在制定合规内部治理过程控制标准时可以参考企业合规治理的指导性文件和标准，体现企业合规内部治理过程控制标准的“开放性”。对于企业合规内部治理过程控制标准的实施，企业合规内部治理相关主体在合规审查、合规评估、合规报告、合规风险监测、合规风险预警、合规风险应对、合规内部治理考核、合规内部治理人才开发、合规内部治理信息开发、企业合规文化培育等环节中，应按照相应的标准开展工作，对偏离相应标准的过程控制活动及时进行纠偏，确保相应环节的合规内部治理工作满足标准化要求。

（二）企业合规内部治理过程控制的文件化制度

企业合规内部治理过程控制离不开“留痕”治理，对企业合规内部治理过程控制留下文字记录，为企业合规内部治理过程控制留下“痕迹”。据此，企业合规内部治理过程控制的文件化制度可以理解为：企业为实施合规内部治理过程控制，对相关活动有关信息通过文字、数据、图形等形式形成文件，为企业合规内部治理过程控制提供依据、遵循和追溯而制定工作规程和行为准则，包括企业合规内部治理过程控制的制度文件和活动所产生的相关信息。企业合规内部治理过程控制的文件化制度是企业实现合规内部治理过程控制功能、改善合规内部治理控制水平的基础性制度，其涉及的文件化是企业实施合规内部治理过程控制活动的依据。企业合规内部治理过程控制的文件化制度具有三个方面的功能：一是作为企业实施合规内部治理过程控制活动的依据，文件化所包括的相关过程控制的具体制度对在企业合规内部治理中开展什么样的过程控制、如何开展过程控制进行了书面上的固化体现，是企业合规内部治理过程控制活动开展的依据；二是作为企业掌握合规内部治理过程控制情况的信息来源，其对合规内部治理过程控制活动所产生的原始信息进行记录，能保障企业合规内部治理过程控制活动相关信息的准确性和客观性；三是作为企业合规内部治理过程控制的工作评价、问题发现、问题应对的依据，其能保障企业合规内部治理过程控制相关决策、执行的科学性和有效性。在构建企业合规内部治理过程控制的文件化制度时，应明确以下内容：首先，企业应明确建立企业合规内部过程控制的文件化长效机制，明确文件化在企业合规内部治理过程控制中的地位，建立文件化约束机制和激励机制；其次，按照企业合规内部治理过程控制活动涉及的领域和范围，建立企业合规内部治理过程控制相关制度的文件库，并确保文件库的实时更新和使用便捷性；再次，建立企业合规内部治理过程控制信息记录制度，明确合规内部治理过程控制信息生成主体的信息记录义务和规范要求，规范相关原始信息的保存和传输；最后，建立企业合规内部治理过程控制信息使用制度，规范企业合规内部治理相关主体对文件化信息的使用，以信息合理使用减少企业合规内部治理过程控制的信息不对称性，确保相关原始信息使用的效率要求和安全性要求的平衡。

（三）企业合规内部治理过程控制的问题发现制度

问题发现是企业合规内部治理过程控制的基础性工作，建立问题收集、整理、分析等问题发现制度对提升企业合规内部治理过程控制水平具有重要作用。其一，问题发现是企业内部合规治理过程控制的应有之义，由于此处的过程控制是企业通过对合规内部治理中影响企业合规内部治理水平的各个因素进行控制，保证企业合规内部治理在受控状态下进行，不偏离既设的合规内部治理的轨道，这就需要及时发现引致企业合规内部治理可能失控的因素，这种可能引致失控的因素即需要发现的问题。其二，问题发现体现企业合规内部治理过程控制的效能。企业合规内部治理的关键是及时、准确地发现问题，在问题转化为风险损失之前及时进行预防和制止，这是企业合规内部治理最经济、最有效的方式。因此，企业对合规内部治理问题的发现能力直接关乎企业合规内部治理过程控制的水平。其三，问题发现乃企业合规内部治理过程控制的前提，只有基于对已有问题的把握，才能对企业合规内部治理实行精准化过程控制，避免不必要的资源浪费。基于此，建立和实施问题发现制度对企业合规内部治理过程控制具有不可或缺的作用。

在一般情况下，企业合规内部治理过程控制的问题发现制度包括三个方面，即企业主动监测的问题发现制度、企业内部员工举报的问题发现制度、利益相关方介入的问题发现制度。在企业主动监测的问题发现方面，企业通过建立企业合规风险收集、识别、分析等风险监测机制和对合规风险进行公示等风险预警机制，及时发现企业经营管理活动中出现的不合规问题，并及时将不合规问题线索转交于企业合规内部治理主体。在企业内部员工举报的问题发现方面，建立畅通的企业内部员工对企业不合规行为举报的渠道，是企业全员参与合规内部治理的重要方面，对监督企业合规内部治理有着重要作用，是企业合规内部治理过程控制问题发现的重要方式。对此，企业应为全员举报企业不合规问题提供必要的保护和激励机制，如建立对举报人的保护制度和奖励制度，建立企业内部举报的问题发现的长效机制。在利益相关方介入的问题发现方面，由于合规风险具有传导效应，利益相关方因不合规行为而产生的合规风险会因企业参与其经营活动而传导至企业，因此企业应建立与其有经济往来的交易相对方合规风险发现机制，如通过合规调查发现交易相对方不合规问题，同时在信息不对称语境中，企业的交易相对方在某一方面可能拥有企业不合规问题发现的优势，建立交易相对方对企业不合规问题的投诉机制，也是企业合规内部治理过程控制问题发现的重要渠道。此外，企业还可以与有关政府监管部门沟通，及时掌握有关政府监管部门涉企的监管线索，及时将相关政府监管线索纳入企业合规内部治理过程控制的问题发现范畴。

(四)企业合规内部治理过程控制的问题纠偏制度

企业合规内部治理过程控制是确保企业合规内部治理沿着既定轨道运行，对偏离轨道的因素及时进行清除的行为。可见，企业合规内部治理过程控制的问题纠偏是企业合规内部治理过程控制的重要一环，甚至从狭义的角度来看，企业合规内部治理过程控制就是对企业合规内部治理中偏离既定轨道的行为进行纠偏的治理行为。企业合规内部治理过程控制的问题纠偏制度具有以下两个方面作用：一方面，其是企业合规风险治理的需要，对企业合规内部治理过程控制中发现的问题进行及时纠偏能有效降低合规风险损失甚至规避风险损失；另一方面，其是企业合规内部治理过程控制有效性的保障，通过对所发现的问题的及时处理，消除企业合规内部治理过程控制中的不确定因素，对降低企业合规内部治理过程控制的成本，提升其效能具有重要作用。企业合规内部治理过程控制的问题纠偏应具备及时性、高效性的要求，即对于发现的问题应及时进行处理，而且这种处理能有效地规避、降低可能面临的风险损失。

企业合规内部治理过程控制的问题纠偏制度构建可以与前述企业合规内部治理过程控制的问题发现制度构建相对应，包括企业主动监测的问题纠偏制度、企业内部员工举报的问题纠偏制度、利益相关方介入的问题纠偏制度。在企业主动监测的问题纠偏方面，坚持合规风险治理理念，建立企业合规内部治理风险预警制度，按照合规风险等级不同构建相应的合规风险处置机制，建立企业合规风险治理分级分类处置制度，即按照企业合规风险大小，确定专门的合规内部治理部门、业务部门以及有关职能部门的合规问题处置的职责边界，形成协同高效的合规问题处置机制。在内部员工举报的问题纠偏方面，建立对员工举报的问题及时调查制度，明晰相关合规调查主体的义务和职责，明确合规调查对象的配合义务及相关线索收集机制，以及合规相关线索提供的激励机制。在利益相关方介入的问题纠偏方面，建立对交易相对方投诉问题调查制度和对交易相对方进行合规调查制度，明晰合规调查主体、调查内容、调查方式、调查保障等机制，建立对问题发现的及时处理机制。此外，企业可以建立与监管部门间的合规治理沟通机制，建立对监管部门发现的合规问题进行及时处置的制度。

七、企业合规内部治理的绩效评价制度

企业合规内部治理的绩效评价是企业开展合规内部治理的“指挥棒”，其评价的内容和运行机制能对企业合规内部治理产生动力和压力。企业合规内部治理绩效评价既是技术也是艺术，或者说，企业合规内部治理绩效评价需要应用科学的绩效评价技术对其评价内容和运行机制进行设计，专业性较强。同时，企业合规内部治理绩效评价内容和运行机制设计需要依赖于人的主观价值判断，在同一企业可能会因企业领导人的合规价值观不同而导致企业合规内部治理的绩效评价大相径庭。企业合规内部治理的绩效评价制度是指企业对其合规内部治理的绩效进行评价的制度。其按照评价的实施过程，可分为企业合规内部治理的评价指标建设制度、评价运行机制建设制度，二者共同构筑了企业合规内部治理的绩效评价的链条。其按照评价的对象，可分为企业合规内部治理的体系运行绩效评价制度、企业专项合规内部治理的

绩效评价制度、企业合规内部治理的部门绩效评价制度和企业合规内部治理的人员绩效评价制度，这四种评价制度之间存在内在逻辑联系，即企业合规内部治理的体系运行绩效由企业的专项合规内部治理绩效和企业合规内部治理的部门绩效体现出来，而专项合规内部治理绩效和企业合规内部治理的部门绩效又需要企业合规内部治理的人员绩效来体现。

（一）企业合规内部治理的体系运行绩效评价制度

企业合规内部治理体系运行情况受诸多因素影响，如企业的商业模式（如企业经营的战略、性质、规模、复杂性和可持续性等），商业伙伴业务的性质和范围，法律法规和监管环境，经济、政治、社会、文化等背景，企业的机构设置、资源配置，自身合规文化以及利益相关方的需要等。因此，在这些因素发生变化时，既有的企业合规内部治理体系运行可能受此影响，这就要求定期、不定期对企业合规内部治理体系进行绩效评价，通过绩效评价，判别既有的企业合规内部治理体系运行的有效性与否。基于此，企业应对企业合规内部治理体系运行绩效评价进行制度设计。一方面，对企业合规内部治理体系规划有效性、组织领导力、资源保障能力、过程控制效果等设计绩效评价指标，企业应从制度上对绩效评价指标设计原则、指标设计方法、指标具体构成、各指标权重等指标体系构建等进行规定。另一方面，对企业合规内部治理体系运行的相关信息采集、绩效评价主体、绩效评价方法方式、绩效评价组织、绩效评价保障、绩效评价结果应用等进行制度安排。其中，基于保障企业合规内部治理的有效性，企业合规内部治理绩效评价一般由专门的合规内部治理部门来牵头负责，对于设立企业合规内部治理委员会的企业，其合规内部治理的绩效评价工作由企业合规内部治理委员会牵头负责更为合适。

（二）企业专项合规内部治理的绩效评价制度

企业既需要实施全面合规内部治理，也需要对经营活动中风险较高的业务领域和环节实施专项合规内部治理,这就要求企业应建立企业专项合规内部治理的绩效评价制度。例如,对于具有垄断地位的企业,其滥用市场支配地位、达成垄断协议的合规风险较大,应制定专项的反垄断合规内部治理制度,并对反垄断合规内部治理绩效进行评价;对于食品生产经营企业,其食品安全的合规风险较大,需要制定专项的食品安全合规内部治理制度,并对食品安全合规内部治理绩效进行评价。与属于整体评价的企业合规内部治理体系运行绩效评价相比,专项的合规内部治理绩效评价属于局部评价,二者体现了一般与个别、全局与局部的辩证关系。一般情况下,专项的合规内部治理绩效对企业合规内部治理体系运行绩效产生决定性影响,因此搞好专项的合规内部治理绩效评价显得十分必要。在专项的合规内部治理评价内容设计方面,企业应基于业务领域和经营环节专项合规内部治理所涉及的法律法规、监管规定等,结合该企业合规内部治理相关的政府指导性文件或行业自律性文件的要求,根据企业实际来制定专项合规内部治理评价的指标体系,并构建相应的权重。在专项的合规内部治理评价运行方面,企业应对专项合规内部治理评价的主体和客体、评价周期、评价结果应用等进行制度上的设计。专项合规内部治理评价主体以专门的合规内部治理部门为主导、相关部门参与为宜,其评价客体是可能产生专项合规风险的各类行为。以产品质量合规内部治理评价为例,其评价主体宜以专门的合规内部治理部门为主导、产品质量职能部门为主要参与方,其评价对象是质量安全供给方的原材料采购部门、产品质量生产部门、产品质量检测部门等。专项的合规内部治理绩效评价可以采取定期评价或不定期评价方式。对于定期评价,其周期宜小于企业合规内部治理体系运行绩效评价周期;对于不定期评价,主要基于专项的合规内部治理影响因素的重大变化来确定评价周期。以平台经济领域反垄断合规内部治理绩效评价为例,在政府监管部门对平台经济反垄断监管趋严的背景下，具有垄断地位的企业需要对其反垄断合规内部治理进行评价，评价其既有反垄断合规内部治理能否适应反垄断监管趋严的环境。专项的合规内部治理绩效评价结果可以作为改进专项合规内部治理的重要依据，也可以作为评价企业合规内部治理体系的重要参考。

（三）企业合规内部治理的部门绩效评价制度

由于部门的职能、从事的业务等方面不同，部门的合规内部治理义务和职责等存在差异，因此企业合规内部治理的部门绩效评价指标、运行机制等方面应存在差异，不能用同一把尺度来衡量不同部门的合规内部治理绩效。也就是说，业务部门、专门的合规内部治理部门、其他相关职能部门在评价指标体系和评价运行机制等方面应有所不同，企业应对其合规内部治理的部门绩效评价的指标构建、权重分配、评价主体、评价对象、评价周期、评价结果应用等进行制度设计。企业合规内部治理的部门绩效评价的一般程序通常包括以下几个方面：首先，对企业确定的合规内部治理的目标和合规内部治理的任务等进行分解，根据各部门的职能及其合规内部治理职责，将合规内部治理目标和合规内部治理任务分配到各个部门。其次，对各部门需要完成的合规内部治理的目标和合规内部治理的任务等进行分析，确定各部门的合规内部治理关键指标，对关键指标进行量化或者标准化，并运用德尔塔法等技术手段对指标进行赋权，从而完成企业合规内部治理的部门指标构建体系。最后，确定企业合规内部治理的部门评价运行机制，即谁来评价、怎么评价、评价结果怎么用。在“谁来评价”方面，一般采取业务部门和其他职能部门按照评价指标进行自评、专门的合规内部治理部门予以监督的方式，企业自评时应附相应的文件化信息予以证明，专门的合规治理制度审查待证明的文件化信息的真实性，并对自评结果进行审查。之所以采取以上方式，主要是因为企业合规内部治理覆盖面宽、专业性复杂性程度高,采取自评和评价监督相结合的方式,可以保证企业合规内部治理评价的专业性和有效性。在“怎么评价”方面,决定企业合规内部治理的部门绩效评价客观性的关键是建立企业合规内部治理的文件化信息制度。例如,及时、客观地记录反映合规内部治理部门评价指标的相关信息,从而为企业合规内部治理的部门绩效评价提供评价依据。企业合规内部治理的部门绩效评价周期与企业的部门年度绩效评价同步,对于规模较小、合规风险较小或者条件不允许的企业,可以将企业合规内部治理纳入部门年度绩效评价体系,将其作为部门年度考核的一个部分;对于规模较大、合规风险较大、条件允许的企业可以实行独立的绩效评价方式。在“评价结果怎么用”方面,可以将企业合规内部治理的部门绩效纳入企业的部门年度总绩效范畴,对于发生重大的合规风险的部门,可以对其年度评优的权利予以否决。此外,其评价结果可以作为部门改进合规内部治理工作的直接依据。对于专门的企业合规内部治理部门的绩效评价,其评价主体以企业领导层为宜,企业领导层可以指定人力资源等部门代为行使具体的绩效评价事宜,其评价结果作为衡量专门的企业合规内部治理部门履职尽责的评价依据,也可以作为评价企业合规内部治理水平的重要维度。

(四)企业合规内部治理的人员绩效评价制度

人才是企业最核心的要素,也是绩效产生最关键的要素,企业合规内部治理的绩效是通过企业各岗位员工的合规内部治理绩效来实现的。可以说,企业合规内部治理的人员绩效是企业合规内部治理体系运行绩效、企业专项合规的内部治理绩效、企业内部治理的部门绩效的源头。因此,企业合规内部治理的人员绩效评价在企业合规内部治理评价体系中具有举足轻重的作用。企业合规内部治理的人员绩效评价指标合理与否、评价运行机制科学与否,对企业合规内部治理绩效产生根本性影响。人员绩效评价对企业合规内部治理绩效影响的机理一般包括四个方面:一是人员绩效评价指标规定人员在企业合规内部治理中的事权边界,给企业员工参与企业合规内部治理提供工作方向和工作依据;二是人员绩效评价结果与企业员工利益挂钩,影响企业员工的工资福利、晋升通道,从而人员绩效评价结果能使企业员工参与企业合规内部治理产生内在动力和外在压力;三是人员绩效评价体现企业合规内部治理意图,由于人员的合规内部治理指标构建是基于对企业合规内部治理意图的具体化,人员绩效评价能保障企业合规内部治理目标的实现;四是人员绩效评价也有助于培育企业合规文化,人员绩效评价能引导企业员工自觉和不自觉地养成合规意识,进而引导企业员工参与合规文化建设。基于此,企业应通过构建合规内部治理的人员绩效评价制度,对企业合规内部治理的人员绩效评价指标、权重分配、评价方式方法、评价质量控制、评价结果应用等进行规定,提高企业合规内部治理的人员绩效评价工作的科学性、合理性和有效性。

人员绩效评价指标设计是开展企业合规内部治理的人员绩效评价的关键性工作,设计企业合规内部治理的人员绩效指标应体现以下要求:一是企业合规内部治理的人员绩效评价指标应是具体的。其指标设计只有围绕合规内部治理目标,进行适度细化,并随着环境变化而动态变化,才具有执行力;否则,泛化的指标容易产生企业合规内部治理的人员绩效评价的形式主义。二是企业合规内部治理的人员绩效评价指标应尽可能量化,不能量化的指标尽可能行为化。对企业合规内部治理的人员绩效评价指标进行设计常面临采取定性指标还是定量指标的“两难选择”。定量考核指标一旦设计出来,考核时很少受主观因素干扰,量化的指标能提供绩效评价的客观性和公正性,但是定量指标在企业合规内部治理的人员绩效评价过程中发挥作用需要一个假设前提,就是定量指标能客观、全面反映出企业合规内部治理的人员绩效。然而,人员绩效评价指标一旦量化,就很容易产生片面性,有的指标也很难量化,因此企业合规内部治理的人员绩效评价指标难以排除定性指标,尽管定性指标容易受外界因素干扰。因此,企业合规内部治理的人员绩效评价指标设计要遵循能量化的要量化,不能量化的要行为化。三是企业合规内部治理的人员绩效评价指标涉及的内容应全面、客观。企业合规内部治理的人员绩效评价指标应选取综合性强、涵盖面广的指标,企业合规内部治理的人员绩效评价应兼顾短期绩效和长期绩效的统一、"显绩"和"潜绩"的统一、个人或集体局部绩效和企业整体绩效的统一。四是企业合规内部治理的人员绩效评价指标应是开放性的,应考虑利益相关方的评价,将利益相关方对人员合规内部治理的评价纳入其中。五是企业合规内部治理的人员绩效评价指标应与企业及其员工发展紧密相关。企业合规内部治理的人员绩效评价指标应契合企业自身特点,以企业及其人员可持续发展为根本遵循。在企业合规内部治理的人员绩效评价指标构建的实践中,企业合规内部治理的人员绩效评价指标容易偏离以上要求,如存在指标不够具体、明确,指标可测度不强,难以操作,封闭化程度较高等问题。企业在构建合规内部治理的人员绩效评价指标时,可以对企业合规内部治理的岗位职责、企业合规内部治理的部门目标和任务进行分析,据此构筑胜任力模型或者关键任务模型等,根据相关模型按照企业合规内部治理的人员绩效评价要求设计指标,并对指标权重进行相应的赋权。

在企业合规内部治理的人员绩效评价运行制度方面应建立以下机制:一是应建立日常考核与年度考核相结合的机制,日常考核是指评价主体应对企业员工在企业合规内部治理中的日常表现进行评价,日常考核为年度考核的重要依据,或者说,日常考核是年度考核的过程考核。二是应建立上级考核和全员考核相结合的机制,在部门内部,对部门副职及其以下员工实行360度绩效评价,专门的合规内部治理部门配合人力资源部门对部门负责人的合规治理绩效进行评价,企业领导层对专门的合规内部治理部门进行绩效评价，企业主要负责人对领导班子其他成员进行合规内部治理绩效评价。三是应建立企业合规内部治理的人员绩效评价奖惩机制，将评价结果与员工工资福利、职务晋升进行一定程度的挂钩。此外，应树立绩效管理思维，畅通人员绩效评价结果的反馈和沟通渠道，发挥绩效评价结果对企业合规内部治理改进的引导作用。

八、企业合规内部治理的持续改进制度

由于企业合规是企业及其员工的经营管理行为符合法律法规、监管规定、行业准则和国际条约、规则、标准，以及企业章程、规章制度等要求，当这些要求发生改变时，企业合规内部治理需要随之发生相应的调整。与此同时，为应对外部环境变化和内部发展变革，企业商业模式、资源保障、发展战略随之发生调整，原有的企业合规内部治理可能存在不适应新变化、新变革对企业合规内部治理提出的新要求，企业合规内部治理的持续改进就成为了必然。可见，持续改进是企业实现合规内部有效治理的内在要求。实际上，企业合规内部治理的持续改进是确保企业合规内部治理的符合性、适宜性和有效性的重要手段，是企业合规内部治理的一个永恒目标，对企业实现有效的合规内部治理有着举足轻重的作用。故此，应将其作为企业合规内部治理的一项日常工作去完成，通过运用持续改进方法，对企业合规内部治理中所存在的问题进行及时、有效的改进。从企业合规内部治理的层次来划分，企业合规内部治理的持续改进可以分为企业合规内部治理体系的持续改进、专项合规内部治理的持续改进、部门合规内部治理的持续改进、人员合规内部治理的持续改进。与之相应，从规范企业合规内部治理持续改进的制度供给来讲，企业合规内部治理的持续改进制度包括企业合规内部治理体系的持续改进制度、企业专项合规内部治理的持续改进制度、企业合规内部治理的部门持续改进制度、企业合规内部治理的人员持续改进制度。这四类制度对为什么要持续改进企业合规内部治理、需要持续改进企业合规内部治理哪些内容、如何持续改进企业合规内部治理等进行阐释和规范。

（一）企业合规内部治理体系的持续改进制度

企业合规内部治理体系的持续改进源于企业合规内部治理体系会因企业的商业模式、商业伙伴业务的性质和范围、法律法规和监管环境，经济、政治、社会、文化等背景，企业的机构设置、资源配置，自身合规文化以及利益相关方需要等变化产生的变革需求；否则，既有的企业合规内部治理体系难以保障企业合规内部治理的有效性。例如，当企业经营业务发生调整时，若其业务领域的合规风险加大，原有的人才、信息等资源难以保障其有效应对合规风险，此时就需要对其合规内部治理的资源保障进行改进，以使改进后的企业合规内部治理体系适应企业合规内部治理的需要。持续改进企业合规内部治理体系的前提是获取客观、准确的企业合规内部治理体系运行的信息。其信息通常有三个来源渠道：一是企业合规内部治理体系运行绩效的定期或不定期评价信息；二是企业合规内部治理体系运行过程所产生的文件化信息和监测信息；三是企业内部员工或者利益相关方有关企业合规内部治理举报、投诉、期望、建议等信息。通过对这些信息的分析，结合企业经营管理活动中出现的对企业合规内部治理产生影响的变动因素，可以分析既有的企业合规内部治理体系与所需的企业合规内部治理体系之间的差距，进而确定需要持续改进企业合规内部治理体系的内容。围绕这些需要改进的内容，企业可以对涉及组织领导、体系规划、资源保障、过程控制、绩效评估等环节需要改进的地方进行调整。对此，分析原有企业合规内部治理体系运行过程产生的文件化信息显得非常重要，可以说，对企业合规内部治理持续改进的任何做法都需要建立在对这些文件化信息进行分析的基础上。

在企业合规内部治理体系持续改进制度的构建方面，需要对企业合规内部治理体系的持续改进内容、程序、保障等进行规范，按照企业对合规内部治理体系持续改进的重视程度划分，企业合规内部治理体系持续改进制度有三种形式。第一种是独立制度的形式。企业构建独立的企业合规内部治理体系持续改进的制度，并且将该制度作为企业合规内部治理的基础制度，需要通过董事会予以明确。第二种是分散制度的形式，将企业合规内部治理体系持续改进的相关内容纳入到相关制度中。例如，在企业合规内部治理的组织领导制度、体系规划制度、资源保障制度、过程控制制度、绩效评估制度等中，将企业合规内部治理体系持续改进有关内容、程序列入其中。第三种是独立和分散相结合的制度形式。在企业合规内部治理的基础制度中，列入企业合规内部治理体系持续改进相关的原则性内容，包括持续改进的职责、实施主体、激励约束等内容，在此基础上对企业合规内部治理体系持续改进的组织领导、规划、资源保障、过程控制、绩效评估等制定专门的制度。由于这种制度是对基础制度的具体落实，一般通过企业经理层会议就可以通过。企业可以根据实际，选择企业合规内部治理体系持续改进制度的形式。对于合规风险高的企业，可以考虑采用独立制度的形式；对于合规风险较高的企业，可以采取独立和分散相结合的制度形式；对于合规风险一般的企业，可以采取分散制度的形式。此外，在企业合规内部治理体系持续改进制度中，应确立持续改进的评估机制，对拟改进后的企业合规内部治理体系进行预评估，包括对拟改进后的企业合规内部治理体系可能达到的目标、所需承担的成本、与现有企业治理体系的融合性、与现有企业合规文化的匹配性、可能存在的不确定因素等进行评估分析，避免或减少拟改进后的企业合规内部治理体系新的不适应问题，使得在既定成本下实现持续改进的最大收益，或者是在既定收益下实现持续改进的最低成本。

(二)企业专项合规内部治理的持续改进制度

企业专项合规内部治理对象一般是企业经营管理活动中合规风险较高的领域,或是对企业合规内部治理绩效产生重大影响的领域。持续改进企业专项合规内部治理,不仅是企业基于实现专项合规内部治理有效性的需要,也是企业为提升合规内部治理整体有效性的需要。企业专项合规内部治理的持续改进对企业有效应对合规风险具有“短平快”的作用。例如,在政府监管趋严的语境中,企业对专项合规内部治理进行持续改进,意味着企业对政府监管主动遵守、主动配合的态度,从而减少和可能规避受到相关处罚、造成经济或声誉损失的风险。因此,企业应建立专项合规内部治理的持续改进制度,对专项合规内部治理持续改进进行制度上的规范,这些规范涉及专项合规内部治理持续改进的主体责任、具体职责、具体内容、程序安排、相关保障等。与企业合规内部治理体系的持续改进相似,专项合规内部治理相关信息是其持续改进的前提,这些信息不仅来源于企业定期或不定期对专项合规内部治理的绩效评价信息,还来源于对法律法规、监管规定等外部环境以及内部实践基础相关内容分析所获得的信息。企业需要对这些信息进行分析,以确定专项合规内部治理需要改进的内容以及如何改进等。相比于企业合规内部治理体系的改进,企业专项合规内部治理的持续改进属于局部改进,对企业预防和制止合规风险有着较大的灵活性。企业专项合规内部治理的持续改进制度一般以体现在企业的专项合规内部治理相关制度中为宜。这是因为企业专项合规内部治理有其特殊性,难以在合规内部治理的通用制度中对其进行明确界定,但是可以在通用合规内部治理制度中对其作原则性规定。

(三)企业合规内部治理的部门持续改进制度

企业合规的部门治理在企业合规内部治理中起着承上启下的作用。承上,即对企业合规内部治理相关要求、具体安排进行承接落实;

启下，即部门对企业合规内部治理相关要求、具体安排落实到企业员工的工作中。企业合规内部治理的部门持续改进制度是企业在部门层面对合规内部治理持续改进所作出的规范和要求，包括阐释部门为什么要改进合规内部治理，需要进行哪些合规内部治理改进，怎么改进企业合规内部治理，怎么保障企业合规内部治理持续改进。在部门“为什么要改进合规内部治理”方面，可以从维护企业可持续发展、保障部门利益、保障员工权益等角度进行论述和阐释。在“需要进行哪些合规内部治理改进”方面，可以通过企业合规内部治理绩效评价、企业内部相关方沟通和调查、外部利益相关方沟通和调查等获取部门在合规内部治理方面的信息，据此评价部门需要在企业合规内部治理方面进行改进的内容。企业也可以对已完成的合规内部治理任务和目标与部门合规内部治理职责要求及目标和任务差距进行分析，据此确定需要改进的内容。在“怎么改进企业合规内部治理”方面，可以采取专门的合规内部治理部门指导、监督，业务部门和其他职能部门自我改进的二者相结合的方式。对此，应从制度上界定专门的合规治理部门、业务部门以及其他职能部门之间的职责边界，并明确合规内部治理持续的部门改进的具体程序。在“怎么保障企业合规内部治理持续改进”方面，企业可以从制度上对部门合规内部治理持续改进的约束机制和激励机制进行构建，形成对部门推进合规内部治理的动力和压力。例如，将企业合规内部治理的部门改进纳入部门绩效评价范畴。企业还可以确定合规内部治理持续改进的部门管理机制，部门负责人作为部门合规内部治理持续改进的第一责任人，明确其义务，专门的合规内部治理部门主要负责人应对企业各部门的合规内部治理持续改进负责。在设立高层级的企业合规内部治理组织协调机构的语境中，该机构应对企业合规内部治理的部门持续改进担负组织协调责任，推动部门持续改进形成工作合力。

（四）企业合规内部治理的人员持续改进制度

企业合规内部治理的人员持续改进制度是企业为激发其员工参与企业合规内部治理的积极性、主动性，在对企业合规内部治理人员绩效评价基础上，依据评价结果规范、引导、激励企业员工改进合规内部治理工作方法、提升合规内部治理能力、改善企业合规内部治理绩效，对员工在企业合规内部治理中改进什么、如何改进等进行的规定。可以借用人力资源管理领域中的"冰山理论"对企业合规内部治理的人员持续改进进行阐释，该理论认为个人能力素质如同冰山一般，包括表面的"冰山以上部分"和深藏的"冰山以下部分"。在企业合规内部治理的语境中，"冰山以上部分"指企业员工参与合规内部治理的基本知识、基本技能，属于容易被感知的能力素质；"冰山以下部分"指企业员工的社会角色、自我形象、特质和动机，其不容易被感知，但对企业员工参与合规内部治理有着显著性的影响。企业合规内部治理的人员持续改进就是巩固和提升"冰山以上部分"的合规内部治理基本知识、基本技能，挖掘和充分利用"冰山以下部分"的合规内部治理所需的社会角色、自我形象、特质和动机，从而释放企业员工参与合规内部治理的潜能。

针对"改进什么"，企业可以在建立企业员工参与合规内部治理的日常行为记录制度，以及企业员工参与企业合规内部治理的日常评价制度的基础上，根据企业员工参与合规内部治理的绩效评价结果，分析企业员工参与合规内部治理工作情况与其岗位职责、目标、任务等之间的差距，据此找准企业员工需要改进的内容。在构建"改进什么"的制度方面，企业应确立全员参与和开放性原则。一方面，需要改进的信息来源于企业员工自我评价信息、员工之间评价信息、上下级评价信息，尽可能体现对信息全面、客观、准确的要求；另一方面，需要改进的信息还要来源于企业员工开展业务时利益相关方的评价信息，将其作为企业合规内部治理的人员持续改进内容确定的重要环节。针对“如何改进”,企业应建立绩效评价沟通制度、培训制度、考核制度、激励和保障制度。在绩效评价沟通制度方面,企业应及时将员工参与合规内部治理的绩效评价结果反馈至员工,与员工共同分析绩效差距存在的原因,分析其中的个人原因、组织原因以及其他外在原因。对于个人原因,应进一步分析是“冰山以上部分”的原因,还是“冰山以下部分”的原因,据此确定相应的改进方案;对于组织原因,则需要通过组织改进来为企业合规内部治理的员工持续改进提供保障;对于其他外在原因,企业应在力所能及的范围内为员工改进创造条件。在培训制度方面,企业应建立基于企业合规内部治理的员工绩效差距的培训制度,通过合规内部治理业务知识和业务能力培训,解决企业员工“冰山以上部分”的能力素质短板问题,通过企业合规内部治理相关的潜在素质培训,提升“冰山以下部分”的能力素质,激发企业员工参与合规内部治理的积极性、主动性和创造性。在考核制度方面,企业应建立对企业合规内部治理的员工持续改进的考核机制,将持续改进纳入员工参与合规内部治理的绩效评价体系,制定明确的考核指标和相应的权重,引导企业员工参与企业合规内部治理的持续改进。在激励和保障制度方面,企业应建立合规内部治理的人员持续改进的激励机制,激发员工推进持续改进的积极性;同时,企业应做好合规内部治理的员工持续改进的保障,为企业员工实现持续改进创造一定的条件,避免因保障不足而对企业合规内部治理的人员持续改进产生不利影响。

九、企业专项合规内部治理制度

前述企业合规内部治理制度可以看作适用所有企业、所有场景的企业通用合规内部治理制度。由于企业商业模式、交易相对方业务的性质和范围、法律法规和监管环境,经济、政治、社会、文化等背景,企业机构设置、资源配置,自身的合规文化基础以及利益相关方的需求等方面的差异,企业经营管理活动中存在不同业务领域、不同环节、不同时期合规风险的差异及社会对其关注的差异。企业需要对风险较大、社会关注度高的业务领域、环节投入较多的资源,给予较多的关注,由此产生了对企业专项合规内部治理制度构建和实施的需求。此处的企业专项合规内部治理制度是指企业在对其合规风险进行整体评估基础上,为树立企业社会形象和有效应对政策监管,对某些领域、某些环节合规内部治理进行专门安排的制度。企业专项合规内部治理制度和企业通用合规内部治理制度体现了重点与一般的唯物主义辩证思维和方法论,企业合规内部治理的通用制度解决企业的全面合规问题,企业专项合规内部治理制度则是解决企业的重点合规问题。

(一)企业专项合规内部治理制度的主要特征

企业专项合规内部治理制度作为企业合规内部治理制度体系的组成部分,除具有企业通用合规内部治理制度的一般特点外,还具有较为明显的个性化特征,包括具有明确的问题意识、相对的独立体系、鲜明的政策导向和多元的价值取向。具体阐释如下:一是企业专项合规内部治理制度具有明确的问题意识。企业专项合规内部治理的对象一般是被利益相关方关注且合规风险比较容易出现的领域或环节,进而可能对企业发展产生较大的负面影响。企业专项合规内部治理制度是对这类容易产生较大合规风险的领域或环节的合规内部治理进行的制度安排,其目的是有效解决存在或潜在的合规问题,从而体现出了明确的问题意识。二是企业专项合规内部治理制度具有相对的独立体系。相比于企业通用合规内部治理制度,企业专项合规内部治理制度有一定的独立性,具体体现在两个方面:一方面,由于企业自身条件等方面原因,有些企业没有建立企业通用合规内部治理制度,但可以先建立企业专项合规内部治理制度。也就是说,企业专项合规内部治理制度在特定情形下可以脱离企业通用合规内部治理制度而存在。另一方面,在企业建立通用合规内部治理制度的语境中，企业仍然可以在通用制度的框架下制定较为独立的专项合规内部治理制度，即使在将其纳入企业通用合规内部治理制度之中，企业专项合规内部治理制度仍然能保持一定的独立性。三是企业专项合规内部治理制度具有鲜明的政策导向。企业专项合规内部治理制度是企业为主动适应政策变化而对可能的合规风险进行预防和应对的具体安排。在一般情况下，企业专项合规内部治理是基于应对政府监管部门的监管需要，体现出企业对政府监管规定的主动服从、对遭受监管处罚风险的主动预防，以及对遭受监管调查的主动配合，体现了企业按照政策及其变化对其经营管理活动进行及时主动调整的态度。通常情况下，企业专项合规内部治理制度构建能得到政府监管部门的指导和支持，如制定专门的合规指引或指南，甚至是制定专门的合规治理规范性文件。四是企业专项合规内部治理制度具有多元的价值取向。企业专项合规内部治理制度的价值取向主要体现在三个方面：其一，企业专项合规内部治理制度的实施对企业合规内部治理整体效果具有决定性影响，企业专项合规内部治理的对象是合规风险较大的领域或环节，该领域或环节的风险容易转化成风险损失，对其进行有效治理在一定程度上等同于对企业整体性合规实现了有效治理；其二，企业专项合规内部治理制度有时是基于利益相关方的需求而制定，体现了利益相关方对企业合规内部治理的期望和需求，对利益相关方的利益实现具有明显的保障作用；其三，由于企业专项合规内部治理制度所具有的政策导向特征，其在一定程度上可以保障政府监管意图的实现和监管效能的提升，对构建良好的政府和企业关系具有保障作用。

（二）企业专项合规内部治理制度的构建原则

实现企业专项合规内部的有效治理，离不开构建有效的企业专项合规内部治理制度。企业应将构建企业专项合规内部治理制度作为规避和减少企业合规风险的重要抓手,其构建需要遵循五种原则。一是企业专项合规内部治理制度构建应遵循独立性的原则。专项合规内部治理解决企业重点领域、重点环节的较大合规风险问题,这就决定其制度的构建应有一定的独立性。无论是否构建通用企业合规内部治理制度,都需要构建相对独立的治理制度体系,体现在对企业专项合规内部治理诸多环节的规范,包括有一套针对专项合规内部治理的组织领导、资源保障、过程控制、绩效评价、持续改进的机制。在具备企业通用合规内部治理制度语境中,这些机制是对通用制度所确定机制的具体化或特定化。二是企业专项合规内部治理制度构建应遵循系统性的原则。企业专项合规内部治理制度构建的独立性原则直接决定了其系统性原则,企业专项合规内部治理制度构建的系统性原则是指企业专项合规内部治理制度涉及治理主体、治理客体、治理运行机制、治理保障等相对完整的合规内部治理的链条。企业专项合规内部治理制度构建可以看作企业通用合规内部治理制度在特定领域的具体“缩影”,企业通用合规内部治理制度的诸多元素应在企业专项合规内部治理制度中有所体现。三是企业专项合规内部治理制度构建应遵循动态性的原则。相对于企业合规内部治理通用制度的相对稳定性,企业可应势而对专项合规内部治理制度作出动态的调整。企业专项合规内部治理制度的构建容易受政府监管环境和利益相关方的影响,一旦监管环境和利益相关方的需求发生变化,其相应的专项合规内部治理制度应随之作出一定程度上的调整。特别是在监管趋严的情形下,企业需要及时对原有的专项合规内部治理制度进行评估,确定需要调整内容、程序等,以适应监管趋严的监管环境。四是企业专项合规内部治理制度构建应遵循文件化的原则。在专项合规内部治理制度的构建过程中,企业应建立专项合规内部治理所需的法律法规、监管准则、行业准则、商业准则、商业伦理以及企业内部相关制度等的文件化信息制度,并确保文件化信息被企业专项合规内部治理相关人员知晓。同时,对企业专项合规内部治理过程中所生成的合规相关信息予以客观、准确记录,将其作为分析、评价、改进企业合规内部治理的重要信息来源。五是企业专项合规内部治理制度应遵循绩效性的原则。持续提升专项合规内部治理的绩效是企业专项合规治理制度构建的目标,在既定成本下实现专项合规内部治理最大收益,或是在既定收益下实现专项合规内部治理成本最小化,是企业专项合规内部治理制度构建的基本要求。这就要求在企业专项合规内部治理制度的构建过程中,企业不仅需要进行成本和收益之间的平衡,而且在其实施过程中需要进行成本和收益的平衡,确保无论是专项合规内部治理制度构建还是专项合规内部治理制度实施,均应体现绩效的原则。

（三）企业专项合规内部治理制度的体系构成

企业专项合规内部治理制度体系是企业及其员工在企业专项合规内部治理活动中共同遵守的规定和准则的总称,可以分为专项合规内部治理的主体制度、客体制度、预防制度、处置制度以及其他制度。专项合规内部治理的主体制度是指对企业专项合规内部治理主体进行规定的制度,解决企业专项合规内部治理中的“由谁治理”的问题,主要包括企业领导层(如公司制企业的董事会、监事会、高级管理层)、业务部门以及相关职能部门在专项合规治理中的职责制度,企业相关员工的专项合规内部治理职责制度,专项合规内部治理的专门机构设置制度以及职能、岗位等制度,对业务部门、相关职能部门、专门机构以及相应人员的绩效评价制度和改进制度,不同部门和人员在专项合规内部治理中的组织协调制度等。专项合规内部治理的客体制度是对企业专项合规内部治理的对象进行规定的制度,解决企业专项合规内部治理中的“治理什么”的问题,主要涉及需要专项合规治理的领域、环节和产生合规风险的企业及其员工行为,主要包括专项合规领域和环节的确立制度,专项合规领域企业及其员工行为的规范制度等。企业专项合规内部治理的预防制度的主要目的在于避免和防控特定领域的合规风险,企业专项合规内部治理的预防制度在企业专项合规内部治理制度体系中占有非常重要的位置,主要包括专项合规风险监测、识别、预警制度,规章制度制定、重大事项决策、合同签订、项目运营等专项合规审查制度,企业专项合规内部治理技能培训制度,专项合规文化培育制度等。在企业专项合规内部治理的处置制度方面,此处的处置是指在专项合规内部治理过程中对企业及员工不合规行为以及由此产生的合规风险进行处理的行为,作为对其进行规范的企业专项合规内部治理的处置制度主要解决"如何处理不合规行为和合规风险"的问题,主要包括对企业及其员工不合规行为或合规风险事件的调查制度,专项合规内部治理的报告制度,对利益相关方不合规行为的处理制度,不合规行为或合规风险的责任追究制度,专项合规内部治理的持续改进制度等。在企业专项合规内部治理的其他制度方面,除主体制度、客体制度、预防制度、处置制度等主干性制度外,还需要一些支撑这些主干制度顺利实施的配套制度,包括对企业合规内部治理制度实施的绩效评估制度、专项合规内部治理的信息化制度、专项合规内部治理的人才开发制度、专业合规内部治理的资源保障制度等。基于上述分析可以看出,企业专项合规内部治理制度具有相对的完整性,这为企业专项合规内部治理提供了制度上的保障。

(四)企业专项合规内部治理制度的类别选择

不同的分类标准决定了不同的制度类别。例如,按照企业经营管理活动环节划分,企业专项合规内部治理制度可以分为制度制定的专项合规内部治理制度、经营决策专项合规内部治理制度、生产运营专项合规内部治理制度。由于专项合规内部治理制度基于合规风险而进行构建,因此此处重点按照合规风险类别对企业专项合规内部制度进行考察，具体包括市场交易、安全与环保、产品质量、劳动用工、知识产权、商业伙伴等专项合规内部治理制度。在市场交易专项合规内部治理制度方面，市场交易领域易发生较大的合规风险，对其中可能存在的较大合规风险进行专项治理尤为必要，市场交易专项合规内部治理制度主要是解决企业在市场交易各环节中可能出现的不合规行为或者合规风险，包括反商业贿赂专项合规内部治理制度、反垄断专项合规内部治理制度、反不正当竞争专项合规内部治理制度、资产交易专项合规内部治理制度、招投标专项合规内部治理制度等诸多方面，企业可以结合自身实际构建若干方面的专项合规内部治理制度。以反垄断专项合规内部治理制度构建为例，企业可以根据业务状况、规模大小、行业特性等建立反垄断专项合规内部治理制度，包括以下内容：一是反垄断合规内部治理机构设置、反垄断合规内部治理部门和反垄断合规内部治理人员职责、反垄断合规奖惩等反垄断合规内部治理的主体制度；二是禁止达成垄断协议、禁止滥用市场支配地位、依法实施经营者集中等反垄断合规内部治理的客体制度；三是反垄断合规承诺制度、反垄断合规风险识别、反垄断合规风险评估、反垄断合规风险提醒、境外反垄断合规风险提示、反垄断合规文化倡导、反垄断合规培训制度等反垄断合规内部治理的预防制度；四是反垄断合规调查宽大制度、配合反垄断合规调查责任制度、反垄断合规风险处置制度、反垄断合规内部举报制度等制度；五是反垄断合规内部治理信息化建设制度、反垄断合规内部治理队伍建设等其他相关制度。

在安全与环保专项合规内部治理制度方面，有些企业由于生产经营产品的属性以及所需原材料的属性等原因，在其生产经营活动中容易出现安全和环保方面的合规风险，这类风险一旦转化为风险损失，可能对企业生产经营产生致命的打击。因此，对于这类企业应严格执行国家安全生产、环境保护法律法规，建立专项的安全合规内部治理制度或环保合规内部治理制度。在产品质量专项合规内部治理制度方面，对于工业产品生产经营企业，其产品质量关乎企业的生存与发展，但在追求短期利益的短视下容易产生质量不达标、不合规问题，其存在较大的产品质量合规风险，对于此类企业建立产品质量专项合规治理制度显得十分必要。在劳动用工专项合规内部治理制度方面，任何企业都回避不了劳动用工问题，随着劳动者对自身权益维护意识的提升，以及企业用工成本的提高，企业在劳动用工方面容易产生不合规风险，企业建立劳动用工专项合规制度可以稳定员工队伍、避免劳动用工风险损失。在财务税收专项合规内部治理制度方面，依法纳税是企业的义务，但在企业经营活动中不合规避税、逃税等时常出现，有些企业为此付出了巨大的代价，建立财务税收专项合规内部治理制度以避免企业出现财务税收的不合规风险，是维护企业社会形象、实现企业可持续发展的需要。在交易相对方专项合规内部治理制度方面，企业可以根据交易相对方合规风险程度建立相应的制度，在对重要交易相对方进行合规调查、促使交易相对方签订合规协议、作出合规承诺等方面进行规范，隔离交易相对方合规风险对自身的传导。

在知识产权专项合规内部治理制度方面，在尊重和保护知识产权意识不断强化的语境中，建立知识产权专项合规内部治理具有现实必要性，需要在申请注册知识产权成果、实施许可和转让、保护商业秘密和商标、使用他人知识产权、防止侵权行为等方面履行合规义务。企业可以根据自身所处的行业性质、经营规模等建立知识产权专项合规内部治理制度，可以包括以下内容：一是知识产权合规内部治理部门设置，企业领导层知识产权合规内部治理职责等知识产权合规内部治理的主体制度；二是专利权、商标权、著作权、商业秘密等知识产权合规内部治理的客体制度；三是知识产权合规审查、知识产权合规监察、知识产权合规文化培育、知识产权合规风险识别与预警等知识产权内部治理的预防制度；四是知识产权不合规调查制度、知识产权合规风险分级制度、知识产权不合规风险应对制度、知识产权不合规问责制度、知识产权合规内部治理第三方监督评估制度等知识产权合规内部治理的处置制度；五是获取知识产权合规、维护知识产权合规、运用知识产权合规等相关合规治理运行制度。

（五）企业专项合规内部治理制度的案例：以食品生产企业为例

食品安全事关人民群众生命权和健康权，食品生产经营企业较易产生食品安全合规风险。对食品安全实施专项合规内部治理是食品生产经营企业有效应对合规风险、塑造企业形象、实现可持续发展的需要，也是实现食品安全治理现代化的需要。食品生产企业可以根据业务属性、规模大小、行业特点等，构建和实施食品安全专项合规内部治理制度，为实现食品安全合规的有效治理提供制度上的保障。

1. 食品安全专项合规内部治理的主体制度

为有效治理食品安全合规风险，食品生产经营企业可以从三个方面构建和实施食品安全专项合规内部治理的主体制度，即食品安全合规内部治理机构设置、负责人配置和职责、部门及其员工职责。在食品安全合规内部治理的机构设置方面，食品生产经营企业可以建立专门的食品安全合规内部治理部门，或者将食品安全合规内部治理工作纳入现有的企业合规内部治理机构中。食品生产经营企业可以明确食品安全合规内部治理的职责和负责人，建立完善的食品安全合规沟通、合规审查、合规报告、合规培训、合规考核、合规激励等内部治理机制。一般来说，食品安全合规内部治理部门应当具备足够的独立性、权威性、专业性，且具有开展食品安全合规内部治理的组织能力和专业能力。在食品安全合规内部治理的负责人配置和职责方面，食品安全合规内部治理的负责人领导专门的合规内部治理部门、执行决策层对食品安全合规内部治理的部署安排，协调食品安全合规内部治理与各项业务之间的关系,检查、监督食品安全合规内部治理制度实施情况。食品安全合规内部治理的负责人宜由企业领导层人员担任,领导或者分管食品安全合规内部治理部门工作,承担食品安全合规内部治理的组织实施和统筹协调工作。在食品安全合规内部治理的部门及其员工的职责方面,食品安全合规内部治理部门和合规内部治理人员可以承担以下职责:一是制定食品安全合规内部治理办法,明确合规内部治理的要求和流程,督促各部门贯彻落实合规内部治理各项制度,确保合规要求融入各项业务、各个环节;二是组织开展食品安全合规的检查,监督、审核、评估企业及员工经营管理活动的合规性,及时制止并纠正不合规的经营管理行为,对违规人员进行责任追究或者提出处理建议;三是组织或者协助业务部门、人力资源部门开展食品安全合规内部治理的教育培训,为业务部门和员工提供食品安全合规内部治理的辅导与咨询;四是建立食品安全合规内部治理的报告和台账制度,组织或者协助业务部门、人力资源部门将合规内部治理责任纳入岗位职责和员工绩效体系,建立合规内部治理绩效指标体系;五是妥善应对食品安全合规风险事件,组织协调资源来配合政府监管部门进行调查,并及时制定和推动实施整改措施等。

2. 食品安全合规内部治理的客体制度

食品安全合规内部治理的客体是引发食品安全合规风险的企业行为及其员工行为,食品生产经营企业可围绕《中华人民共和国食品安全法(2021年修正)》(以下简称《食品安全法》)以及与之相关的法规、规章、标准以及其他规范性文件等有关规定,以确定需要进行合规治理的企业及其员工不合规行为。一是生产不符合食品安全标准之不合规行为。食品生产经营企业不得生产《食品安全法》第33条、第41条、第49条,以及其他相关法律法规、规章政策、标准规范等规定的不符合安全标准要求的食品。是否属于符合规定的安全标准要求,依据国家有关食品安全的具体标准和规范来作出判断。二是生产国家禁止生产的食品之不合规行为。食品生产经营企业不得生产《食品安全法》第34条,以及其他相关法律法规、规章政策、标准规范等规定所禁止的食品、食品添加剂、食品相关产品。是否属于所禁止的食品、食品添加剂、食品相关产品,依据相关法律、法规、规章、标准及其他规范性文件的规定来作出判断。三是无证无照生产食品之不合规行为。食品生产经营企业应按照《食品安全法》第35条、第39条、第41条,以及《中华人民共和国行政许可法(2019年修正)》(以下简称《行政许可法》)等法律法规、规章政策、标准规范的规定,申请生产许可,不得无证生产。四是违反国家规定在食品中添加药品、添加剂之不合规行为。食品生产经营企业应当按照《食品安全法》第37条、第38条、第40条,以及其他相关法律法规、规章政策、标准规范等的规定,在生产食品中依法添加药品和食品添加剂,确保在技术上确有必要,且经过风险评估证明安全可靠。五是不经安全性评估审查而生产利用新原料、生产新品种之不合规行为。食品生产经营企业应当按照《食品安全法》第37条,以及其他相关法律法规、规章政策、标准规范等的规定,利用新的食品原料生产食品,或者生产食品添加剂新品种、食品相关产品新品种,应当向国家有关部门提交相关产品的安全性评估材料。六是食品安全管理制度不健全之不合规行为。食品生产经营企业应当按照《食品安全法》第44条、第45条,以及其他相关法律法规、规章政策、标准规范等的规定,建立健全并实施食品安全管理制度、建立并执行从业人员健康管理制度。七是食品安全过程控制缺陷之不合规行为。食品生产经营企业应当按照《食品安全法》第46条、第47条、第50条和第51条、第52条、第59条,以及其他相关法律法规、规章政策、标准规范等的规定,制定并实施控制要求,保证所生产的食品符合食品安全标准;建立食品安全自查制度,定期对食品安全状况进行检查评价;建立进货查验记录制度,查验供货者的许可证和产品合格证明;建立出厂检验记录制度,进行出产检验。八是食品全过程追溯和召回缺陷之不合规行为。食品生产经营企业应当按照《食品安全法》第42条、第63条,以及其他相关法律法规、规章政策、标准规范等的规定,建立食品安全追溯体系,保证食品可追溯,建立食品召回制度。九是没有按照国家规定使用标签、说明书和广告之不合规行为。食品生产经营企业应当按照《食品安全法》第67条至第73条,以及《反不正当竞争法》等相关法律法规、规章政策、标准规范等的有关规定,标示标签、制作说明书、开展宣传、发布广告。十是没有按照国家特殊食品规定生产特殊食品之不合规行为。食品生产经营企业应当按照《食品安全法》第74条至第83条,以及其他相关法律法规、规章政策、标准规范等的规定,生产保健食品、特殊医学用途配方食品、婴幼儿配方乳粉。此外,还有影响食品安全的其他不合规行为。

3. 食品安全专项合规内部治理的预防制度

预防制度是食品安全专项合规内部治理的核心制度,包括食品安全合规风险识别制度、食品安全合规风险评估制度、食品安全合规意识培育制度和食品安全合规承诺制度。在食品安全合规的风险识别制度方面,食品生产经营企业可以根据行业特点、规模大小、业务属性、设备技术现状,食品安全有关法律、法规、规章、标准以及其他规范性文件,食品安全环境等识别所面临的食品安全合规风险。在食品安全合规的风险评估制度方面,食品生产经营企业可以根据实际情况,建立符合自身需要的合规风险评估程序和标准,依据食品安全有关法律、法规、规章、标准以及其他规范性文件的规定,分析和评估食品安全合规风险的来源、发生的可能性以及后果的严重性等,并对合规风险进行分级。在食品安全合规的意识培育制度方面,食品生产经营企业可以通过加强教育培训等方式,投入有效资源,帮助和督促员工了解并遵守食品安全有关国家规定,增强员工的食品安全合规意识。

食品生产经营企业可以将合规承诺制度作为食品安全合规内部治理预防制度的一项重要制度。食品安全合规对外承诺是食品安全合规内部治理的直接延伸。只有做好食品安全合规内部治理,对外食品安全合规承诺的践行才能得到有效的保障。如果说食品安全合规内部治理是提升食品生产经营企业食品安全合规水平的内因,那么食品安全合规对外承诺就是提升食品安全合规内部治理水平的外因。食品安全合规对外承诺一般具有两重功能:一方面,对外树立企业形象,有助于提升企业知名度。食品生产经营企业对外承诺食品安全合规,向消费者传递了食品安全信任,有利于培育消费者对企业的忠诚度。另一方面,促使企业强化食品安全合规内部治理。如果食品生产企业没有有效践行食品安全合规承诺,就会引起政府监管部门的关注和影响企业信用水平,对企业持续健康经营产生负面影响。食品安全合规承诺制度包括食品生产企业合规承诺内容以及承诺方式等制度。在食品安全合规对外承诺的内容方面,食品安全合规对外承诺涉及从原辅料、生产设备采购,到生产过程,再到售后服务等食品生产经营全链条,可以包括以下内容:其一,对遵守食品安全法律、法规、规章、标准等规定的承诺,保证履行食品安全主体责任,诚信经营;其二,对按照食品安全法律、法规、规章、标准等要求组织生产的承诺,保证持续满足保障食品安全相应的生产场所、产区环境、设备设施的清洁卫生,保证卫生设施、设备齐全和有效运转;其三,对执行食品原辅材料、食品添加剂以及食品包装、容器等食品相关产品的进货验收和索证制度的承诺,保证不采购不符合标准、标识不全、包装破损、超过保质期的食品原辅材料、食品添加剂、食品相关产品;其四,对不使用不符合国家规定的食品添加剂和药品的承诺,保证不采购无生产许可证、无卫生许可证的食品添加剂,不超范围、超剂量使用食品添加剂;其五,对食品安全实施有效过程控制的承诺，保证生产过程质量控制、出产检验、不合格原辅料和食品管理和处理、食品召回和安全风险报告、从业人员健康和培训等管理机制有效运行；其六，对执行食品生产经营台账制度的承诺，保证食品生产相关记录真实、完整；其七，对不生产假冒伪劣食品的承诺，保证自觉维护市场秩序，不在食品中掺杂、掺假，不以次充好，不以不合格产品冒充合格产品，不伪造或者冒用产地、厂名、厂址、质量标志等行为；其八，对执行食品标签标识和宣传广告规定的承诺，保证认真执行食品标签和说明书的法定要求，保证食品标签标识真实、清楚，保证不进行虚假宣传、虚假广告；其九，对履行售后服务义务的承诺，保证妥善处理消费者投诉，发现缺陷食品及时召回，依法承担相应责任和赔偿相应损失，保证接受政府监管部门、行业组织、消费者以及社会的监督；等等。在食品安全合规承诺的方式方面，食品生产经营企业可以对食品安全合规承诺采取面向社会公开告知、直接向政府监管部门作出承诺等方式。面向社会公开告知的承诺应采取社会广泛周知的方式进行公开；直接向政府监管部门作出的承诺，由企业法人代表或者授权委托代理人向所在地监管部门提交书面承诺。除食品生产经营企业对外进行食品安全合规承诺外，还可以通过食品安全合规的内部承诺，增强践行对外承诺的能力，非法定代表人的高级管理人员可以作出并履行食品安全合规承诺，其他员工可以作出并履行相应的食品安全合规承诺。此外，食品生产经营企业可以在相关管理制度中明确有关人员违反承诺的后果。

4. 食品安全专项合规内部治理的处置制度

食品生产经营企业可以建立健全合规风险处置机制，对识别、评估的各类食品安全合规风险采取恰当的控制和应对措施。食品生产经营企业可以根据不同职位、级别和工作范围的员工所面临的不同食品安全合规风险，对员工实施合规风险测评和风险合规提醒，提高食品安全合规风险防控的针对性和有效性,降低员工的合规风险。食品生产经营企业在发现食品安全合规风险已经发生或者政府监管部门已经立案并启动调查程序时,应立即停止实施相关行为,主动向政府监管部门报告并与政府监管部门合作。食品生产经营企业也可以建立食品安全合规内部治理的内部举报制度,食品生产经营企业采取适当的形式,明确内部食品安全合规举报制度,并承诺为举报人的信息保密,以及不因员工举报行为而采取任何对其不利的措施。此外,食品生产经营企业还可以对食品安全不合规行为建立责任追究制度,构建相应的惩处机制。

除上述食品安全专项合规内部治理的主体制度、客体制度、预防制度、处置制度外,食品生产经营企业还可以构建其他相关制度。例如,建立食品安全合规信息化建设制度,食品生产经营企业可以强化食品安全合规内部治理的信息化建设,通过信息化手段优化内部治理流程,运用大数据、人工智能等工具,加强对经营管理活动合规情况的监测和分析。再如,建立食品安全合规内部治理队伍建设制度,食品生产经营企业可以建立专业化、高素质的合规内部治理人才队伍,根据业务规模、合规风险水平等因素,配备合规内部治理人员,提升队伍能力水平;建立对员工食品安全合规内部治理行为的考核制度,将食品安全合规内部治理的考核结果作为员工及其所属部门绩效的重要依据;此外,还可以建立员工遵守食品安全法相关规定的激励机制。

第六章　企业合规的行政治理制度

一、企业合规行政治理制度的应用场景

企业合规行政治理制度的应用场景是指行政机关基于特定目的而构建和实施企业合规行政治理制度的具体场合，旨在解决行政机关在何种情形下，借助企业合规行政治理制度工具来解决企业在经营管理活动中的不合规问题。从理论上讲，企业合规行政治理制度可以应用于行政机关治理企业的诸多场景中，包括应用于对企业的行政指导、对企业的行政调查、对企业的行政强制、对企业的行政处罚等。行政机关可以利用企业合规行政治理制度实施所产生的行政约束机制和行政激励机制，使企业在行政指导、行政调查、行政强制、行政处罚中，按照行政机关对企业的合规内部治理要求实施相应的行为。

(一)企业合规行政治理制度的行政指导应用场景

在企业合规行政治理的语境中,行政指导是行政机关以建议、劝告等非强制方式促使企业遵守合规要求、履行合规义务,实现有效合规内部治理。行政指导在企业合规行政治理中应用起来较为灵活,既可以应用于企业合规行政权介入有着明确的法律法规依据的情形,也可以在不违背相关法律法规且遵守合理的行政原则下,应用于企业合规行政权介入缺乏明确的法律法规依据或者法律法规依据不健全不完善的情形。在企业合规行政治理制度的行政指导应用场景中,行政机关可以在以下两个方面发挥作用。一方面,行政机关可以对于具有一定合规风险的企业,建议或者劝告其建立和实施企业合规内部治理制度,促使企业有效预防合规风险,避免或降低合规风险损失。行政机关可以为企业合规内部治理制度建设提供指导,如发布企业合规内部治理的指引或者指南,为企业合规内部治理制度建设提供方向、框架、方式方法上的参考,从而提高企业内部合规治理制度建设的效率,以及降低构建和实施企业合规内部治理制度的相关成本。另一方面,行政机关在对企业行政调查、行政强制、行政处罚后,可以建议或劝告涉案企业建立健全合规内部治理制度,以降低今后对其进行行政调查、行政强制、行政处罚的概率,体现了企业合规行政治理中的惩罚和教育相结合的原则。这种建议或劝告涉案企业建立健全合规内部治理制度一般不具有强制约束力,仅供企业在今后进行经营管理活动参考,但是这类行政指导还会对企业合规内部治理产生一定的“软”约束。例如,2021 年 4 月国家市场监管总局对阿里巴巴集团控股有限公司发出的《行政指导书》就对反垄断合规实施了行政指导。例如:建议阿里巴巴集团控股有限公司建立并有效执行反垄断合规制度,明确合规内部治理要求和流程,完善合规咨询、合规检查、合规汇报、合规考核等内部机制;定期开展公司高管和工作人员合规培训,增强反垄断合规意识,提升合规能力。2021 年 10 月国家市场监管总局对美团发出的《行政指导书》也对反垄断合规实施了行政指导。例如:要求美团建立全方位全流程合规控制体系,将各业务条线和环节纳入法律合规框架,对一线业务人员管理权限进行有效管控,对平台内经营者制定惩罚性机制或实施惩罚措施应当经过内部法律合规审查;建立并有效执行反垄断合规制度,明确合规管理要求和流程,完善合规咨询、合规检查、合规汇报、合规考核等内部机制。

(二)企业合规行政治理制度的行政调查应用场景

企业合规行政治理制度语境中的行政调查是指行政机关为确定企业是否遵守合规要求、履行合规义务,而对企业进行的信息收集活动。行政机关基于企业合规内部治理相关信息,可以决定对企业开展行政调查、中止行政调查或终止行政调查。行政调查是行政权介入企业合规内部治理的重要方式,行政机关一旦对涉案企业展开行政调查,就意味着行政机关对企业不合规行为有了一个初步的判断,从而向社会释放出该企业可能存在不合规行为的信号,从而对企业经营管理活动产生直接的影响,如企业的交易相对方可能采取不利于企业的行为,社会可能由此而对企业产生信任危机。可见,行政机关对企业展开的行政调查、中止行政调查或终止行政调查,均对企业经营管理活动产生直接影响。企业合规行政治理制度的行政调查应用场景包括两个方面:一方面,行政机关可以基于企业已有的合规内部治理制度作出中止调查或终止调查决定。这是因为倘若企业建立了完善的合规内部治理制度且实施良好,则意味着企业对合规风险具备良好的"防火墙",其由于偶然因素而引起的不合规行为可以在其合规内部治理制度内得以有效解决,行政机关没有进一步调查的必要。这一应用场景的前提是企业能对其建立完善的合规内部治理制度且实施良好予以有效证明,并要求行政机关对其进行确认且对中止调查或终止调查所存在的风险进行充分评估。另一方面,在企业不合规行为的负面影响可以得到控制的前提下,为促使企业构建和实施有效的合规内部治理制度,节约有限的行政监管资源和提高行政监管效率,行政机关可以与企业进行协商,将企业建立健全合规内部治理制度作为中止调查或终止调查的条件,在企业承诺建立健全合规内部治理制度时,行政机关可以决定中止行政调查,并在企业按协商的要求完成合规内部治理制度构建并进行了有效实施后,行政机关可以据此终止行政调查。

(三)企业合规行政治理制度的行政强制应用场景

企业合规行政治理制度语境中的行政强制是指行政机关为制止企业不合规行为、防止证据损毁、避免危害发生、控制危险扩大等需要,依据法定职权和程序作出的对企业经营管理自由或者企业财产采取暂时性控制和强制履行的行为。行政强制是行政权介入企业合规内部治理的一种重要方式,不仅包括涉案企业的行政强制措施,如对企业查封场所、设施或者财物,扣押财物,冻结存款、汇款等,还包括行政强制执行,如加处罚款或者滞纳金,划拨存款、汇款,拍卖或者依法处理查封、扣押的场所、设施或者财物,代履行。企业合规行政治理制度的行政强制应用场景可分为行政强制措施和行政强制执行两种情形。

在企业合规行政治理制度的行政强制措施应用场景中,由于有效的企业合规内部治理制度本身就具有保护企业合规内部治理相关证据、避免危害发生、控制危险扩大的作用,这与实施企业行政强制措施的目的存在一致性。行政机关可以在决定是否对涉案企业实施行政强制措施时,将企业是否具备良好的合规内部治理制度并能保障其有效实施作为考量因素。这对企业经营管理活动的持续性有着重要的影响,因为行政机关对涉案企业实施强制措施,会对企业经营管理活动产生直接影响,如查封场所、设施或者财物的强制措施可能导致企业生产经营管理活动中断。对此,行政机关可以对企业既有的合规内部治理制度进行评估。倘若其能对阻止违法行为、防止证据损毁、避免危害发生、控制危险扩大等情形产生有效的作用,行政机关可以据此对企业不实施行政强制措施;行政机关也可以对本应实施行政强制措施的企业作出构建和实施有效合规内部治理制度的承诺要求,并促使企业采取有效措施践行承诺,在此情形下,行政机关可以对涉案企业取消行政强制措施,以使企业的经营活动不中断。

在企业合规行政治理制度的行政强制执行应用场景中,行政机关在对不履行行政决定的涉案企业强制其履行义务时,将企业合规内部治理制度建设情况和运行情况纳入其中。企业合规内部治理制度有效性可以作为认定企业履行其义务态度和能力的考量因素,即有效的合规内部治理制度在一定程度上不仅意味着企业不具有不履行既定义务的主观恶性,还意味着企业有可持续发展的能力,以及由此带来的履行合规内部治理的能力。因此,行政机关可以在对企业合规内部治理制度有效性与否进行充分评估后,将企业合规内部治理制度作为企业延迟履行义务的考量因素,或者行政机关可以要求企业构建和实施有效的合规内部治理制度,将其作为延迟履行义务的前提条件。

(四)企业合规行政治理制度的行政处罚应用场景

企业合规行政治理制度语境中的行政处罚是指行政机关依法对实施违反合规义务、破坏行政秩序的企业,以减损权益或者增加义务的方式予以惩戒的行为,是对企业实施不合规行为所产生的危害的一种补偿或惩罚。企业合规行政治理制度的行政处罚应用场景包括两种情形,即行政违法行为认定的应用场景和行政处罚裁量的应用场景。

在企业合规行政治理制度的行政违法行为认定应用场景方面,行政违法行为认定是对涉嫌不合规行为的企业实施行政处罚的前提,在依法行政语境中,设定和实施行政处罚必须以事实为依据,与违法行为的事实、性质、情节以及社会危害性相当。因此,在将企业合规内部治理制度纳入行政处罚中的行政违法行为认定时，不可避免要考虑对企业不合规行为的事实、性质、情节以及社会危害性的考察。如果企业已建立并有效实施合规内部治理制度，其偶发的不合规行为是由一些不可控的因素或者企业个别员工的不合规行为导致的，在一定程度上意味着企业并没有对涉嫌不合规行为的主观故意，且企业有能力通过合规内部治理修复其不合规行为带来的危害。可见，企业合规内部治理制度可以作为认定企业违法行为的事实、性质、情节以及社会危害性的考量因素。行政机关在认定涉嫌不合规行为的企业违法行为中，如果经过充分评估，认定其合规内部治理制度构建和运行的有效性，可以据此作为认定企业违法行为的参考依据，即使认定其具有违法性，也可以考虑纳入不予行政处罚的违法性认定考量范畴。

在企业合规行政治理制度的行政裁量应用场景方面，即使行政机关难以依据企业合规内部治理制度认定不纳入行政处罚的企业行为，行政机关仍然可以依据企业合规内部治理制度建设和实施有效性，对行政处罚裁量幅度予以考量。或者说，在企业合规内部治理制度不足以抗辩企业违法时，行政机关可以在进行充分评估的基础上，将其在确定行政处罚幅度时予以考量。在这一应用场景中，如果企业构建和实施了有效的合规内部治理制度，那么行政机关可以对企业实行从轻、减轻甚至不予行政处罚，体现了行政机关对企业主动构建和实施合规内部治理制度的肯定态度，也符合行政法所坚持的惩罚与教育相结合的原则。此外，即使企业没有建立和实施合规内部治理制度，行政机关也可以与企业进行协商，允许企业对构建和实施有效的合规内部治理制度进行承诺，在评估企业合规承诺有效性且采取践行承诺的有效措施时，行政机关可以决定对涉嫌不合规行为的企业延迟处罚，一旦企业有效践行了承诺，行政机关可以据此减少或者取消对企业的行政处罚。

二、企业合规行政治理的法制基础

企业合规行政治理可以理解为基于企业合规义务和职责的要求，

行政机关利用行政手段和资源对企业履行义务和职责而进行的行政规范、行政引导和行政促进等，其中，企业合规义务和职责是企业合规行政治理的前提，或者说，没有企业合规义务和职责，就没有行政机关对其的规范、引导和促进。行政规范是指行政机关基于企业合规内部治理要求的规则和准则；行政引导是指行政机关运用行政手段对企业合规内部治理进行的指导；行政促进是指行政机关对激发企业合规内部治理积极性、主动性和创造性的诱导。在“行政机关要坚持法定职责必须为、法无授权不可为”的语境中，企业合规行政治理制度的构建和实施要求在合规义务和职责、行政规范、行政引导、行政促进方面有着明确的法律法规依据，或者至少不能与现行法律相冲突。也就是说，企业合规行政治理制度构建与实施必须建立在一定的法制基础上。从法制的形式上看，企业合规行政治理的法制基础主要体现在相关法律、行政法规、部门规章、地方性法规对各类企业的合规义务和职责，行政机关规范、引导和促进企业合规内部治理等进行规定的有关内容中，或者以专门法律、行政法规、部门规章、地方性法规形式对各类企业的合规义务和职责，行政机关规范、引导和促进企业合规内部治理进行规定。从法律位阶上看，下一位阶的法律制度应以其位阶之上的法律制度为依据，或者至少不能与其位阶之上的法律制度相冲突。例如，倘若某一部门规章对企业合规行政治理进行了规定，应以其位阶之上的相关法律、行政法规为依据，或者在相关法律法规、行政法规没有直接依据时，其规定应符合《中华人民共和国立法法(2023 年修正)》(以下简称《立法法》)的有关规定。从法律的效力来看，越高一级的法律位阶的法律制度对企业合规行政治理的规定，其产生法律效力等级就越高。因此，为充分保证企业合规行政治理的正当性，行政机关应主动推动企业合规行政治理法律位阶的提升。我国从 2006 年开始探索企业合规治理制度，但引起广泛关注还是在 2017 年以后。可见，其企业合规行政治理制度的法制基础奠定需要一个过程,在一定程度上导致了我国企业合规行政治理的法律位阶不高、法制基础有待加强等问题。尽管如此,我国企业合规行政治理具备了一定的法制基础且其法制基础具有不断强化的发展趋势,这些为我国行政权介入企业合规内部治理提供了一定程度上的法制保障。

(一)企业合规义务和职责的法制基础

作为规范、引导、促进企业合规内部治理的企业合规行政治理,需要法律制度对企业的合规义务和职责等进行规定。《立法法》第 91 条规定,“没有法律或者国务院的行政法规、决定、命令的依据,部门规章不得设定减损公民、法人和其他组织权利或者增加其义务的规范,不得增加本部门的权力或者减少本部门的法定职责”,以及第 93 条规定,“没有法律、行政法规、地方性法规的依据,地方政府规章不得设定减损公民、法人和其他组织权利或者增加其义务的规范”,法律位阶比部门规章、地方政府规章低的其他相关文件当然更是如此。很显然,无论是企业合规行政规范制度、行政引导制度,还是企业合规行政促进制度,在一定程度上属于减损企业权利或者增加企业义务的范畴。可见,为保证企业合规行政治理的正当性,需要对企业合规义务和职责进行规定。从我国相关法律制度上看,企业合规义务职责的法制基础主要体现在经营主体相关法律制度、行业治理相关法律制度以及涉及特定领域企业治理的法律制度中。

在经营主体相关法律制度方面,经营主体相关法律制度通常以专门条款的方式,对企业合规义务职责作出原则性要求。《公司法》对公司制企业合规义务和职责作出了规定:第 5 条规定,“公司从事经营活动,必须遵守法律、行政法规,遵守社会公德、商业道德,诚实守信,接受政府和社会公众的监督,承担社会责任”;第 147 条规定,“董事、监事、高级管理人员应当遵守法律、行政法规和公司章程,对公司负有忠实义务和勤勉义务。董事、监事、高级管理人员不得利用职权收受贿赂或者其他非法收入，不得侵占公司的财产”；第148条对董事、高级管理人员不合规行为作出了禁止性规定。《合伙企业法》对合伙制企业合规义务和职责作出了规定：第7条规定，“合伙企业及其合伙人必须遵守法律、行政法规，遵守社会公德、商业道德，承担社会责任”；第36条规定，“合伙企业应当依照法律、行政法规的规定建立企业财务、会计制度”。《个人独资企业法》对个人独资企业合规义务和职责作出了规定，该法第4条规定，“个人独资企业从事经营活动必须遵守法律、行政法规，遵守诚实信用原则，不得损害社会公共利益。个人独资企业应当依法履行纳税义务”。

在行业治理相关法律制度方面，通常以专门条款的方式对企业合规义务和职责作出规定。《中华人民共和国商业银行法（2015年修正）》（以下简称《商业银行法》）对商业银行合规义务和职责作出了规定：第5条规定，“商业银行与客户的业务往来，应当遵循平等、自愿、公平和诚实信用的原则”；第8条规定，“商业银行开展业务，应当遵守法律、行政法规的有关规定，不得损害国家利益、社会公共利益”；第9条规定，“商业银行开展业务，应当遵守公平竞争的原则，不得从事不正当竞争”。《中华人民共和国保险法（2015年修正）》（以下简称《保险法》）对商业保险企业合规义务和职责作出了规定：第4条规定，“从事保险活动必须遵守法律、行政法规，尊重社会公德，不得损害社会公共利益”；第5条规定，“保险活动当事人行使权利、履行义务应当遵循诚实信用原则”。《证券法》对证券企业合规义务和职责作出了规定：第3条规定，“证券的发行、交易活动，必须遵循公开、公平、公正的原则”；第4条规定，“证券发行、交易活动的当事人具有平等的法律地位，应当遵守自愿、有偿、诚实信用的原则”；第5条规定，“证券的发行、交易活动，必须遵守法律、行政法规；禁止欺诈、内幕交易和操纵证券市场的行为”。《中华人民共和国数据安全法》(以下简称《数据安全法》)第8条规定,“开展数据处理活动,应当遵守法律、法规,尊重社会公德和伦理,遵守商业道德和职业道德,诚实守信,履行数据安全保护义务,承担社会责任”。

在涉及特定领域企业治理的法律制度方面,有些特定领域企业治理的法律制度会对企业专项合规义务作出规定。《反垄断法》对禁止企业达成垄断协议,禁止滥用市场支配地位,禁止具有或者可能具有排除、限制竞争效果的经营者集中等合规义务和职责作出了规定,该法第14条规定,“行业协会应当加强行业自律,引导本行业的经营者依法竞争,合规经营,维护市场竞争秩序”;《反不正当竞争法》第2条规定,“经营者在生产经营活动中,应当遵循自愿、平等、公平、诚信的原则,遵守法律和商业道德”;《中华人民共和国产品质量法(2018年修正)》(以下简称《产品质量法》)第26～39条对生产者、销售者的产品质量合规义务和职责作出了规定。以上是对我国法律对企业合规义务和职责进行的简要介绍,除此之外,相关的行政法规、部门规章以及地方性法规都或多或少对企业的合规义务和合规职责做了不同程度的规定,如《优化营商环境条例》第9条规定,“市场主体应当遵守法律法规,恪守社会公德和商业道德,诚实守信、公平竞争,履行安全、质量、劳动者权益保护、消费者权益保护等方面的法定义务,在国际经贸活动中遵循国际通行规则”,这些构成了我国不同行业、不同领域、不同种类企业合规义务和职责的法制基础。经营主体相关法律制度、行业治理相关法律制度、特定领域企业治理的法律制度等对企业合规义务和合规职责的规定,为行政权力介入企业合规内部治理提供正当性基础,成为企业合规行政规范、行政引导、行政促进等相关制度构建和实施的法制基础。

(二)企业合规行政规范的法制基础

企业合规行政规范属于行政机关治理企业的基本职权,在“充分发挥市场在资源配置中的决定性作用,更好发挥政府作用”语境中,企业合规行政规范需要以法制基础为存在的前提,或者说,企业合规行政规范需要有法律制度上的依据。企业合规行政规范的法制基础可以从广义和狭义层面上分别考察,前者是指行政机关对企业合规行为进行规范的所有法律制度,后者是指行政机关规范企业合规内部治理的特定法律制度。

在企业合规行政规范的广义法律基础方面,由于通说认为企业合规的“规”是指法律法规、监管规定、行业准则和国际条约、规则、标准,以及商业伦理、商业准则、企业章程、规章制度等,因此涉企的法律、行政法规、部门规章、地方性法规以及其对行业准则、商业伦理、商业准则、企业章程、规章制度等规定等都可视为广义上企业合规行政规范的法制基础。例如,《食品安全法》对食品安全风险监测和评估、食品安全标准、食品生产经营、生产经营过程控制、标签和说明书及广告、食品检验、食品安全事故处置等食品生产企业食品安全行为进行的规范,属于食品安全合规行政规范的广义上的法制基础;《中华人民共和国环境保护法(2014 年修订)》(以下简称《环境保护法》)对企业防止、减少环境污染和生态破坏的规范,属于环境保护合规行政规范的广义上的法制基础。

在企业合规行政规范的狭义法律基础方面,主要是行政机关对企业合规内部治理进行规范的法律制度,即行政机关对企业合规内部治理进行规则和准则上要求的法律制度。总的来看,我国对企业合规内部治理进行规范的法律制度很少,只存在少数位阶较低的部门规章,如 2017 年出台并于 2020 年修正的《证券公司和证券投资基金管理公司合规管理办法》,该办法是证券领域企业合规行政规范的狭义上的法律基础,其在法律位阶上属于部门规章,对证券基金经营机构应遵守的基本要求,证券基金经营机构董事会合规内部治理职责,证券基金经营机构的监事会或者监事合规内部治理职责，证券基金经营机构的高级管理人员合规内部治理职责，证券基金经营机构各部门、各分支机构、各层级子公司以及全体工作人员合规内部治理责任，合规内部治理负责人设置及其职责等合规内部治理职责体系进行规范。同时，该办法还对合规内部治理负责人任职条件和任职程序、合规内部治理部门设置和职责分工、合规内部治理人员配置，以及合规内部治理负责人和合规治理人员独立性、知情权、调查权、考核、薪酬、培训和交流等合规内部治理保障体系进行规范。此外，该办法也对证券基金经营机构违反合规行政规范的法律责任进行了规范。例如：对证券基金经营机构采取出具警示函、责令定期报告、责令改正、监管谈话等行政监管措施；对其直接负责的董事、监事、高级管理人员和其他责任人员，可以采取出具警示函、责令参加培训、责令改正、监管谈话、认定为不适当人选等行政监管措施。

（三）企业合规行政引导的法制基础

企业合规行政引导是行政权介入企业合规内部治理的重要方式，与企业合规行政规范不同，其不具有硬性的约束力，而是行政机关基于自身的影响力对企业合规内部治理产生“软约束”的影响。一般来看，企业合规行政引导的法制基础包括广义的法制基础和狭义的法制基础。广义的法制基础是指行政机关引导企业治理行为的法制基础，由于企业合规行政引导属于行政机关引导企业治理行为的范畴，其广义的法制基础当然也为企业合规行政引导提供了法律制度上的依据。狭义的法制基础是指行政机关直接引导企业合规内部治理的法制基础，是企业合规行政引导的直接法律制度依据。

具体看来，在企业合规行政引导的广义的法制基础方面，《行政处罚法》第 6 条规定，“实施行政处罚，纠正违法行为，应当坚持处罚与教育相结合，教育公民、法人或者其他组织自觉守法”，此处的“教育”可以理解为“行政引导”，即在对涉案企业行政处罚过程中，需要考虑对企业进行教育，以使其自觉守法（或者说自觉合规）。对此，《中华人民共和国行政强制法》（以下简称《行政强制法》）也作出了类似规定，其第6条规定，“实施行政强制，应当坚持教育与强制相结合”。《中华人民共和国农产品质量安全法（2022年修订）》（以下简称《农产品质量安全法》）第9条规定，“国家引导、推广农产品标准化生产，鼓励和支持生产绿色优质农产品，禁止生产、销售不符合国家规定的农产品质量安全标准的农产品”。在企业合规行政引导的狭义的法制基础方面，相关法律基础较为薄弱，仅有极少数法律制度予以了规定，如《中华人民共和国出口管制法》（以下简称《出口管制法》）第5条规定，“国家出口管制管理部门适时发布有关行业出口管制指南，引导出口经营者建立健全出口管制内部合规制度，规范经营”。企业合规行政引导的法制基础支持着行政机关出台企业合规内部治理指南或指引文件，引导企业科学、合理实施企业合规内部治理。例如，原银监会于2006年10月出台了《商业银行合规风险管理指引》；国务院国资委于2018年11月出台了《中央企业合规管理指引（试行）》；国家发展改革委等于2018年12月印发了《企业境外经营合规管理指引》；国务院反垄断委员会于2020年9月印发了《经营者反垄断合规指南》；国家市场监管总局于2021年11月出台了《企业境外反垄断合规指引》。虽然这些企业合规内部治理指引或者指南不具有“硬”约束力，但由于体现了企业合规行政引导相关上位法的依据，其在一定程度上对企业合规内部治理产生影响。

（四）企业合规行政促进的法制基础

行政机关利用所掌握的治理资源去激发企业合规内部治理的积极性、主动性，促进企业实现合规内部有效治理，需要建立在一定的法制基础之上。总的来看，我国企业合规行政促进的法制基础相对薄弱，仅有少数法律制度对其有所涉及。《证券公司和证券投资基金管理公司合规管理办法》第 36 条规定,“证券基金经营机构通过有效的合规管理,主动发现违法违规行为或合规风险隐患,积极妥善处理,落实责任追究,完善内部控制制度和业务流程并及时向中国证监会或其派出机构报告的,依法从轻、减轻处理;情节轻微并及时纠正违法违规行为或避免合规风险,没有造成危害后果的,不予追究责任”,这是对企业合规行政促进进行部门规章上的安排。此外,《反垄断法》对企业合规行政促进也有所涉及。《反垄断法》第 53 条规定,“对反垄断执法机构调查的涉嫌垄断行为,被调查的经营者承诺在反垄断执法机构认可的期限内采取具体措施消除该行为后果的,反垄断执法机构可以决定中止调查。中止调查的决定应当载明被调查的经营者承诺的具体内容。反垄断执法机构决定中止调查的,应当对经营者履行承诺的情况进行监督。经营者履行承诺的,反垄断执法机构可以决定终止调查”,这是对反垄断领域企业合规行政促进进行法律上的安排。《反不正当竞争法》第 7 条规定,“经营者的工作人员进行贿赂的,应当认定为经营者的行为;但是,经营者有证据证明该工作人员的行为与为经营者谋取交易机会或者竞争优势无关的除外”,这为企业反商业贿赂合规内部治理促进创造了条件,也是对反商业贿赂领域企业合规行政促进作出法律上的安排。

除此之外,我国现行其他法律制度极少涉及企业合规行政促进,虽然《公司法》第 5 条对企业合规义务和合规职责作了原则性、倡导性、号召性、宣示性规定,但实质上还是属于企业合规的自我治理范畴,企业合规行政促进并没有得到直接体现。《行政处罚法》第 32 条规定了从轻或者减轻行政处罚的情形,即主动消除或减轻违法行为危害后果、受他人胁迫或者诱骗实施违法行为、主动供述行政机关尚未掌握的违法行为、配合行政机关查处违法行为有立功表现、法律法规规章规定其他应当从轻或者减轻行政处罚等5种情形。《行政强制法》第5条规定，采用非强制手段可以达到行政管理目的的，不得设定和实施行政强制。这些规定虽然与企业合规行政促进在立法理念上有一定的契合性，但由于没有对其进行明确，根据行政法领域的“法无授权不可为”原则，在行政处罚时将企业合规纳入从轻、减轻处罚的考量，以及用企业合规内部治理作为处罚裁量的考量等企业合规行政促进存在法律依据上的待健全完善问题。整体看来，除《反垄断法》《反不正当竞争法》等少数法律对企业合规行政促进有所涉及外，企业合规行政促进的最高法律位阶的文件是部门规章，且属于特定的证券领域。

三、企业合规的行政激励制度

从行政机关介入企业合规内部治理的方式来看，企业合规的行政治理制度可以分为企业合规的行政激励制度和行政约束制度，前者的制度目标是对企业合规内部治理给予动力，后者的制度目标是对企业合规内部制度施予压力。企业合规行政激励的内涵具有时代性，对其理解应放在特定的语境下。从广义上讲，企业合规行政激励可看作政府鼓励、引导企业及其员工的经营管理行为符合法律法规、监管规定、行业准则和企业章程、规章制度以及国际条约、规则等要求的各类行政行为，其实质上是政府以其所掌握的资源对企业合规进行协商治理，体现处罚和教育相结合的政府监管理念。从狭义上讲，企业合规行政激励包括两个方面：一是作为涉案企业的违法情节、违法性质的考量因素，政府监管部门对已建立有效合规内部治理的涉案企业违法行为进行宽大处理，以及对企业违法行为与其工作人员违法行为进行隔离而保护企业；二是作为涉案企业合规整改的行政处罚替代，政府监管部门与企业达成行政和解，对承诺建设合规内部治理体系并保障其有效执行的企业予以宽大处理。[①] 研究企业合规的行政激励制度具有很强的学术价值和现实意义，下面将对企业合规行政激励制度的理论导入和实践导入进行阐释，分析企业合规行政激励制度赖以存在的理论基础，以及企业合规行政激励制度的国外缘起和国内引入，在此基础上，考察我国企业合规行政激励制度面临的困境以及对困境破解的探索。

（一）企业合规行政激励制度的理论导入

企业合规治理能在国际上引起广泛关注和推广，与企业合规行政激励制度的构建和实践是分不开的。这里就涉及了“为什么需要企业合规行政激励制度”这一理论问题，为研究这一理论问题，下面将在前述论及的基础上，对企业合规行政激励制度存在的正当性，企业合规行政激励制度中的行政权力边界，企业合规行政激励制度中的行政责任构成等进行考察，从理论上回答为什么要构建企业合规行政激励制度、如何构建企业合规行政激励制度等问题。

1. 企业合规行政激励制度存在的正当性

回应型法理论为企业合规行政激励制度存在的正当性提供了解释。一般看来，行政机关对企业合规内部治理的干预有两种方式：一种是利用行政权力强制企业合规内部治理，另一种是利用行政资源配置权，对企业合规内部治理进行鼓励和引导。回应型法理论为政府对企业合规内部治理的第二种干预方式提供了依据，该理论是塞尔兹尼克、诺内特与唐纳德·布莱克围绕美国 20 世纪中期出现的社会问题展开论战而逐步形成的，这一理论倡导相对平和的态度，如协商、讨论和妥协，主张秩序不是通过强制的方式而是通过主体间平等协商而确定的，认为法律是多元的，法律与风俗习惯和惯例三者之间很难区分。此种论点对企业合规中“规”的现代解释提供了启示，即“规”不仅仅指法律

① 参见陈瑞华：《论企业合规的中国化问题》，载《法律科学（西北政法大学学报）》2020 年第 3 期。

法规等“硬法”,还指商业惯例、商业伦理等“软法”。与回应型法理论相类似的平衡论也认为,行政主体和行政相对人之间应是平衡的关系,通过行政法的制约和激励机制的“协调运作”来激励行政相对人达到实现秩序之目的。回应型法理论倡导的理念与企业合规行政激励有着高度的契合性,这是因为企业合规行政激励实质上是行政机关采取协商的方式引导企业合规内部治理,进而与强制企业合规内部治理在理念上有着较大的差别。此外,行政法领域的处罚与教育相结合的原则也为企业合规行政激励制度存在的正当性提供了依据。“行政主体不能只强调制裁,为处罚而处罚,而应加强对当事人的教育,使其真正认识到自己行为的违法性、危害性,从而自觉守法,防止违法行为的再次发生。”①培育企业合规意识是企业合规内部治理的目标之一,作为换取宽大处理的合规内部治理制度,其本身就具有培育企业合规文化、提升企业合规意识的作用。由此看来,企业合规行政激励契合了行政法坚持的处罚与教育相结合的原则,体现了制裁和教育的双重功能。可以看出,企业合规治理一开始是企业的自我行为,回应型法、平衡论、行政法处罚与教育相结合原则等为行政机关通过行政激励来鼓励、引导企业合规内部治理提供了正当性的理论依据。

2. 企业合规行政激励制度中的权力边界

确定企业合规行政激励制度的权力边界,关键是确定企业合规的行政监管权中强制权和激励权之间的边界。行政强制权反映的是政府对企业治理的管制型单向思维。与之不同,行政激励权则反映政府对企业治理的交换式双向思维,政府利用所支配的资源与企业协商来使企业接受政府意图。在实践中,由于有的企业对利益最大化追求的“短视”,行政机关对企业合规内部治理的强制性干预在实践中难以达

---

① 张树义主编:《行政法学》(第2版),北京大学出版社2012年版,第234页。

到预期效果，由此引发了理论界和实务界对企业合规内部治理的行政激励的思考，倡导行政机关对企业合规内部治理采取激励的方式。然而，激励和约束之间的比例如何分配，与确定企业合规治理的企业自主权和行政监管权之间的边界一样，因一国的制度、市场化程度、发展阶段等不同而呈现各异。确定企业合规治理行政监管权中的强制权和激励权之间的边界应遵循以下规则：在推进企业合规内部治理中，坚持“充分发挥市场在资源配置中的决定性作用，更好发挥政府作用”的价值导向，行政激励与行政强制之间存在互补和替代并存的关系，行政激励能达到效果的，优先采取行政激励，行政激励难以达到效果的，再考虑采取行政强制。前文曾谈到，企业合规治理制度具有主体属性和工具属性。从主体属性来讲，确定企业合规的行政激励权力边界不能脱离特定的国家制度、市场化程度、发展阶段。然而，从工具属性来讲，不同的国家制度、市场化程度、发展阶段的企业合规行政激励有着共性的一面。因而，企业合规行政激励的权力有着一个被大致认可的权力范围：一方面，对已建立完善的合规内部治理制度的企业进行行政激励，即将企业合规内部治理纳入违法情节、违法性质、行政处罚的考量因素，对具有有效的合规内部治理制度的企业有宽大处理权；另一方面，对尚未建立完善合规内部治理制度的企业的违法行为实行对企业合规内部治理制度完善的和解，即对违法行为进行处理时有提出实施有效合规内部治理制度的权力，将企业有效践行合规内部治理制度作为从轻或减轻处罚甚至免于处罚的条件。

3. 企业合规行政激励制度中的行政责任

从世界各国政府治理实践来看，公共行政改革趋势是打造政府与社会合作共治的公共治理模式，[①]这种模式投射到企业合规治理领域，

① 参见苗月霞、王山：《亚洲公共行政改革的创新与发展——亚洲公共行政改革研讨会观点综述》，载《中国行政管理》2011年第9期。

就是政府肩负着鼓励、引导企业合规内部治理,实现以有限的行政资源塑造企业发展秩序的责任。鉴于企业合规治理具有保障企业可持续发展、促进企业履行社会责任、维护国家发展利益的功能,企业合规行政激励的责任就是鼓励、引导企业通过合规内部治理实现这些功能。据此,可以将企业合规行政激励责任分为三个部分,即激励企业维护国家发展利益、激励企业履行社会责任、激励企业可持续发展。政府所追求的利益目标包括政治发展利益、社会发展利益、经济发展利益,政府通过所掌握的物资资源、价值资源和权威资源对企业产生影响而实现其利益目标,①体现其所承担的责任。因此,此处将激励企业维护国家发展利益、激励企业履行社会责任、激励企业可持续发展分别看作企业合规行政激励的政治发展责任、社会发展责任和经济发展责任。(1)激励企业维护国家发展利益是企业合规行政激励的政治发展责任。企业合规不仅是企业内部治理方式,也是国家维护发展利益的手段。企业合规治理自从进入政府监管部门的视野,便承载着维护国家发展利益的责任,企业合规行政激励也与维护国家发展利益密切相关。我国应承担鼓励、引导企业通过合规内部治理,应对可能来自他国的合规风险,避免因企业的不合规行为而损害国家的发展利益。同时,也应主动运用企业合规的行政激励工具,对触犯我国法律的国外企业推行企业合规激励制度,“以牙还牙”,借此提升我国企业合规治理领域的国际话语权。(2)激励企业履行社会责任是企业合规行政激励的社会发展责任。企业社会责任理论突出资本的伦理性和商业的道德性,被引入我国后得到了快速的发展。例如,早在2006年中共中央出台的《中共中央关于构建社会主义和谐社会若干重大问题的决定》就引入了“社会责任”一词。在以股东利益为中心的企业治理模式下,企业在追求

① 参见王山:《政府与企业之间利益关系分析》,载《郑州航空工业管理学院学报》2009年第6期。

剩余价值最大化过程中所出现的劳资关系对立、环境污染、侵害债权人利益、虚假宣传、侵权假冒、产品质量低劣、商业欺诈、商业贿赂等社会问题频现。治理这些问题不仅需要“严格处罚”式的行政强制,更需要督促企业落实主体责任。在此背景下,激励企业合规内部治理成为了促进企业主动践行主体责任、落实社会责任的现实要求,也是政府治理市场经济负外部性的现实需要。(3)激励企业可持续发展是企业合规行政激励的经济发展责任。对于企业而言,不合规可能引发法律责任、受到行政处罚、造成经济或声誉损失以及其他负面影响。例如,曾一度位列美国500强公司第七位的安然公司,因内部交易和财务造假等违规行为而导致了破产,并引发了一系列的连锁反应。企业违规一旦被处罚,会因“水波效应”而对企业可持续发展产生负面影响,企业违规破产不仅会带来政府税收的损失,也会带来潜在的失业问题。企业合规内部治理具有维护企业可持续发展的功能,促进企业可持续发展成为了企业合规行政激励的经济发展责任。

(二)企业合规行政激励制度的实践导入

企业合规行政激励制度是企业治理实践的产物,企业合规行政激励制度的实践导入可以从两方面进行考察,即企业合规行政激励制度的国外缘起和企业合规行政激励制度的国内引入。

1. 企业合规行政激励制度的国外缘起

从理论和实践的演化历程来看,企业合规行政激励制度缘起于国外少数国家特定时期的特定领域,再向其他领域拓展,后被国外多数国家认可和引入,直至在我国得到一定程度的探索。通说认为,企业合规行政激励制度兴起于美国,20世纪50—60年代,美国通用等电气设备制造企业由于实施划分市场、控制招标以及操纵价格等滥用市场支配地位而遭受政府监管部门处罚,被要求进行反垄断合规承诺并保障其得到严格执行,政府监管部门将合规承诺执行情况作为认定企业违法和处罚裁量的考量因素。通用等电气设备制造领域企业反垄断合规承诺在实践中表现出了一定的有效性,也在一定程度上节省了政府的监管资源,引起政府监管部门对反垄断合规激励制度的认可和推崇。例如,美国联邦贸易委员会主席狄克逊(Dixon)在1966年就曾提到,在企业具有符合法律的内部体系并得到有效监督和诚实运营的前提下,倘若违规不是企业故意造成的,且能及时得到纠正,企业对监管部门所作出的承诺是可以相信的,①自此,企业合规承诺的行政激励制度逐渐在反垄断领域得到了广泛引入。在20世纪70—90年代,企业合规行政激励制度所涉及的领域拓展到证券领域和财税领域。例如:针对上市企业的商业贿赂行为,美国规定如果上市企业自愿向证监会披露商业贿赂信息、及时开展自我调查,就可以减轻处罚;针对政府采购中的欺诈行为,美国规定如果承包商自愿披露欺诈信息,就可以减轻处罚。21世纪以来,企业合规行政激励制度涉及的领域进一步得到了大幅度拓展,成为美国政府监管部门治理企业的常规制度。以美国证券交易委员会立案查处的案件为例,其95%是以行政和解的方式处理,而行政和解大多涉及企业建立并有效执行合规计划的要求。② 总之,美国的企业合规行政激励制度来源于企业合规的自我治理,后因其实践的有效性,以及政府监管部门治理企业不合规问题的需要,企业合规行政激励制度经历了从作为一种轻微违规监管处罚的替代工具,到成为减轻处罚的情节考量,再到监管部门要求的常规激励制度的演化轨迹。

受企业合规行政激励制度实践的有效性以及美国为维护自身发展利益而大力推进等因素的影响,企业合规行政激励制度逐渐被欧美其

---

① See Richard J. MacLaury, *Compliance Programs Under the Robinson-Patman Act and Other Antitrust Laws—The Practical Effect of Such Programs or the Absence Thereof*, Antitrust L. J. Vol. 37:1 ,p. 96 – 105 (1967).

② 参见陈瑞华:《企业合规的基本问题》,载《中国法律评论》2020年第1期。

他国家接受和借鉴，成为政府治理企业的一种常规制度工具。特别是，政府监管部门与涉案企业达成的行政和解协议，激励企业制订并监督实施合规计划，已成为西方国家普遍实施的规制企业方式。[①] 例如：意大利于2001年出台的《关于法人、公司、协会及非法人组织行政责任的法令》，规定了有效合规计划是企业避免承担责任的重要条件；[②]英国于2011年颁布的《竞争法合规指南》规定，在企业采取足够步骤进行竞争合规的情况下，对其垄断行为的经济处罚可以减轻。[③] 与此同时，受一些欧美国家的企业合规治理实践的驱动，以及一些国际组织推广企业合规内部治理制度等影响，企业合规行政激励制度在一些发展中国家逐渐得到认可。

2. 企业合规行政激励制度的国内引入

尽管我国在引入企业合规行政治理制度方面进行了一定程度上的探索，但大多是倡导性的，真正意义上的企业合规行政激励只零星出现在一些制度中。2019年修正的《反不正当竞争法》对反商业贿赂明确了严格责任制度，即企业员工实施的商业贿赂行为推定为企业行为，除非有证据证明员工的商业贿赂行为与企业无关；2015年证监会出台的《行政和解试点实施办法》（已失效），在行政监管中引入了行政和解。严格责任和行政和解在行政监管中的应用，对我国在推进企业合规行政激励方面发挥了一定的制度突破作用。我国在行政执法领域也进行了初步探索，如在阿里巴巴和美团滥用市场支配地位的反垄断案件中，均在行政处罚的同时提出加强反垄断合规的行政指导，在确定行政处

---

① See Sean G. J., *Corporate Governance in An Era of Compliance*, William & Mary Law Rev., Vol. 57:6, p. 2075 – 2140(2016).

② 参见刘霜：《意大利企业合规制度的全面解读及其启示》，载《法制与社会发展》2022年第1期。

③ 参见丁茂中：《英国竞争合规指引机制的考察与思考》，载《价格理论与实践》2014年第9期。

罚幅度时或多或少考虑了涉案企业合规整改的因素，尽管其还不算是真正意义上的企业合规行政激励。真正意义上的企业合规行政激励制度体现在2017年4月通过并于2020年3月修正的《证券公司和证券投资基金管理公司合规管理办法》中，其第36条就对企业合规行政激励进行了较为明确的规定。尽管如此，企业合规行政激励在我国还处于初步探索阶段，这与我国构建双循环新发展格局的定位不相匹配。

（三）企业合规行政激励制度所面临的困境

虽然企业合规治理制度在20世纪八九十年代随着改革开放开始被我国学界和实务界接触，但企业合规行政激励制度发展较为缓慢，其立法质量待提高、实践缺位、保障缺乏等问题，使企业合规行政激励制度面临着构建和实施上的困境。

1. 企业合规行政激励制度立法方面值得健全完善的地方

经过近20年的实践，我国企业合规内部治理已取得了一定成就，但企业合规行政激励制度的法制化水平还比较低，在现行法律法规中，除《反垄断法》外，对企业合规内部治理的行政激励基本没有涉及。在《公司法》中，第5条规定，“公司从事经营活动，必须遵守法律、行政法规，遵守社会公德、商业道德，诚实守信，接受政府和社会公众的监督，承担社会责任”，这是对企业合规内部治理作出的原则性、倡导性、号召性、宣示性条款，不具有严格约束力和强制力的行为规范，也没有对违反该条款的法律责任进行具体规定，实质上属于企业合规自我监管范畴，公司合规行政激励并没有纳入公司法视野。在《行政处罚法》中，第32条规定了从轻或者减轻行政处罚的情形，即主动消除或减轻违法行为危害后果、受他人胁迫或者诱骗实施违法行为、主动供述行政机关尚未掌握的违法行为、配合行政机关查处违法行为有立功表现、法律法规规章规定其他应当从轻或者减轻行政处罚等5种情形；第5条规定设定和实施行政处罚与违法行为的事实、性质、情节以及社会危害程度相当;第6条规定实施行政处罚,纠正违法行为,应当坚持处罚与教育相结合。在《行政强制法》中,第5条规定采用非强制手段可以达到行政管理目的的,不得设定和实施行政强制;第6条规定实施行政强制,应当坚持教育与强制相结合。虽然在立法理念上,企业合规行政激励与《行政处罚法》《行政强制法》的上述有关条款较为契合,但由于没有对其进行明确规定,根据行政法领域的"法无授权不可为"原则,在行政处罚时将企业合规内部治理纳入从轻、减轻处罚的考量,以及将企业合规内部治理作为处罚裁量的考量,存在法律依据上的风险。我国行政法规中也鲜有涉及企业合规行政激励,如在《优化营商环境条例》中,第9条规定,"市场主体应当遵守法律法规,恪守社会公德和商业道德,诚实守信、公平竞争,履行安全、质量、劳动者权益保护、消费者权益保护等方面的法定义务,在国际经贸活动中遵循国际通行规则",实际上也是对企业合规义务作出的"软法",并没有涉及企业合规内部治理的行政激励。目前,对企业合规行政激励进行较为系统规定的是证监会出台的部门规章,即《证券公司和证券投资基金管理公司合规管理办法》。该办法第36条规定,"证券基金经营机构通过有效的合规管理,主动发现违法违规行为或合规风险隐患,积极妥善处理,落实责任追究,完善内部控制制度和业务流程并及时向中国证监会或其派出机构报告的,依法从轻、减轻处理;情节轻微并及时纠正违法违规行为或避免合规风险,没有造成危害后果的,不予追究责任"。不难看出,除《反垄断法》之外,我国关于企业合规行政激励的最高法律位阶的文件是部门规章,且属于特定的证券领域,但根据《立法法》第91条"部门规章不得设定减损公民、法人和其他组织权利或者增加其义务的规范,不得增加本部门的权力或者减少本部门的法定职责"的规定,《证券公司和证券投资基金管理公司合规管理办法》所规定的企业合规行政激励存在上位法缺失风险。可见,企业合规行政激励的上位法的待健全完善问题,已经成为行政监管部门推进企业合规内部治理的“瓶颈”,“这需要我们将被实践证明科学的政策、规章、法规上升到更高的法制化高度”。①

2. 企业合规行政激励制度实践方面值得健全完善的方面

企业合规行政激励是一种协商式监管方式,前提是行政和解。虽然《中华人民共和国行政复议法实施条例》(以下简称《行政复议法实施条例》)第40条规定了行政复议的和解制度,《中华人民共和国行政诉讼法(2017年修正)》(以下简称《行政诉讼法》)规定行政机关行使法律、法规规定的自由裁量权的案件可以调解,但是现行法律鲜有涉及行政监管的和解制度,《反垄断法》第53条规定,“被调查的经营者承诺在反垄断执法机构认可的期限内采取具体措施消除该行为后果的,反垄断执法机构可以决定中止调查”,可以视为仅有的对行政和解进行规定的法律。对行政和解制度进行较为系统的规定是2015年证监会出台的《行政和解试点实施办法》(已失效),但适用该规章的案件是在2019年4月的高盛(亚洲)公司与北京高华证券涉嫌证券交易违规案件。也就是说,该部门规章出台的4年内并没有在行政处罚案件中适用行政和解制度,反映出行政和解制度在我国行政处罚案件中适用缺乏,也反映了我国企业合规行政激励在实践上的不足。

企业合规行政激励是一种让涉案企业“活下来”“好起来”的监管方式,严格责任是其基础。严格责任,也称无过错责任,是指将企业员工违法行为直接认定为企业违法行为,除非有证据予以推翻,这为企业合规激励提供了存在的前提。《反不正当竞争法》第7条中的“经营者的工作人员进行贿赂的,应当认定为经营者的行为;但是,经营者有证据证明该工作人员的行为与为经营者谋取交易机会或者竞争优势无关

---

① 王山:《科技人才开发与法制化关系》,载郜风涛主编:《稷脉:中国科技人才开发法制化研究》,中国人事出版社2012年版,第172页。

的除外”，属于典型的严格责任原则。但《行政处罚法》第5条中的“设定和实施行政处罚必须以事实为依据，与违法行为的事实、性质、情节以及社会危害程度相当”，属于过错责任。行政领域过错责任的归责原则，与企业合规激励所要求的无过错责任原则存在一定的抵牾，给企业行政合规行政激励带来障碍。

3. 企业合规行政激励制度保障方面值得健全完善的地方

在我国引入企业合规制度的过程中，除行政激励立法和实践方面的不足外，保障方面的不足也使企业合规行政激励制度面临着困境。一是企业合规行政激励缺乏制度体系上的保障。我国在刑事领域对企业合规刑事激励进行了探索，如建立涉案企业合规第三方监督评估机制，截至2022年12月，我国共建立32个省级第三方监督评估机制管理委员会、319个地市级第三方监督评估机制管理委员会、1457个县区级第三方监督评估机制管理委员会，共有成员单位1.8万余家。[①] 相比于企业合规刑事激励体系建设，我国企业合规行政激励制度体系建设则相对滞后，在企业合规有效性评价、企业合规第三方监督、企业合规行政处罚裁量等方面缺乏制度体系上的安排，造成企业合规行政激励缺乏必要的制度支撑。二是支撑企业合规行政激励的监管理念滞后。政府监管部门治理企业的回应型监管理念尚未有效体现在企业治理的实践中，习惯采取“严格处罚”“顶格处罚”“威慑性执法”等方式治理企业的违规行为。在处理“处罚”与“教育”关系的实践中，出现天平向“处罚”一端倾斜，这种理念与企业合规行政激励的理念存在一定的抵牾。三是企业合规行政激励制度缺乏人才保障。企业合规行政激励涉及企业合规的有效性评价、企业合规内部治理监督、企业合规整改等多方面，与行政处罚常用“一罚了之”相比，工作相对复杂，对行政监管

---

① 参见徐日丹：《以法律政策研究工作现代化助力检察工作现代化——专访最高人民检察院法律政策研究室主任高景峰》，载《检察日报》2023年2月25日，第3版。

人员专业素质要求要高得多,行政监管人才队伍建设现状与其要求尚存不小的差距。

(四)企业合规行政激励制度所面临困境的破解

党的十八大以来,中央对企业合规治理给予了高度重视。2018 年 8 月习近平总书记在推进"一带一路"建设工作 5 周年座谈会上强调:"要规范企业投资经营行为,合法合规经营,注意保护环境,履行社会责任,成为共建'一带一路'的形象大使。"①同年 11 月在民营企业座谈会上指出:"民营企业家要讲正气、走正道,做到聚精会神办企业、遵纪守法搞经营,在合法合规中提高企业竞争能力。"②我国企业合规行政激励虽然存在一定程度上的上位法依据不足的问题,但与上位法相关条款并不冲突。在"良法善治"背景下,企业合规内部治理是企业赢得市场、实现价值的必然选择,也成为营商环境转化为现实生产力的必然要求和应有之义。及时破解企业合规行政激励制度方面的立法、实践、保障等困境具有现实必要性和可行性。

1. 企业合规行政激励制度立法上的破解

在"法无授权不可为"的行政理念下,企业合规行政激励制度在上位法依据待健全完善的情况下容易产生行政风险,难以达到激励企业合规内部治理的效果。因此,破解立法上的待健全完善问题是推进企业合规行政激励的首要任务。一方面,在推动法律制定和修订(正)时将企业合规行政激励纳入其中。例如,在《公司法》中,在第 5 条中,明确董事、监事、高级管理员的合规义务,明确政府监管部门激励企业合规内部治理的责任。再如,在《行政处罚法》中,在第 32 条中增加企业

---

① 《习近平:坚持对话协商共建共享合作共赢交流互鉴 推动共建"一带一路"走深走实造福人民》,载《人民日报》2018 年 8 月 28 日,第 1 版。

② 《习近平:在民营企业座谈会上的讲话》,载《人民日报》2018 年 11 月 2 日,第 2 版。

建立完善合规内部治理制度、有效执行企业合规内部治理制度给予从轻或者减轻处罚的情形。又如,在《行政强制法》中,在第5条中增加企业实施有效合规内部治理制度能达到制止违法行为、防止证据损毁、避免危害发生、控制危险扩大等效果的,可以不采取行政强制措施。另一方面,在制定和修订(正)现行法律配套法规、部门规章时,在不与上位法冲突的前提下,将企业合规行政激励纳入其中。例如,在制定和修订(正)以《行政处罚法》为上位法的法规、部门规章时,对《行政处罚法》第32条中的"法律、法规、规章规定其他应当从轻或者减轻行政处罚的"进行细化,将企业合规行政激励相关内容纳入其中。

2. 企业合规行政激励制度实践上的破解

企业合规行政激励的实践不足除与上位法质量不高有关之外,也与行政和解制度在我国没有得到有效推行有关。《反垄断法》第53条虽然规定被调查的经营者承诺有效消除违法后果的,可以中止调查甚至终止调查,但与真正意义上的行政和解还存在一定的差距;证监会出台的《行政和解试点实施办法》(已失效)在实践中应用范围较为狭窄。值得一提的是,我国行政诉讼领域长期受"公权力不可处分"理论的影响,否认了行政诉讼和解制度,然而在实践中,行政诉讼和解制度释放出了其生命力,2017年修正的《行政诉讼法》有限度地引入了行政诉讼和解制度。受此启示,可以在《行政处罚法》中明确行政和解制度,如在"总则"关于应当坚持处罚与教育相结合的条款中,增加"行政和解能达到行政处罚目的的,可以采取行政和解"等内容。此外,由于企业合规行政激励具有保护无辜第三人的价值,起到保护企业和无辜者、惩罚违法者的作用,这对行政领域提出了严格责任要求。目前,严格责任原则只在《反不正当竞争法》的反商业贿赂条款中得到体现,应用十分有限,明确企业严格责任规则的原则,对企业行政合规激励有着牵引作用。可以在《行政处罚法》第5条关于"设定和实施行政处罚必须以事实为依据,与违法行为的事实、性质、情节以及社会危害程度相当”条款中,增加“涉及企业工作人员履行职务中的违法行为,一般认定为企业行为,有证据证明该工作人员行为与谋取该组织利益无关的除外”。

3. 企业合规行政激励制度保障方面的破解

提升企业合规行政激励的保障水平对破解企业合规行政激励困境产生直接的影响,破解企业合规行政激励保障的不足需要做好三个方面的工作。一是建设企业合规行政激励的制度体系。对企业合规行政激励进行“顶层设计”,包括对企业合规的行政激励权力与责任、行政激励内容、行政激励运行机制、企业合规内部治理的有效性评价、企业合规第三方监督、企业合规行政处罚裁量等在内的制度进行系统化构建,有效解决企业合规行政激励制度“碎片化”带来的不确定性问题。二是将回应型法理念有效贯彻到行政机关治理企业的实践中,统筹行政领域的处罚与教育定位,兼顾企业合规的行政强制和行政激励,适度弱化“严格处罚”“顶格处罚”“威慑性执法”理念,强化对企业合规行政激励的理念。三是加强企业合规行政激励领域人才开发。将企业合规行政激励纳入绩效考核体系,结合企业合规行政激励的工作实际,实施有别于行政处罚的绩效考核。实施企业合规行政激励相关专业技能的培训,提升行政监管人员鼓励、引导企业合规内部治理的技能。加强专家型人才的“柔性”使用,建设企业合规治理专家资源库,实施企业合规治理的专家监督制度。

四、企业合规的行政约束制度

相比于企业合规行政激励制度,企业合规行政约束制度体现了行政机关介入企业合规内部治理的强制性,这种强制性对企业开展企业合规内部治理产生外在压力。企业合规行政约束制度可从两个层面来理解:一是行政机关对企业合规的义务作出约束,即企业及其员工的经营管理行为应符合法律法规、监管规定、行业准则和企业章程、规章制度以及国际条约、规则等要求,并不是企业基于自愿而是基于义务;二是行政机关对企业内部治理行为作出约束,即企业及其员工应进行企业合规内部治理。也就是说,行政机关不仅仅要求企业及其员工的行为合规,而且要求企业及其员工为实施合规行为而进行自我预防、应对和改进。研究企业合规行政约束制度具有很强的理论价值和现实意义。

(一)企业合规行政约束制度的理论导入

鉴于对企业合规行政约束制度有两个层面上的理解,可以将企业合规行政约束制度的理论导入进行相应的分类,即作为企业合规义务的企业合规行政约束制度和作为合规治理行为的企业合规行政约束制度。

1. 作为企业合规义务的企业合规行政约束制度

通说上的企业合规之"规"既指符合法律法规、监管规定等基于国家意志的"硬法",也指基于特定主体意志的"准硬法",如基于集体意志的行业准则,基于企业自身意志的企业章程、规章制度等,基于国际经贸秩序意志的国际条约、规则,还指基于商业道德自律的商业准则、商业伦理等"软法"。由此,对作为企业合规义务的企业合规行政约束制度的理论导入可以从基于国家意志的"硬法"、基于特定主体意志的"准硬法"、基于企业自身意志的"软法"等三个方面进行考察。

(1)在基于国家意志的"硬法"方面,权力得以设立和行使的根据也许是多样的,包括社会的、政治的、经济的、历史的、文化的等,但是最直接的根据只能是法律,[①]行政权在严格意义上,就是法律执行权,把法律确定为政府的行为准则,要求其严格执行,[②]法律法规以及以法律法规为其上位法依据的监管规定等"硬法",是行政机关约束权介入企

---

① 参见卓泽渊:《法政治学研究》(第3版),法律出版社2018年版,第155页。

② 参见卓泽渊:《法政治学研究》(第3版),法律出版社2018年版,第234页。

业合规内部治理的直接根据,也是行政机关介入企业合规内部治理的行为准则。由此可见,法律法规以及监管规定对企业义务职责的规定给予了企业合规行政约束的可能性,行政机关要求企业经营管理行为符合法律法规和监管规定等“硬法”要求具有明显的正当性,当企业经营管理行为不符合“硬法”要求,行政机关可以实施相应的惩罚。也就是说,企业有主动符合“硬法”的责任和义务,作为执行法律的行政机关,其对企业主动符合“硬法”有约束权。

(2)在基于特定主体意志的“准硬法”方面,无论是基于集体意志的行业准则,还是基于企业自身意志的企业章程、规章制度等,或是国际经贸秩序意志的国际条约、规则,均属于企业自治范畴,行政机关不宜对其进行直接约束,否则可能导致行政权力对企业合规内部治理的不当干预。然而,基于对行政合理性原则的共识,行政机关行使权力的内容和结果应当公平、适度、合乎情理,具有可行性。① 行政机关在实施行政行为时,应当全面衡量有关的公共利益和个人利益,采取相对人权益造成限制或损害最小的行政行为。② 在此情况下,如果法律中对企业遵守这些“准硬法”作了原则性规定(事实上有法律对遵守这些“准硬法”作了原则性的规定),在符合比例原则的前提下,行政机关对企业合规内部治理进行的适当约束具有一定正当性,当然,这类约束应限制在必要的范围内。例如,如果基于集体意志的行业准则涉及公共安全等公共利益且具有较好的自律效能时,行政机关可以对企业符合行业准则作出相应的约束。再如,基于国际经贸秩序意志的国际条约、规则能有效保护本国企业利益和国家利益时,行政机关可以对企业符合国际条约、国家规则作出必要的约束。

---

① 参见王连昌、马怀德主编:《行政法学》,中国政法大学出版社 2002 年版,第 27 页。

② 参见张树义主编:《行政法学》(第 2 版),北京大学出版社 2012 年版,第 30 页。

(3)在基于企业自身意志的“软法”方面,这类“软法”属于企业自治范畴,是企业依法行使企业治理自治权的体现,对于这类“软法”,行政机关一般不宜对其合规内部治理进行直接约束。然而,在一些特殊的行业,如容易引发安全风险且这种安全风险直接关乎人民群众生命和财产安全的行业,行政机关对该行业领域企业遵守“软法”作出约束,能达到行业秩序治理的目的,行政机关可以在必要情况下对企业主动符合“软法”进行必要的约束,但这种约束应有严格的限制。

2. 作为合规内部治理行为的企业合规行政约束制度

企业合规内部治理是企业使其经营管理行为主动符合“规”所规定的要求的行为,在某种程度上属于企业内部治理的范畴,企业对其进行约束是源于单纯依靠企业内部治理的自觉难以产生效果的情形。在“充分发挥市场在资源配置中的决定性作用,更好发挥政府作用”语境中,企业合规行政约束制度宜适当让位于企业合规行政激励制度,即在企业合规行政激励制度难以奏效时,作为合规内部治理行为的企业合规行政约束制度才得以介入。企业合规行政约束制度在形式上一般表现为行政机关对企业合规内部治理组织和职责、制度建设、运行机制、评价与追责、合规文化建设等进行约束,企业在所约束的框架下开展企业合规内部治理,从而表现出对企业合规内部治理的约束性。

行政机关对企业合规内部治理行为进行约束通常存在于以下三种领域:第一种是某些合规风险极易发生、容易引发公共损失的领域,如金融领域。第二种是政府特许经营的领域。这一领域是政府根据公共事业、公共安全、社会福利的需要或法律的规定,授权企业生产经营某种特定的产品,或使用公共财产在某地区享有经营某种业务的独占权,由于该独占权体现了行政机关意图,对此类企业合规内部治理予以行政约束便有了其正当性。第三种是国有企业领域。代表国家履行国有独资企业、国有独资公司以及国有资本控股公司出资人职责的政府对国有企业合规内部治理进行约束，虽然从实质上看这属于企业的内部治理行为，是国有公司制企业的股东或者董事会对企业合规内部治理进行的约束，但由于政府具有出资人代表的特殊性，可以看作行政机关对企业合规内部治理进行约束的一种特殊情形。

企业合规行政约束制度重在事前预防，体现了事前预防、事中控制、事后惩罚的系统性行政监管思维。从行政监管效能来说，事后惩罚不如事中控制，事中控制不如事前预防。这是因为事前预防不仅可以使企业规避或减少合规风险，从而减少对公共利益损害的可能性，而且能节约政府行政成本，提升政府形象。当然，由于行政约束反映的是行政机关对企业治理的管制型单向思维，企业出于对行政强制的敬畏而被动迎合政府意图，企业合规行政约束应遵循必要的边界，其对企业合规内部治理的行政约束，以不能阻碍企业应有的经营自治权为前提，应在发挥企业合规内部治理和行政机关有效约束之间进行合理的平衡。

（二）企业合规行政约束制度的实践导入

从作为企业合规义务的企业合规行政约束制度来看，只要行政机关存在约束企业主动符合“规”的要求，就意味着存在企业合规行政约束制度。基于这个视角，企业合规行政约束制度在20世纪初的美国出现时，当时美国改变了长期以来所坚持的自由放任监管制度，在某些食品、证券等领域加强了监管，如1933年《格拉斯－斯蒂格尔法》《证券法》及1934年《证券交易法》强化了企业的信息披露责任，可以看作作为企业合规义务的企业合规行政约束制度。

从作为合规内部治理行为的企业合规行政约束制度来看，企业合规行政约束制度是在企业合规内部治理实践发展到一定程度上出现的，其出现在20世纪70年代以后，企业合规内部治理所取得的积极成果促使美国行政监管部门对军工、证券、财税、环保等领域企业合规内部治理提出了约束性要求。例如，1988年美国出台了《内幕交易与证券欺诈执行法案》,对证券领域企业合规制度进行了规定,促使证券企业参与行业监管。再如,2002 年美国出台的《上市公司会计改革和投资者保护法案》强化行政机关对企业合规内部治理的行政约束,如规定行政机关对上市公司建立内部控制体系的督促职责,规定上市企业管理层对内部控制体系的建立、运行、评估、披露等责任。值得指出的是,美国企业合规行政约束是与行政合规行政激励伴随在一起的。也就是说,在企业合规行政约束的同时匹配相应的行政激励,体现了"激励 + 约束"的企业合规行政约束与行政激励有机融合的特点。例如,前述《内幕交易与证券欺诈执行法案》在规定企业合规行政约束的同时,提出了相应的企业合规行政激励,如该法案规定如果上市企业自愿向证监会披露商业贿赂信息、及时开展自我调查,就可以减轻处罚,针对政府采购中的欺诈行为,美国规定了如果承包商自愿披露欺诈信息,就可以减轻处罚。

我国在企业合规行政约束方面进行的探索,可以分为作为企业合规义务的企业合规行政约束制度和作为合规治理行为的企业合规行政约束制度。

在作为企业合规义务的企业合规行政约束制度的实践探索方面,企业主体、行业治理、特定领域有关法律制度等在一定程度上对企业的合规义务进行了约束,如《公司法》《合伙企业法》《个人独资企业法》等企业主体相关法律对企业合规义务进行了规定,《商业银行法》《保险法》《证券法》《数据安全法》等行业治理相关法律制度对行业领域企业合规义务进行了规定,《反垄断法》《反不正当竞争法》《产品质量法》《食品安全法》《环境保护法》等特定领域的法律制度对企业合规义务进行了约束。虽然这些约束属于倡导性约束,其对企业合规的行政约束力较弱,但这些法律制度以及基于该法律制度的相关配套性约束性制度,可以看作作为企业合规义务的企业合规行政约束制度。可以这样认为,我国作为企业合规义务的企业合规行政约束制度虽然散落于不同的法律制度中,但从整体上看,此种视角下的企业合规行政约束制度供给相对较多,对企业合规内部治理产生一定程度上的约束作用。

相对于作为企业合规义务的企业合规行政约束制度,我国作为合规治理行为的企业合规行政约束制度则较少,只有少数行政机关出台了该语境中的企业合规行政约束制度,比较有代表性的企业合规行政约束制度出现在金融领域。2016 年 12 月原保监会出台了保险领域的企业合规行政约束规范性文件,即《保险公司合规管理办法》。该办法对保险公司董事会、监事会和总经理的合规职责,合规负责人和合规治理部门,合规治理,合规的外部监督等进行了约束性规定。证监会 2017 年 4 月通过并于 2020 年 3 月修正的证券领域企业合规行政约束部门规章,即《证券公司和证券投资基金管理公司合规管理办法》,对证券公司和证券投资基金管理公司的合规治理职责、合规治理保障、监督管理与法律责任等进行了约束。2022 年 8 月出台的《中央企业合规管理办法》对中央企业合规治理的组织和职责、制度建设、合规文化、信息化建设、监督问责等方面进行了约束。此外,在一些中央或部委层面的制度供给中也涉及了企业合规行政约束相关内容。例如:2015 年 8 月出台的中共中央、国务院《关于深化国有企业改革的指导意见》提出“推进企业依法经营、合规管理”的要求;2021 年 10 月国务院国资委出台的《关于进一步深化法治央企建设的意见》提出“到 2025 年中央企业基本建立全面覆盖、有效运行的合规治理体系”的要求,对建立合规治理工作机制,建设主要负责人领导、总法律顾问牵头、法务管理机构归口、相关部门协同联动的合规治理体系,构建法律、合规、内控、风险管理协同运作机制等进行规定。此外,国务院国资委于 2018 年 11 月出台的《中央企业合规管理指引(试行)》,国家发展改革委等于 2018 年 12 月印发的《企业境外经营合规管理指引》,国务院反垄断委员会于2020年9月印发的《经营者反垄断合规指南》，国家市场监管总局于2021年11月出台的《企业境外反垄断合规指引》均属于指导性文件，虽然对企业合规内部治理不产生强制性的约束力，但由于行政监管部门的监管地位，这些指引对企业也具备一定程度上的“软约束”作用。

(三)企业合规行政约束制度面临的困境

企业合规行政约束制度与企业合规行政激励制度构成行政机关规范、引导、促进企业合规内部治理的“两驾马车”，企业合规行政激励制度催生企业合规内部治理的内在动力，企业合规行政约束制度催生企业合规内部治理的外在压力，企业合规行政约束制度与企业合规行政激励制度共同驱动企业进行合规内部治理，促使企业通过合规内部治理实现可持续发展、保障国家利益实现。一些行政机关在企业合规行政约束方面进行一定程度的探索，在促进我国企业合规内部治理方面发挥了一定作用。但总的来看，我国企业合规行政约束制度在实践中遭遇一定的困境，离“充分发挥市场在资源配置中的决定性作用，更好发挥政府作用”的要求尚存在差距，企业合规行政约束在推进实现国家治理体系和治理能力现代化方面的作用有待提升。

1. 企业合规行政约束制度约束力方面值得健全完善的地方

企业合规行政约束制度的约束力与其法律依据和法律位阶密切相关，一般来看，如果企业合规行政约束制度有着明确的高位阶的法律依据或者本身属于高法律位阶的法律制度，其对企业合规内部治理产生的约束力就越强；反之，如果企业合规行政约束制度的上位法依据的位阶较低或者本身属于低法律位阶的制度，其对企业合规内部治理产生的约束力一般比较有限。

从作为企业合规义务的企业合规行政约束制度来看，虽然在我国有关经营主体、行业治理、特定领域治理法律法规中，有不少涉及了对企业合规义务的规定，但总的来看，这些所规定的企业合规义务相关内容基本为倡导性条款,对企业不主动履行合规义务的行为主要靠相关违法行为的法律责任来惩罚,而没有直接对企业是否主动实施合规内部治理的行为进行处罚,或者说,对企业不合规行为的实施过程缺乏约束性的手段,其惩罚手段主要在企业不合规行为造成后果时才能介入,而不是在企业不合规行为实施过程中就介入。实际上,对于一些合规风险较大且易引发公共安全风险的企业不合规行为,其过程治理尤为重要。然而,从现有有关法律制度的供给来看,除对企业合规义务和责任进行倡导性规定外,鲜有相应的惩罚手段,导致基于合规义务本身的企业合规行政约束制度的约束力不够。

从作为合规治理行为的企业合规行政约束制度来看,目前具有约束力的制度主要是金融领域两个规范文件,即 2016 年 12 月原保监会的《保险公司合规管理办法》和证监会 2017 年 4 月通过并于 2020 年 3 月修正的《证券公司和证券投资基金管理公司合规管理办法》。前者属于法律位阶较低的一般规范性文件,后者属于部门规章。很显然,即使存在合规行政约束制度的保险和证券领域,其法律位阶仍然比较低,其他领域企业合规行政约束更是如此,法律位阶不高的企业合规行政约束制度使行政机关在规范、引导、促进企业合规内部治理时的约束作用相当有限。在企业合规行政约束的实践中,由于其制度的上位法依据或者其本身法律位阶等方面的问题,企业合规行政约束制度或是缺乏应有的约束力,或是在实践中被忽视。

2. 企业合规行政约束制度衔接性方面值得健全完善的地方

要使企业合规行政约束制度催生的企业合规内部治理的外在压力与企业合规行政激励制度催生的企业合规内部治理的内在动力产生合力,需要企业合规行政约束制度与企业合规行政激励制度相互配合、相得益彰,唯有如此,才能形成企业合规行政约束制度的约束效应和企业合规行政激励制度的激励效应的有效叠加。无论是作为企业合规义务的企业合规行政约束制度，还是作为合规治理行为的企业合规行政约束制度，其与企业合规行政激励制度均存在衔接性不够的问题。就作为企业合规义务的企业合规行政约束制度而言，其对企业合规义务的约束与企业合规行政激励之间缺乏协同性。以《公司法》对企业合规义务的约束为例，其第5条规定，“公司从事经营活动，必须遵守法律、行政法规，遵守社会公德、商业道德，诚实守信，接受政府和社会公众的监督，承担社会责任”，这可以看作对公司制企业合规义务的倡导性约束，但在该法中没有对相应的行政激励进行规定，使这一条款既没有对企业合规治理产生硬性的约束力，也没有对企业合规治理产生相应的激励的内在动力。就作为合规治理行为的企业合规行政约束制度而言，企业合规行政约束制度也没有和行政激励制度实现融合，原保监会《保险公司合规管理办法》对保险企业合规内部治理的行政约束进行了规定，但其中没有涉及对保险企业合规的行政激励，使该办法有外在的约束而没有相应的激励，企业合规约束和企业合规激励没有形成合力。在证监会《证券公司和证券投资基金管理公司合规管理办法》中，在对证券公司和证券投资基金管理公司合规治理进行约束的同时，其第36条对企业合规行政激励进行了规定，即“证券基金经营机构通过有效的合规管理，主动发现违法违规行为或合规风险隐患，积极妥善处理，落实责任追究，完善内部控制制度和业务流程并及时向中国证监会或其派出机构报告的，依法从轻、减轻处理；情节轻微并及时纠正违法违规行为或避免合规风险，没有造成危害后果的，不予追究责任。对于证券基金经营机构的违法违规行为，合规负责人已经按照本办法的规定尽职履行审查、监督、检查和报告职责的，不予追究责任”，体现了企业合规行政约束与企业合规行政激励的相互融合。然而迄今为止，在其他领域企业合规行政约束制度和企业合规行政激励制度相互融合还不多见。

3. 企业合规行政约束制度体系化方面值得健全完善的地方

在作为合规义务的企业合规行政约束制度方面,相关规定散落在经营主体、行业治理、特定领域治理等的相关法律制度中,且多为倡导性规定,如《公司法》虽然对企业合规义务进行了倡导性规定,但对企业董事会、监事会、管理层等合规义务缺乏明确的规定,也没有在相关配套法规和部门规章中予以体现,并且没有对违反合规义务的惩罚进行规定。在作为合规治理行为的企业合规行政约束制度方面,虽然原保监会《保险公司合规管理办法》、证监会《证券公司和证券投资基金管理公司合规管理办法》分别对保险公司和证券基金经营机构的合规行政约束进行了较为系统化的规定,但在其他应建立企业合规行政约束制度的领域并没有得到体现。

(四)企业合规行政约束制度所面临困境的破解

企业合规行政约束制度是行政机关介入企业合规内部治理的重要方式,由于其依赖于行政机关的权威而施于企业的外在约束,直接体现了行政机关介入企业合规内部治理的意图。企业合规行政约束制度要产生应有之效果,就需要一定的约束力、与行政激励有较好的衔接性、具有较为健全完善的体系。然而,在企业合规行政约束制度构建及其实践中,企业合规行政约束制度所存在的约束力不够、衔接性不足、体系化不高等困境,制约了企业合规行政约束制度效能的发挥。可见,破解企业合规行政约束制度的约束力、衔接性、体系化等困境对更好发挥行政机关在规范、引导、促进企业合规内部治理方面具有现实必要性。

1. 增强企业合规行政约束制度的约束力

企业合规行政约束制度的生命力在于其具有一定的约束力,没有一定的约束力,企业合规行政约束制度就失去了其存在价值。增强企业合规行政约束制度的约束力可从两个方面着手,即明确并提升其上位法依据和提升企业合规行政约束制度的法律位阶。

在明确并提升其上位法依据方面,可以在制定和修订(正)经营主体、行业治理、特定领域治理等相关法律制度时,将企业合规行政约束有关内容纳入其中。例如,在《公司法》中,对其第5条,增加相应的行政约束条款,明确行政机关对违反第5条可以依照有关规定进行干预的条款。再如,在《保险法》中,对其第85条"保险公司应当聘用专业人员,建立精算报告制度和合规报告制度",增加相应的行政约束条款,明确对没有建立有效合规报告制度的可以依照有关规定进行干预的约束条款。又如,在《反垄断法》中,增加行政机关可以依照有关规定,要求特定企业建立反垄断合规内部治理制度的约束性条款。

在提升企业合规行政约束制度法律位阶方面,目前企业合规行政约束制度本身的最高法律位阶是部门规章,即证监会《证券公司和证券投资基金管理公司合规管理办法》,除了原保监会《保险公司合规管理办法》属于一般规范性文件,其他的皆是指南或者指引,如国务院反垄断委员会于2020年9月印发的《经营者反垄断合规指南》。对此,可考虑以法律或者行政法规形式出台企业合规行政约束制度,对行政机关约束企业合规内部治理的权力、义务、原则、内容、保障等作出一般性的规定,有关行政机关可以对合规风险较大且易引发公共利益风险的领域,制定专门的部门规章以约束企业合规内部治理行为。

2. 增强企业合规行政约束制度与激励制度之间的衔接性

企业的行为和动机是由利益决定的,实施惩罚的威胁并给予奖励的引诱能形成促使企业按照行政机关意图行事的外在压力和内在动力。也就是说,在行政机关介入企业内部治理时,需要企业合规行政约束和企业合规行政激励共同发力,才能产生应有的效果,这就要求企业合规行政约束制度与企业合规行政激励制度之间有着一定的衔接性。纵观国外有关国家的行政机关介入企业合规内部治理的实践,大多采取行政约束与行政激励协同发力的模式,即在明确企业合规内部治理义务和责任的同时,对主动建立合规内部治理制度并具有良好的实施效果的企业,给予从轻、减轻、免于行政处罚等相应的行政激励。从作为合规义务的企业合规行政约束制度来看,无论是相关经营主体法律制度,还是相关行业治理、特定领域治理法律制度,一般没有涉及行政激励有关内容。从作为合规内部治理行为的企业合规行政约束制度来看,我国除了证监会《证券公司和证券投资基金管理公司合规管理办法》在其行政约束的同时辅以行政激励,其他的有关行政合规行政约束制度鲜有涉及行政激励制度,如原保监会《保险公司合规管理办法》就没有对相应的行政激励进行规定。

鉴于此,需要树立“激励+约束”的行政介入企业合规内部治理的思维,使企业合规行政约束制度与企业合规行政激励制度相衔接,在企业合规行政约束制度中辅以相应的行政激励措施。在制定和修订(正)企业合规行政约束制度时,可以考虑对于有效践行企业合规行政约束制度的企业,在评估其践行行政约束制度有效性基础上,给予其从轻、减轻、免于行政处罚,或者中止调查、终止调查等相应的行政激励。此外,在制定和修订(正)“软约束力”的企业合规内部治理或指南时,可以在现行法律制度框架内明确给予企业合规内部治理一定的行政激励相关内容安排,即在“软约束力”的企业合规内部治理指引或指南中体现“激励+约束”的企业合规行政治理的理念。

3.增强企业合规行政约束制度的体系化

企业合规行政约束制度是一个有机的系统。以行政约束制度组成要素来划分,其包括涉及企业合规内部治理的行政约束主体、行政约束权力和责任、行政约束方式、行政约束机制、行政约束保障等;以行政约束制度所涉及的范围来划分,其包括通用性企业合规行政约束制度、特定领域企业合规行政约束制度;以行政约束制度的法律位阶来划分,其包括法律层面的企业合规行政约束制度、行政法规层面的企业合规行政约束制度、部门规章层面的企业合规行政约束制度、地方性法规层面的企业合规行政约束制度、地方政府部门规章层面的企业合规行政约束制度,以及其他一般规范层面的行政约束制度。从作为企业合规义务的企业合规行政约束制度来看,对企业合规义务约束散见于经营主体、行业治理、特定领域治理相关法律制度;从作为合规内部治理行为的企业合规行政约束制度供给来看,无论是行政约束制度组成要素、所涉及范围,还是行政约束制度法律位阶,都没有形成较为健全的体系,除保险、证券等金融领域之外,其他领域尚没有较为系统的企业合规行政约束制度。对此,需要将增强企业合规行政约束制度的体系化作为行政机关介入企业合规内部治理的重要抓手。一方面,对行政约束制度体系建设进行顶层设计,对建设什么样的企业合规行政约束制度体系、如何建设企业合规行政约束制度体系等进行系统性设计,可以以法律或行政法规形式对企业合规行政约束制度进行一般的规范,为企业合规行政约束制度体系建设提供框架;另一方面,借鉴证券领域企业合规行政约束制度建设经验,对于合规风险较大且易引发公共利益风险的领域,以部门规章形式对其企业合规行政约束进行规范,如对该领域企业合规内部治理职责、合规内部治理保障、监督管理与法律责任等进行明确,给予企业合规内部治理以必要的规范和约束。

第七章　企业合规的刑事治理制度

一、企业合规刑事治理制度的应用场景

企业合规刑事治理制度的应用场景是指刑事司法机关基于特定目的而构建和实施企业合规刑事治理制度的具体场合，其目的是解决刑事司法机关在何种情形下借助企业合规刑事治理制度来解决企业在经营管理活动中因不合规行为而涉嫌犯罪的问题。在一般情况下，企业合规刑事治理制度可应用于多个刑事司法活动场景中，包括对涉嫌企业犯罪的侦查、起诉、审判等，涉及运用刑事手段对因不合规行为而涉嫌犯罪企业的合规内部治理进行规范、引导、促进等行为，体现对企业不合规行为的刑事约束和对企业合规行为的刑事激励。从企业合规刑事治理的效能来看，刑事侦查阶段的企业合规刑事治理制度、刑事起诉阶段的企业合规刑事治理制度、刑事审判阶段的企业合规刑事治理制度

需保持相应的衔接性。

(一)刑事侦查阶段的企业合规刑事治理制度

在刑事侦查机关依照法定程序,对已立案的企业收集证据、证实犯罪、查处涉嫌犯罪、对犯罪嫌疑人采取必要强制措施等侦查活动中,刑事侦查机关可以从不同角度构建企业合规刑事治理制度。在收集证据方面,刑事侦查机关在收集企业及其员工涉嫌犯罪的证据时,可以将企业合规内部治理情况有关证据纳入其中,作为证明企业及其员工是否涉嫌犯罪的有效证据之一。在证实犯罪方面,企业合规内部治理在一定程度上反映了企业对不合规行为的态度以及履行合规内部治理义务的程度,刑事侦查机关可以将企业合规内部治理作为证实涉嫌犯罪是属于企业行为还是属于企业员工个人行为,以及作为证实涉嫌犯罪的情节、性质、社会危害性的重要依据。在查处涉嫌犯罪方面,在企业建立企业合规内部治理制度情况下,企业合规内部治理有效性与否可以作为认定企业员工不合规行为是否属于企业不合规行为的重要参考,侦查机关可以通过企业合规内部治理情况来确认对不合规行为承担刑事责任的主体。如果涉嫌犯罪的行为属于企业行为,那么确认企业相关责任人的刑事责任;如果涉嫌犯罪的行为属于企业员工行为,那么企业员工应承担刑事责任,而不累及企业及其相关责任人。在对犯罪嫌疑人采取必要强制措施方面,如果企业已构建有效的合规内部治理制度并采取必要措施保障合规内部治理制度得以有效实行,那么在一定程度上说明了企业主动配合调查的态度,以及具备防止不合规行为社会危害性扩大的自我能力。这可以在一定程度上削弱刑事侦查机关对其企业及其相关负责人采取强制措施的必要性,可以减少因采取刑事强制措施对企业经营管理活动带来的负面影响。例如,在对涉嫌犯罪企业的相关责任人进行逮捕时,可以将企业的合规内部治理情况作为申请、批准逮捕的考量因素。由此可见,企业合规刑事治理制度可以应用于刑事侦查的整个阶段。也就是说,刑事侦查机关在企业合规刑事治理方面扮演着重要的角色。

(二)刑事起诉阶段的企业合规刑事治理制度

在对涉嫌犯罪企业提起刑事诉讼、追究涉嫌犯罪企业的刑事责任的刑事起诉活动中,起诉主体可以从不同角度运用企业合规刑事治理制度。在刑事自诉案件中,起诉人在起诉企业涉嫌犯罪时,可以将企业合规内部治理情况作为其诉求主张的重要证据,辩护人可以证明企业合规内部治理的有效性来对起诉人的诉求进行抗辩。从国外有关企业刑事合规治理的实践来看,公诉阶段的企业合规刑事治理在企业合规刑事治理体系中占有极为重要的地位。例如,美国刑事司法机关与涉嫌犯罪企业签订延期起诉协议和不起诉协议等制度。鉴于此,在公诉案件中,公诉机关可以在不起诉、附条件不起诉、延缓起诉、直接起诉等四种情形下应用企业合规刑事治理制度。

在不起诉方面,如果企业涉嫌犯罪的不合规行为属于轻微犯罪行为,在企业已建立较为健全的企业合规内部治理制度的场景中,公诉机关可以据此不予起诉,或者将其移交行政机关予以行政处罚。这是因为企业合规内部治理制度具有纠正企业不合规行为的自愈机制,在秉持刑事谦抑的原则下,对此种情形不予起诉具有刑法上的正当性。

在附条件不起诉方面,公诉机关可以结合企业涉嫌犯罪的情节、性质和社会危害性,对于附条件不起诉能达到刑事治理目的的,可以将企业的合规内部治理情况纳入附条件不起诉的范畴,附条件可以采取检察建议、促使企业承诺建立并实施有效合规内部治理制度等方式。相比于直接不起诉的情形,采取附条件不起诉可以对企业合规内部治理发挥督促作用,体现公诉机关介入企业合规内部治理的主动性。

在延缓起诉方面,对于不宜采取不起诉或者附条件不起诉的情形,公诉机关可采取延缓起诉的方式,对涉嫌犯罪企业的合规内部治理有效性进行跟踪考察。如果企业在既定期限内建立并实施了有效的合规内部治理制度,该企业合规内部治理制度能有效预防或制止未来不合规行为的发生,公诉机关在进行评估并采取措施的基础上对企业合规内部治理制度构建与实施进行监督,据此可以对涉嫌犯罪的企业作出暂缓起诉的决定。在既定期限内,如果企业按照公诉机关要求建立并实施有效的企业合规内部治理制度,公诉机关在进行评估的基础上确定企业合规内部治理达到了既定要求,可以据此对涉嫌犯罪的企业不予起诉;反之,如果企业没有按照公诉机关要求建立有效的企业合规内部治理制度或者没有有效实施企业合规内部治理制度,公诉机关可以据此对涉嫌犯罪的企业提起公诉。

在直接提起公诉方面,倘若公诉机关结合企业合规内部治理的实际,确认不起诉、附条件不起诉、延缓起诉等均不能对其达到刑事治理目的,公诉机关可以据此对其提起公诉,相比于前述中的不起诉、附条件不起诉、暂缓起诉所具有的刑事激励属性,对涉嫌犯罪企业提起公诉则体现了对企业合规内部治理的刑事约束性。

(三)刑事审判阶段的企业合规刑事治理制度

无论是刑事自诉案件,还是公诉案件,审判阶段刑事审判机关均可以将企业合规刑事治理制度作为规范、引导、促进企业合规内部治理的有效工具。

在自诉案件中,刑事审判机关可以对自诉人和被告人的企业合规内部治理举证责任进行分配,结合企业的合规内部治理情况有效性证据对自诉案件中的犯罪事实、犯罪性质、犯罪情节、犯罪危害性进行认定,并据此对自述案件中的刑事责任进行确认。例如,在企业合规内部治理举证责任分配时,由于企业合规内部治理很大程度上属于企业内部治理行为,自诉人通常较难获得相关证据,刑事审判机关可以在不违反刑事自诉案件法定举证责任的原则下,对证据责任分配作出有利于自诉人的适当调整,或者依职权对企业合规内部治理情况进行取证。

在公诉案件中,审判机关可以将企业的合规内部治理情况纳入涉嫌犯罪的证据体系,赋予企业合规内部治理制度在举证、质证中的地位,将企业合规内部治理制度有效性的证据作为认定涉嫌犯罪企业不合规行为的犯罪情节、犯罪性质、犯罪危害性的参照。例如,在企业涉嫌商业贿赂的案件中,按照《反不正当竞争法》第 7 条之规定,即"经营者的工作人员进行贿赂的,应当认定为经营者的行为;但是,经营者有证据证明该工作人员的行为与为经营者谋取交易机会或者竞争优势无关的除外",在有证据证明企业已构建并有效实施反商业贿赂合规内部治理制度时,审判机关可以将涉嫌不合规行为的实施主体归责于企业员工,企业免于刑事处罚。由于公诉机关在公诉案件中的相对强势地位和企业对其合规内部治理情况的举证优势,审判机关在分配企业合规责任时可以按照"谁主张,谁举证"的原则,对辩护双方的举证责任进行平衡,以体现控辩双方在公诉案件中的平等地位。一般情况下,为有效保障企业合规刑事治理制度的有效性,刑事审判机关需要与公诉机关建立一定的企业刑事合规治理协作机制。例如,刑事审判机关对公诉机关提出的涉嫌犯罪企业的量刑建议以及合规整改措施予以采纳等。此外,无论是在起诉阶段,还是在审判阶段,企业合规内部治理的有效性标准是决定企业合规刑事治理有效性的基础。对此,审判机关和公诉机关可以在企业合规内部治理的有效性标准建设方面进行协作,构建审判机关和公诉机关均予以认可的企业合规内部治理有效性的标准化制度。

二、企业合规刑事治理的法制基础

罪刑法定原则是我国刑事实体法和刑事程序法的基本原则。《宪法》第 140 条规定,"人民法院、人民检察院和公安机关办理刑事案件,应当分工负责,互相配合,互相制约,以保证准确有效地执行法律";

《刑法》第3条规定,“法律明文规定为犯罪行为的,依照法律定罪处刑;法律没有明文规定为犯罪行为的,不得定罪处刑”;《刑事诉讼法》第3条规定,“人民法院、人民检察院和公安机关进行刑事诉讼,必须严格遵守本法和其他法律的有关规定”。作为刑事治理制度的组成部分,企业合规刑事治理制度应有明确的法律依据,具备足以支持企业合规刑事治理的法律基础。

(一)企业不合规行为定罪的法制基础

《刑法》对企业犯罪作出了明确规定。《刑法》总则第30条“公司、企业、事业单位、机关、团体实施的危害社会的行为,法律规定为单位犯罪的,应当负刑事责任”是对包括企业在内的组织定罪进行的一般性规定。《刑法》分则中涉及企业合规相关的刑事罪名近160项之多。例如,在破坏社会主义市场经济秩序罪大类中的生产、销售伪劣产品罪,违规披露、不披露重要信息罪,对非国家工作人员行贿罪,背信损害上市公司利益罪等。再如,在危害公共安全罪大类中的帮助恐怖活动罪,非法制造、买卖、运输、储存危险物质罪等。又如,在妨害社会管理秩序罪大类中的非法生产、买卖警用装备罪,非法生产、销售专用间谍器材、窃听、窃照专用器材罪,破坏计算机信息系统罪等。《刑法》中所列的企业犯罪行为是企业不遵守法律法规、监管规定而造成侵犯所保护法益的行为,从这个角度来看,企业不合规行为的罪名可以等同于《刑法》有关企业犯罪的罪名。也就是说,《刑法》对企业犯罪罪名的规定给司法机关实施企业合规刑事治理提供了法制基础。同时,《刑法》在第14条中对故意犯罪、第15条中对过失犯罪、第16条中对不可抗力和意外事件的免罪情形等进行了规定,这些也为企业合规刑事治理提供了法制基础。这是因为刑事司法机关可以通过企业合规内部治理的有效性与否来判定企业犯罪的主观恶性与否,进而可以据此判定企业不合规的犯罪行为是故意犯罪还是过失犯罪,或是因不可抗力和意外事件而导致的非犯罪行为。此外,《刑法》还规定企业实施了危害社会的行为并被法律规定为单位犯罪的,才构成企业犯罪,倘若涉嫌不合规行为的社会危害性能通过企业合规内部治理得到有效预防、降低或制止,则此规定为以企业合规内部治理来阻却企业犯罪提供了法律依据。

（二）企业不合规行为量刑的法制基础

《刑法》总则中对量刑进行了原则性的规定,这些规定可以看作企业不合规行为量刑的法制基础。《刑法》第 5 条规定了罪责刑相适应原则,即“刑罚的轻重,应当与犯罪分子所犯罪行和承担的刑事责任相适应”。在企业合规内部治理的语境中,有效的合规内部治理制度体现了企业履行合规内部治理的义务,从而对犯罪行为有一定程度的阻却作用,进而企业合规内部治理制度就能起到从轻、减轻甚至免于刑事处罚的目的。可见,《刑法》第 5 条规定的罪责刑相适应原则为企业合规刑事治理制度提供了法律依据。《刑法》第 14 条规定“故意犯罪,应当负刑事责任”,第 15 条规定“过失犯罪,法律有规定的才负刑事责任”,第 16 条规定“由于不能抗拒或者不能预见的原因所引起的,不是犯罪”,等等,这些规定说明行为人的主观恶性在刑罚量刑中的地位,同时主观恶性也是衡量犯罪的性质、情节、社会危害程度的重要指标。由于企业合规内部治理是企业主动符合法律法规、监管规定的内部治理行为,反映了企业预防、制止企业合规风险的主观态度,因此企业合规内部治理制度可以看作阻却企业犯罪主观恶性的考量因素。或者说,《刑法》的这些规定为通过构建并实施有效的企业合规内部治理制度,来排除企业涉嫌不合规犯罪主观恶性提供了依据。《刑法》第 31 条对单位犯罪的处罚原则进行了规定,即“单位犯罪的,对单位判处罚金,并对其直接负责的主管人员和其他直接责任人员判处刑罚。本法分则和其他法律另有规定的,依照规定”。也就是说,除《刑法》分则另有规定的外,对于企业犯罪一般采取双罚制。这种双罚制的存在为企业合规内部治理制度阻却企业犯罪提供了可能,或者说,双罚制的存在使企业合规内部治理制度所具有的“保护企业、惩罚责任人”的隔离刑事责任有了法律上的依据。《刑法》第37条对非刑罚性处置措施进行了规定,即“对于犯罪情节轻微不需要判处刑罚的,可以免予刑事处罚,但是可以根据案件的不同情况,予以训诫或者责令具结悔过、赔礼道歉、赔偿损失,或者由主管部门予以行政处罚或者行政处分”,这为规范、引导、促进企业合规内部治理的行政处罚和刑事处罚衔接提供了法律依据。由于刑罚是一种惩罚力度最强的处罚行为,对企业实施刑事处罚可能诱发“水波效应”而给企业发展带来致命性冲击。如果在企业构建并实施了有效合规内部治理制度的前提下,由于个别员工的不合规行为而导致企业犯罪,由企业及其其他员工甚至企业的利益相关方承担责任显然有失公允,《刑法》第37条对非刑罚性处置措施的规定,可以成为司法机关平衡企业发展利益和刑法所保护法益的重要机制。由此可见,《刑法》对量刑的有关规定,为企业合规刑事治理制度提供了重要的法制基础。

(三)企业不合规行为刑事程序的法制基础

《刑事诉讼法》多处涉及企业不合规行为的相关刑事程序,具体如下:

在刑事侦查方面,《刑事诉讼法》第115条规定,“公安机关对已经立案的刑事案件,应当进行侦查,收集、调取犯罪嫌疑人有罪或者无罪、罪轻或者罪重的证据材料”,由于企业合规内部治理制度可以作为确认企业涉嫌犯罪的证据,该规定为刑事侦查机关收集、调取企业合规内部治理证据材料提供了法律依据。《刑事诉讼法》第81条规定,“批准或者决定逮捕,应当将犯罪嫌疑人、被告人涉嫌犯罪的性质、情节,认罪认罚等情况,作为是否可能发生社会危险性的考虑因素”,由于企业合规内部治理制度可以作为企业涉嫌犯罪的性质、情节以及认罪认罚等情况的考量因素，企业合规内部治理制度有效性与否便成为了对涉嫌企业犯罪的有关责任人进行逮捕与否的参考依据。

在刑事起诉方面，《刑事诉讼法》第 168 条规定，“人民检察院侦查终结的案件，应当作出提起公诉、不起诉或者撤销案件的决定”；第 177 条规定，“对于犯罪情节轻微，依照刑法规定不需要判处刑罚或者免除刑罚的，人民检察院可以作出不起诉决定”；第 176 条规定，“人民检察院认为犯罪嫌疑人的犯罪事实已经查清，证据确实、充分，依法应当追究刑事责任的，应当作出起诉决定，按照审判管辖的规定，向人民法院提起公诉”“犯罪嫌疑人认罪认罚的，人民检察院应当就主刑、附加刑、是否适用缓刑等提出量刑建议”。由于企业合规内部治理制度可以作为企业涉嫌犯罪的证据之一，涉嫌犯罪企业承诺建立并实施有效企业合规内部治理制度可以看作涉嫌犯罪企业认罪认罚的直接体现。可见，《刑事诉讼法》有关提起公诉的规定为企业合规刑事治理提供了刑事程序上的法律依据。此外，《刑事诉讼法》对自诉案件的有关规定也可以为企业合规刑事治理提供法律依据，如第 212 条规定，“人民法院对自诉案件，可以进行调解”。例如，如果企业与其交易相对方之间存在持续的商业行为，刑事审判机关可依据该条规定，对被告方建立并实施有效合规内部治理制度以保障自诉方利益的和解协议予以认可。

在刑事审判方面，《刑事诉讼法》第 55 条对证据的确实、充分作出了明确规定。证据确实、充分，应当符合以下条件：定罪量刑的事实都有证据证明；据以定案的证据均经法定程序查证属实；综合全案证据，对所认定事实已排除合理怀疑。由于企业合规内部治理制度可以作为涉嫌不合规犯罪的企业主观恶性、犯罪性质、社会危害性的考量因素，在确实、充分的证据要求并以证据为庭审中心的语境中，该条规定成为了企业合规刑事治理的法律基础之一。

三、企业合规的刑事激励制度

从刑事司法机关规范、引导、促进企业合规内部治理的方式来看，企业合规刑事治理包括企业合规刑事激励和企业合规刑事约束。学界有不少学者将企业合规刑事激励等同于企业合规刑事治理。例如,有学者认为,“所谓刑事合规,是指对于那些已经构成犯罪的企业,刑事执法机关以企业建立合规机制为依据,对其做出宽大刑事处理的法律制度”。[①] 虽然这种看法值得商榷,但在一定程度上也说明了企业合规刑事激励制度在企业合规刑事治理制度中所占有的独特地位。可以说,企业合规刑事激励制度的存在,是企业合规内部治理制度得到企业高度重视并得以广泛推广的直接原因。对此,国外就有学者谈到,“国家控制主要不是体现在具有等级与规范性质的立法与执法方面,而是体现在一种‘软性的’行为影响方面”,[②]“建立在单一的刑罚威慑框架之下的企业犯罪控制很难起效”。[③] 无论是从理论导入还是从实践导入来看,企业合规刑事激励制度缘起于西方国家,并随着国际经贸往来的推进以及我国发展社会主义市场经济的需要,被引入我国对企业的刑事治理中。由于具体国情、发展阶段、社会制度尤其是刑法上的差别,企业合规刑事激励制度构建和实施在我国面临着一定的困境,破解这一困境,对推进企业合规刑事激励制度本土化,以及提升刑事机关介入企业合规内部治理的效能都具有一定的现实意义和时代价值。

(一)企业合规刑事激励制度的理论导入

理论是实践的先导,企业合规刑事激励制度的兴起并在国际上被广泛接受,是与企业合规刑事治理理论导入分不开的。组织犯罪理论、涉企刑事归责理论、涉企刑事程序理论等为构建和实施企业合规刑事激励制度提供理论支撑。

---

① 陈瑞华:《论企业合规的性质》,载《浙江工商大学学报》2021 年第 1 期。

② [美]理查德·A. 波斯纳:《反托拉斯法》,孙秋宁译,中国政法大学出版社 2003 年版,第 732 页。

③ 赵万一、王鹏:《论我国公司合规行为综合协同调整的法律实现路径》,载《河北法学》2021 年第 7 期。

1. 企业合规刑事激励制度的组织犯罪理论导入

企业合规刑事激励制度存在的前提是企业能成为犯罪主体，没有对企业作为犯罪主体的认可，企业合规刑事激励也就不存在。在19世纪后期之前，美国在刑法理论上否认企业作为犯罪主体的可能性，此后，面对企业经营管理活动中所产生的种种社会问题，美国逐渐改变了其长期奉行的自由放任的政府监管理念，逐步改变了企业不能作为犯罪主体的看法，确立了企业作为犯罪主体的拟制理论。也就是说，企业是法律拟制的犯罪主体，企业具有犯罪能力，可以承担相应的刑事责任。在企业作为法律拟制的犯罪主体的语境中，企业主观犯意和动机没有得到考虑，意即在对企业进行定罪时没有考虑主观上的要件。之后，在企业犯罪刑事治理实践的推动下，美国确立了目的犯罪理论，即企业“基于代理人意图而得其主观意图”与企业“为其对雇员授权范围内的行为负责”相结合的企业犯罪要件①。随后，针对企业员工基于自然人犯意的局限性，美国确立了“集体知晓”理论，即只要决策流程违法，即使企业员工没有犯意，企业仍可涉嫌犯罪。不难看出，企业犯罪论的演化变迁，促使了美国对企业犯罪理论由企业犯罪的拟制论向企业犯罪的实体论之方向转变。在这一转变过程中，企业刑事处罚理论实现由个人抑制论向组织抑制论的方向发展，即由以个人刑事犯罪为前提来确定企业的犯罪处罚，转向以企业文化、经营管理活动的缺陷来认定企业的犯罪处罚。英国、澳大利亚、加拿大、意大利等国家在企业刑事处罚上都一定程度上受组织抑制论的影响。不难看出，企业犯罪由拟制论向实体论的方向转变，以及相应的个人抑制刑事处罚论向组织抑制刑事处罚论的方向转变，使企业合规内部治理对企业定罪、量刑以及证明责任的分配逐渐产生愈加重要的影响，催生了对企业合规刑

① 参见邓峰：《公司合规的源流及中国的制度局限》，载《比较法研究》2020年第1期。

事激励制度的需求。

2. 企业合规刑事激励制度的刑事归责理论导入

不同的刑事归责理论决定了企业合规刑事激励方式上的差异性。在企业犯罪的代位归责理论和同一视理论中，将企业员工或者其代理人的刑事责任归责于企业，企业承担员工或代理人履职时的刑事责任，该理论体现了企业犯罪归责的从属性和惩罚上的严格性，该理论属于企业犯罪个人主义范畴。在以企业精神为核心的企业归责论下，企业只有在鼓励员工及其代理人实施犯罪时才承担相应的刑事责任，企业员工或其代理人的主观意图与行为是确定企业承担刑事责任的考察对象，企业在违规行为发生后采取的补救措施以及企业在预防犯罪行为上尽职履责成为重要的考察因素，①该理论属于企业犯罪整体主义范畴。企业犯罪个人主义、企业犯罪整体主义在企业犯罪刑事归责上的不同，导致了不同的企业合规刑事激励方式。对于前者，企业合规内部治理只能作为刑事责任在企业与其员工或代理人之间进行分配的参考；对于后者，企业合规内部治理可以作为从轻、减轻甚至避免企业合规刑事责任的替代。从企业犯罪刑事归责理论的发展来看，单位刑事归责面临着整体主义逐步取代个人主义的趋势，体现与企业犯罪实体论相适应的刑事归责理论，将企业主观罪责以及企业文化纳入刑事归责的考量因素。代位责任理论是美国企业犯罪归责的主流理论，这种理论背后是企业承担着严格责任。也就是说，在此种刑事归责论下，企业合规内部治理仅能减轻责任而不能避免责任。由于这种犯罪严格归责的存在，企业为避免其员工或代理人行为累及自身，不得不重视对企业合规的内部治理。然而，从企业诉求来看，这种严格的代位归责论可能给企业的经营管理活动带来很大的影响，从而催生出从刑事程序上

① 参见李本灿：《刑事合规制度的法理根基》，载《东方法学》2020年第5期。

对企业合规内部治理予以激励的需求。

3.企业合规刑事激励制度的刑事程序理论导入

前述组织犯罪理论和刑事归责理论为企业合规刑事激励制度提供了实体法上的理论导入,除此之外,企业合规刑事激励制度还需要刑事程序法上的理论导入。刑事司法机关从刑事程序上介入企业合规内部治理的理论前提是刑事程序应具有谦抑性。此处的刑事程序谦抑是指在涉企刑事诉讼过程中,刑事司法机关不能在企业一有违法行为时,就启动刑事诉讼程序对企业进行惩罚,而是应有所抑制。如果没有刑事诉讼上的谦抑理论作为支撑,或者说在唯严刑重罚的理论下,以减轻刑事处罚来换取企业合规内部有效治理就失去了赖以存在的基础。从西方国家刑事程序的理论发展来看,谦抑化是刑事程序制度发展的基本方向,由此刑事诉讼中才会大量涌现出蕴含司法克制、平等协商、诉讼妥协、诉讼宽容等谦抑理念的原则和制度。[①] 20世纪中后期以来,刑事程序的谦抑化是美国刑事司法程序中被奉行的司法哲学,如发源于美国而被许多国家移植或借鉴的辩诉交易就体现了主体间的协商、合作、妥协和宽容等谦抑理念。正是这种刑事程序谦抑化的理论暂缓起诉协议制度和不起诉协议制度成为美国企业合规刑事激励的两大重要制度保障,使得美国能够通过与涉案企业签订暂缓起诉协议或不予起诉协议,换取企业建立并实施有效的合规内部治理制度。在奉行企业犯罪替代归责理论的美国,通常在实体领域很难找到法定的出罪事由,而以刑事程序谦抑为理论支撑的企业缓起诉协议制度或不予起诉协议制度,恰好弥补了美国所奉行的企业犯罪替代归责理论导致企业难以出罪的缺陷,从而实现企业免于起诉与处罚之间的平衡。

(二)企业合规刑事激励制度的实践导入

企业合规刑事激励制度的实践,表现为对企业合规内部治理激励

---

① 郭云忠:《刑事诉讼谦抑论》,中国政法大学2005年博士学位论文,第2页。

的刑事实体法上的激励和刑事程序法上的激励。这两种激励在规范、引导、促进企业合规内部治理中的应用,有效推动了企业合规内部治理实践的发展。2018 年以来,我国企业在国外频遭美国等调查下,企业合规刑事激励制度逐渐走入刑事司法机关的视野,在企业合规刑事激励实践方面进行了开拓性的探索。

1. 企业合规刑事激励制度的国外缘起

企业合规刑事激励制度可以从美国《海外反腐败法案》对海外腐败行为的刑事治理中找到其萌芽,但企业合规刑事激励制度在美国真正意义上的出现,还应从美国为践行《海外反腐败法案》而创设的组织量刑规则来算起。基于此,下面拟分别从刑事实体法和刑事程序法角度,对企业合规刑事激励制度在以美国为代表的西方国家中的形成与发展进行考察。

从企业合规刑事实体法上的激励制度来看,企业合规刑事激励可以追溯到 1977 年美国制定的《海外反腐败法案》中的反贿赂条款和会计条款,该法案对企业涉嫌海外腐败的刑事处罚,成为美国对企业合规内部治理进行刑事治理的里程碑,使依赖于企业合规刑事治理的激励制度有了基础。1984 年美国《量刑改革法》创设了量刑委员会,赋予该量刑委员会制定包括组织的缓刑和罚款在内的量刑指南,该委员会于 1988 年发布了量刑指南的草案,虽然该草案对企业合规刑事治理没有直接涉及,但为企业合规刑事实体法上的激励打下了基础,因为"这些指南的核心目的,是改善公司的自我监督控制,增加内部预警系统发现未来犯罪行为的可能性"。[①] 1991 年该量刑委员会制定了新的量刑指南,将企业合规内部治理作为量刑处罚的考虑因素之一,即在企业存在

---

① John C. Coffee, Jr., Richard Gruner & Christopher Stone, *Draft Proposal on Standards for Organizational Probation*, in Discussion Materials on Organizational Sanctions, pt. Ⅱ, U.S. Sentencing Commission ed., 1988, p.7.

有效的合规内部治理制度的情况下，企业可以获得降低罚金上的量刑奖励，这是美国刑事司法权介入企业合规内部治理激励的开始，“1991年公布实施《联邦量刑指南》，成为企业合规发展的分水岭，自此企业合规刑事化正式成型”，[①]更是企业合规刑事激励制度得以真正实施的开始。2004年该量刑委员会修订了1991年版的量刑指南，对企业合规内部治理的有效性提出了具体要求，如应推动企业文化，保证遵守商业伦理等。或者说，企业合规内部治理制度只有在发展企业文化，促进道德行为，且承诺遵守法律时，才被认为有效。2010年该量刑委员会再次修订了《联邦量刑指南》，突出了首席合规官在企业决策中的作用。

将企业合规内部治理作为量刑处罚考量因素的前提是对企业合规内部治理制度进行评估，为配合量刑指南对企业合规内部治理制度评估的要求，美国司法部定期发布有效合规内部治理制度的评估参考标准，以2020年版的《美国司法部刑事处企业合规计划评估》为例，该评估制度涉及企业合规内部治理制度是否合理、是否认真实施合规内部治理制度、合规内部治理制度是否起到了作用等三个方面的评估。具体来说，在企业合规内部治理制度是否合理方面，从风险评估、政策和程序、培训和交流、保密报告机构和调查过程、第三方管理、并购等方面予以评估；在是否认真实施合规内部治理制度方面，从中高级管理层的承诺、自主和资源、奖励和惩戒措施等方面予以评估；在合规内部治理制度是否起到了作用方面，从持续改进、定期测试和审查、对不当行为的调查、对任何潜在的不当行为的分析和补救等方面予以评估。美国企业合规刑事实体法上的激励制度在实践中所表现出的一定的治理效果，以及他国企业遭遇的美国刑事调查和处罚，促使一些国家结合本国实际引入了美国企业合规刑事实体法上的激励制度。

---

① 赵宏瑞、刘伟：《刑事合规与商业贿赂治理：内涵、功能与理论基础》，载《社会科学家》2021年第3期。

从企业合规刑事程序法上的激励制度来看,1999 年美国司法部发布的《联邦起诉商业组织原则》(《霍尔德备忘录》)规定了联邦司法机构起诉企业时考虑的 8 项要素,其中有 3 项要素属于企业合规内部治理制度范畴。《霍尔德备忘录》的规定使得企业合规内部治理计划成为检察官进行诉讼裁量时的重要考量因素。[①] 自《霍尔德备忘录》发布以来,经历了多次修正和调整,但始终将企业合规内部治理制度作为提起刑事诉讼的重要参考。2003 年美国司法部副部长拉里·汤普森签署的《联邦商业组织起诉原则》(《汤普森备忘录》),对《联邦起诉商业组织原则》进行了更新,规定司法机关在对企业进行刑事调查、刑事指控和辩护交易时应考虑 9 个因素,其中 3 个因素涉及了企业合规内部治理。其分别是:企业及时和自愿披露其不合规行为,自愿配合调查该企业及代理人,必要时候放弃律师和客户保密和工作底稿保护权利;存在并且是充分实施企业合规内部治理制度;企业对不合规行为实施了有效救济,包括对实施或改进企业合规内部治理努力、更换负有责任的管理层,对不合规责任人给予处分,支付利益受损方的补偿,与相关政府人员开展合作等,[②]《联邦商业组织起诉原则》建议检察官采取暂缓起诉协议与不起诉协议等方式来解决涉企诉讼问题。在实践中,企业合规刑事程序法上的激励制度在涉企刑事诉讼上扮演着极为重要的角色,在美国涉企的刑事诉讼案件中,有 90% 以上涉嫌企业犯罪的刑事诉讼案件采用了司法交易方式,包括辩诉交易、暂缓起诉交易、不起诉交易等,而司法交易方式很大程度涉及了企业合规刑事程序上的激励。据统计,1997—2011 年在美国确认的公司和检察官之间通过谈判解决

---

① 参见万方:《反腐败合规法律实践的规范演进与实践展开——以美国〈反海外腐败法〉为切入》,载《法治研究》2021 年第 4 期。

② See Paul E. McGreal, *Corporate Compliance Survey*, Bus. Law, Vol. 60: 4, p. 1762 (2005).

的刑事案件共486件，其中，通过暂缓起诉协议处理的有66件，通过不起诉协议处理的有91件，通过传统的辩诉交易处理的有329件。[①] 由于美国在企业合规刑事程序法上的激励制度在实践中表现出了有效性，有些国家引入了该项制度并结合自身实际进行了本土化改造。以英国对暂缓起诉协议制度的引入为例，英国在《2013年刑事法院法》第45节中，规定了适用暂缓起诉协议条款规定的17项清单，将暂缓起诉协议制度作为补充性的刑事诉讼制度。根据该规定，英国先后在2015年的“南非标准银行案”、2016年的“XYZ公司案”、2017年的“罗尔斯—罗伊斯公司案”和“乐购案”等中运用了暂缓起诉协议的激励制度。[②] 以日本对美国辩诉交易制的引入为例，美国的辩诉交易制度包括换取被告人认罪的“自己负罪型”辩诉交易和揭发他人思维“信息提供型”辩诉交易，2018年实施的日本《刑事诉讼法》对美国的“信息提供型”进行了本土化引入。

2. 企业合规刑事激励制度的国内引入

我国在企业合规刑事激励制度建设方面，特别是在企业合规刑事实体法上的激励探索，虽然尚处于初步阶段，但在企业合规刑事程序法上进行了创造性的探索。因此，考察企业合规刑事激励制度的国内引入，主要从企业合规不起诉试点来考察企业合规刑事程序法上的激励。同时，由于我国推行的认罪认罚制度和企业合规刑事激励制度都属于司法交易模式，均是诉讼经济的产物，二者在理论基础上具有同源性，认罪认罚制度可以成为我国企业合规刑事激励制度建设的依据。对此，有学者认为，认罪认罚从宽制度是构建中国式企业合规刑事治理的

① See Missouri v. Frye, 132S. Ct. 1399, p. 1407(2012). 转引自崔文玉：《公司治理的新型机制：商刑交叉视野下的合规制度》，载《法商研究》2020年第6期。

② 参见崔文玉：《公司治理的新型机制：商刑交叉视野下的合规制度》，载《法商研究》2020年第6期。

绝佳契机和重要突破口。[①] 故此，考察企业合规刑事激励制度时先从认罪认罚制度考察开始。认罪认罚制度是我国近年来对刑事诉讼程序的一大创新。2014 年 6 月，全国人大常委会授权最高人民法院、最高人民检察院在部分地区开展刑事案件认罪认罚从宽制度试点工作；2019 年 10 月，最高人民法院、最高人民检察院、公安部、国家安全部、司法部出台《关于适用认罪认罚从宽制度的指导意见》；2020 年 5 月，最高人民检察院出台《人民检察院办理认罪认罚案件监督管理办法》；2021 年 12 月，最高人民检察院出台《人民检察院办理认罪认罚案件开展量刑建议工作的指导意见》。特别是，认罪认罚制度已纳入 2018 年修正的《刑事诉讼法》，作为我国一项重要的诉讼制度。我国认罪认罚制度与美国企业合规“自己负罪型”刑事激励有着一定的相似之处，即对企业主动认罪并纠正行为的，给予宽大处理。“2018 年中国刑事诉讼法修改后引入认罪认罚从宽制度，该法所确立的量刑协商制度就来源于此”。[②] 据此，可以这样认为，认罪认罚制度的创设契合了国际上通行的企业合规刑事激励制度实践赖以依存的刑事程序谦抑理念，从一定程度上讲，可以将认罪认罚制度作为我国特色的企业合规刑事激励制度安排。

我国企业合规不起诉改革可以看作我国引入企业合规刑事激励制度最直接的体现，截至 2022 年 12 月，我国检察机关累计办理涉案企业合规案件 5150 件，对整改合规的 1498 家企业、3051 人依法不起诉。[③] 2020 年 3 月最高人民检察院在上海浦东、金山，江苏张家港，山东郯城，深圳南山、宝安等 6 家基层检察院，启动开展企业合规改革的第一

① 参见李勇：《检察视角下中国刑事合规之构建》，载《国家检察官学院学报》2020 年第 4 期。

② 陈瑞华：《企业合规的基本问题》，载《中国法律评论》2020 年第 1 期。

③ 参见徐日丹：《以法律政策研究工作现代化助力检察工作现代化——专访最高人民检察院法律政策研究室主任高景峰》，载《检察日报》2023 年 2 月 25 日，第 3 版。

轮试点，2021 年 3 月最高人民检察院在北京、辽宁、上海、江苏、浙江、福建、山东、湖北、湖南、广东等 10 个省市启动市县级检察院合规改革的第二轮试点。在各地试点中，对相对不起诉和附条件不起诉进行了探索。其中，相对不起诉的模式表现为试点的公诉机关对犯罪情节轻微的企业犯罪案件，在以检察建议的方式责令涉案企业建立合规内部治理体系等补救措施的前提下，作出相对不起诉的决定；附条件不起诉表现为试点的公诉机关借鉴美国暂缓起诉的做法，设置合规监管考察期和合规监管人制度，在企业按照要求改进企业合规内部治理体系前提下作出附条件不起诉的决定。为配合企业合规的不起诉改革，2021 年 6 月最高人民检察院会同有关部门出台《关于建立涉案企业合规第三方监督评估机制的指导意见（试行）》，对涉案企业的合规承诺进行调查、评估、监督和考察进行了规定。

相比于企业合规刑事程序法上激励的实践，我国企业合规刑事实体法上激励的实践相对滞后，《刑法》虽然认可企业作为犯罪主体，对企业犯罪刑事处罚方式进行了规定，但对企业合规刑事激励没有明确。体现企业合规刑事治理谦抑性的是 2022 年 1 月最高人民法院出台的《关于充分发挥司法职能作用 助力中小微企业发展的指导意见》。该意见涉及坚决防止利用刑事手段干预中小微企业经济纠纷的规定，如提出“严格区分中小微企业正当融资与非法集资、合同纠纷与合同诈骗、参与兼并重组与恶意侵占国有资产等的界限，坚决防止把经济纠纷认定为刑事犯罪、把民事责任认定为刑事责任”。

（三）企业合规刑事激励制度所面临的困境

总的来看，我国企业合规刑事激励制度所面临的困境包括刑事实体法方面的困境、刑事程序法方面的困境，以及企业合规刑事激励制度与其他制度衔接上的困境。

1. 企业合规刑事激励制度实体法方面的困境

在刑事实体法领域，我国没有建立基于企业合规内部治理的出罪、抗辩、减免刑事处罚的激励机制。一方面，《刑法》对于定罪主要采取主观和客观相统一的方式，需要主观上的过错或恶性和社会危害性同时具备才能定罪，除巨额财产来源不明罪和非法持有毒品罪等极少数情形采取严格责任外，一般不采取严格责任的方式。在主观和客观相统一的定罪方式下，企业合规刑事激励对激发企业合规内部治理的动力较为有限，因为在该种情形下企业合规内部治理难以成为企业的出罪事由。另一方面，现行《刑法》对企业犯罪采取双罚制模式为主，并辅以单罚制模式。对于单罚制模式，即只对相关责任人员定罪处刑，而不累及企业本身，对此，谈不上通过企业合规内部治理来使企业出罪或免刑；对于双罚制模式，在对直接负责的主管人员和其他直接责任人员判处刑罚的同时，对企业处以罚金，而没有涉及企业其他法律责任，如行政处罚领域的责令停业整顿、吊销营业执照或许可证等剥夺企业经营自由的处罚。对此，有学者指出，“我国刑法对单位犯罪的追责方式，违背罪责刑相均衡的基本原则，造成‘违规企业被严厉处罚，犯罪企业受到轻缓处理’的怪异现象”。[①] 在这种对企业犯罪刑事处罚难以有较强威慑力的情况下，以企业合规内部治理的有效性换取刑罚上的激励之空间是非常有限的。《刑法》规定了“根据犯罪的事实、犯罪的性质、情节和对于社会的危害程度”进行量刑的原则，并没有直接将企业合规内部治理有效性作为法定的量刑情节，虽然在一定程度上可以将企业合规内部治理纳入犯罪的性质、情节及社会危害性的考量范畴，但在罪刑法定的原则下，这一做法存在一定的法律风险。在没有将企业合规内部治理纳入法定量刑范畴前提下，基于对企业合规内部治理

---

① 陈瑞华：《论企业合规的中国化问题》，载《法律科学（西北政法大学学报）》2020年第3期。

的量刑激励也就无从谈及。

2. 企业合规刑事激励制度程序法方面的困境

刑事实体法在激励企业合规内部治理中的困境,促使我国在实践中主要对企业合规刑事程序法方面的激励制度构建和实施进行了探索,包括基于企业合规内部治理激励的相对不起诉试点和附条件不起诉试点。从我国刑事程序法的供给来看,该试点在一定程度上是对现行刑事程序制度的刺破,由于在刑事程序法依据方面的待健全完善,这种刺破使我国企业合规刑事程序法方面激励制度构建和实施遭遇一定困境。在基于企业合规内部治理激励的予以相对不起诉的实践方面,《刑事诉讼法》第 16 条对酌定不起诉的情形进行了规定,与企业合规内部治理刑事激励相关的是:情节显著轻微、危害不大,不认为是犯罪的,可以不予起诉;第 290 条对于达成和解协议的案件,规定在犯罪情节轻微、不需要判处刑罚的前提下可以作出不起诉的决定。可见,《刑事诉讼法》所规定的不起诉的前提是情节显著轻微或达成和解前提下情节轻微,这就给企业合规内部治理刑事激励带来了适用上的困境。在基于企业合规内部治理激励的暂缓不起诉探索方面,《刑事诉讼法》所规定的附条件不起诉案件仅适用于未成年人犯罪,对未成年人实行了坚持教育为主、惩罚为辅的原则,其第 282 条规定,“可能判处一年有期徒刑以下刑罚,符合起诉条件,但有悔罪表现的,人民检察院可以作出附条件不起诉的决定”。不难看出,以构建和实施有效企业合规内部治理制度为前提的暂缓起诉,在《刑事诉讼法》中难觅其直接依据。可以看出,在我国刑事程序法语境中,无论是对企业的合规内部治理采取相对不起诉,还是采取附条件不起诉,其赖以存在的前提是企业犯罪属于轻微范畴。而实际上,企业犯罪一般涉案金额较大,难以符合轻微犯罪的构成条件,使两种企业合规刑事激励制度难以发挥其应有作用。我国企业合规刑事激励制度可能更适用于小微企业。此外,在我国对企业犯罪仅以罚金为刑事处罚手段的情况下，存在附条件不起诉的成本高于被追究刑罚所支出成本的"倒挂现象"。

3. 企业合规刑事激励制度实施方面的困境

由于我国刑事实体制度和刑事程序制度与企业合规刑事激励制度存在一些不相容之处，企业合规刑事激励制度在实施中面临着一些难题，包括检察机关在企业合规刑事激励的职能定位难题、企业合规内部治理有效性的评估难题、企业合规刑事激励与刑事约束及行政激励之间的衔接难题等。在企业合规刑事激励的职能定位方面，《刑事诉讼法》第3条规定了"检察、批准逮捕、检察机关直接受理的案件的侦查、提起公诉，由人民检察院负责""审判由人民法院负责"，此条还规定"人民法院、人民检察院和公安机关进行刑事诉讼，必须严格遵守本法和其他法律的有关规定"。在企业合规刑事激励的刑事程序法方面依据不足的情况下，检察机关对企业合规刑事激励是否属于检察机关应有的职责需要从法律上予以明确，在没有法律对其进行明确的情形下，检察机关开展企业合规刑事激励面临职能定位上的困境。在企业合规内部治理的有效性评估方面，企业合规内部治理的有效性评估对专业化的要求远超过了法律专业上的要求，需要相应的人才、资金作为保障，也需要足够的时间和精力。相比于行政机关，司法机关在评估企业合规内部治理的有效性和督促企业合规内部治理改进等方面面临人才、专业、资金等困境。虽然最高人民检察院会同司法部、财政部、生态环境部、国务院国资委、国家税务总局、国家市场监管总局等出台了《关于建立涉案企业合规第三方监督评估机制的指导意见（试行）》，但在企业合规行政激励困境尚未得到有效破解的情况下，行政机关在第三方监督评估机制管理委员会存在履行职责的积极性问题。在企业合规刑事激励与刑事约束及行政激励之间的衔接方面，刑事司法机关对企业合规内部治理规范、引导、约束企业的效能充分释放，需要企业合规刑事激励和企业合规刑事约束之间的有效配合。也就是说,企业合规刑事约束要有足够的威慑力,而企业合规刑事激励要有足够的引诱力,唯有这样,才能产生“激励+约束”的叠加效应。然而,在我国主观和客观相统一的定罪原则以及对企业刑事处罚相对宽容的前提下,企业合规刑事激励与企业合规刑事约束之间存在衔接上的难题。此外,企业合规刑事激励需要行政机关予以配合。例如,在相对不起诉或附条件不起诉后,需要行政机关发挥其专业和资源上的优势,参与对企业构建和实施企业合规内部治理体系的监督,以及通过企业合规刑事激励和企业合规行政激励的有效衔接,充分释放企业合规内部治理的动力,而在实践中难以达到这一要求。不难看出,刑事激励介入企业合规内部治理的职能定位、企业合规内部治理有效性的评估、企业合规刑事激励与刑事约束及行政激励之间的衔接方面的问题,已成为企业合规刑事激励制度实施过程中需要给予破解的困境。

(四)企业合规刑事激励制度的困境破解

不同国家由于刑事实体制度和刑事程序制度上的差异,其企业合规刑事激励也存在一定的不同,在引进企业合规刑事激励制度时基本上结合本国的刑事实体制度和刑事程序制度实际,构建和实施具有本土化特色的企业合规刑事激励制度。我国不仅面临刑事实体方面的困境,还面临刑事程序方面的困境,以及企业合规刑事激励制度实施方面的困境,破解这些困境对于我国运用好企业合规刑事激励制度的工具,规范、引导、促进企业合规内部治理等具有重要意义。破解这些困境需要考虑我国国情、发展阶段、国家制度,企业合规激励制度构建和实施不能对《刑法》《刑事诉讼法》产生根本性抵牾,而只能在遵循《刑法》《刑事诉讼法》相关基本原则下开展相应的探索。

1. 在企业合规刑事激励制度实体法上的困境破解

不能因为要构建和实施企业合规刑事激励制度而放弃主观和客观

相统一的定罪原则，而应围绕《刑法》第61条规定的量刑原则，即“对于犯罪分子决定刑罚的时候，应当根据犯罪的事实、犯罪的性质、情节和对于社会的危害程度，依照本法的有关规定判处”，将企业合规内部治理纳入企业犯罪的事实、性质、情节、社会危害性予以考察。例如，可以先以指导建议的方式，将企业合规内部治理相关要素作为企业犯罪的事实、性质、情节、社会危害性的考量因素进行指导，待积累一定经验后再以司法解释的形式，将企业合规内部治理相关要素作为企业犯罪的事实、性质、情节、社会危害性的考量因素进行规范，待相关条件成熟后，可以在《刑法》修正时将企业合规内部治理作为企业犯罪的事实、性质、情节、社会危害性考量因素予以明确。例如，在《刑法》第31条增加“对单位犯罪进行处罚时可以考虑单位预防、制止犯罪及其社会危害性的动机、行为和能力”。此外，由于《刑法》对企业犯罪采取罚金的形式，在其第52条规定“判处罚金，应当根据犯罪情节决定罚金数额”，没有对单位罚金数量作出具体的规定，可以以司法解释形式对企业犯罪的罚金作出具体的规定，明确对企业犯罪的罚金不能低于相应的行政处罚的罚款，体现对企业犯罪刑事处罚的威慑力，也为企业合规刑事程序上的激励制度提供基础。

2. 在企业合规刑事激励制度程序法上的困境破解

由于相对于刑事实体制度，我国刑事程序制度给予了企业合规刑事程序方面激励制度的较好基础，如认罪认罚制度。虽然认罪认罚制度与企业合规刑事激励制度不完全等同，但其所体现的刑事司法协商和刑事司法交易的理念与企业合规刑事激励制度所要求的理念基本一致，《刑事诉讼法》明确了认罪认罚作为可能发生社会危险性的考虑因素，作为从轻、减轻或者免除处罚等从宽处罚的考量因素。基于此，如果将企业承诺并实施有效合规内部治理制度作为涉嫌犯罪企业认罪认罚的一种表现，适用于认罪认罚的从宽制度便可以移植到企业合规刑事治理制度之中。对此,可以以司法解释的形式,对企业犯罪实行认罪认罚制度进行司法解释,明确企业构建和实施合规内部治理制度作为认罪认罚的具体情形和相关规范,使企业合规刑事激励制度在认罪认罚制度中获得正当性。此外,《刑事诉讼法》对法定不起诉和酌定不起诉的情形进行了规定,所规定的这些情形难以满足将企业合规内部治理作为不起诉的考量因素的要求,但仍存在适用企业合规刑事激励的突破口。例如,《刑事诉讼法》第 16 条不追究刑事责任情形中的"(六)其他法律规定免予追究刑事责任的"。基于此,在制定和修订(正)其他涉企相关的法律时,可以将企业合规内部治理作为免于追究刑事责任的情形之一予以明确,这样其实就可以将企业合规刑事程序上的不起诉予以正当化。另外,对于《刑事诉讼法》第 177 条中"对于犯罪情节轻微,依照刑法规定不需要判处刑罚或者免除刑罚的,人民检察院可以作出不起诉决定"的规定,可以以司法解释的形式,对企业合规内部治理作为企业犯罪情节轻微的情形作出明确。例如,如果企业构建和实施的合规内部治理制度足以预防或者降低甚至消除社会危害性,即使企业涉案金额较大,也可以纳入犯罪情节轻微予以考虑。同时,相对不起诉制度在企业合规刑事激励中扮演着重要角色,而《刑事诉讼法》中,我国相对不起诉制度仅适用于未成年人犯罪情形,并对未成年人犯罪实行"坚持教育为主、惩罚为辅"的原则,其实这一原则所体现的刑事程序谦抑性可以适用于企业犯罪情形。对此,可以在企业合规不起诉改革的基础上,先行制定基于企业合规内部治理的相对不起诉的指导意见,待条件成熟后,将企业合规内部治理作为对企业犯罪相对不起诉的情形纳入《刑事诉讼法》。

3. 在企业合规刑事激励制度实施上的困境破解

在企业合规刑事激励与企业合规刑事约束的衔接方面,企业合规刑事约束可以凸显其"威慑力",企业合规刑事激励可以凸显"引诱性”。在企业合规刑事激励与企业合规行政治理衔接方面，可以依据《刑事诉讼法》第177条“对被不起诉人需要给予行政处罚、处分或者需要没收其违法所得的，人民检察院应当提出检察意见，移送有关主管机关处理”的规定，对企业合规刑事不起诉激励和企业合规行政约束之间的衔接进行规范；同时，还需对企业合规刑事激励制度和企业合规行政激励制度的协同性进行设计，释放企业合规刑事激励和行政激励的综合效应。

四、企业合规的刑事约束制度

综观企业合规刑事治理的理论和实践，企业合规刑事激励制度是企业合规刑事约束制度发展的产物。或者说，企业合规刑事约束制度在企业合规刑事治理制度中处于基础的地位，没有企业合规刑事约束制度就没有企业合规刑事激励制度。可见，刑罚的威慑效果都是独具意义的，是企业犯罪惩治体系中不可或缺的一环。[①] 我国虽在企业合规刑事约束制度构建和实施方面进行了卓有成效的实践，但仍存在一定的困境，破解这一困境是发挥好企业合规刑事约束制度在规范、引导、促进企业合规内部治理方面作用的现实需要。

（一）企业合规刑事约束制度的理论导入

在刑事领域，企业并不当然成为刑事约束的对象，在企业尚未成为犯罪主体之前，不存在企业合规刑事约束的问题。企业合规刑事约束制度得以存在的前提是对企业作为犯罪主体的认可，从企业合规刑事约束制度相关理论演化来看，西方国家对企业作为犯罪主体的认可是其对企业不合规行为给社会、经济、政治造成巨大损害的基础上反思而形成的，从而呈现出由企业犯罪否定论到企业犯罪肯定论的演化轨迹。英国是最早认可企业犯罪的国家，早在1827年英国议会就颁布了《关

---

① 参见宋颐阳：《企业合规计划有效性与举报人保护制度之构建——澳大利亚路径及其对中国的启示》，载《比较法研究》2019年第4期。

于进一步改善刑事案件的处罚的法令》,该法令规定有关罪行法律中所讲的“人”就包括法人。美国于1887年出台的《州际贸易法》、1890年出台的《谢尔曼法》、1906年出台的《纯净食品和药品法》等对企业犯罪进行了创设,开创了该国企业可以作为犯罪主体的先河。德国于1919年出台的《帝国租税通则》确立了企业作为犯罪主体的规定,之后对企业作为犯罪主体曾予以一度否认,但在1998年修订的德国刑事法典中对企业作为犯罪主体再次予以了承认。在认可企业可以作为犯罪主体的前提下,企业犯罪定罪和量刑便成为了应有之义,出现了对企业如何犯罪、如何量刑的相关理论。对此,有学者对国外企业犯罪相关理论进行了梳理,将企业作为犯罪主体的学说归纳为法人拟制说、法人实在说、法人超越说等,将企业犯罪的刑事责任学说区分为大陆法系和英美法系。其中,大陆法系的企业犯罪刑事责任分为否定说、肯定说、折中说三种,英美法系的企业犯罪刑事责任分为义务产生责任理论、共同犯罪理论、同一理论、认可和容许理论。① 美国在其承认企业作为犯罪主体以后,在企业犯罪归责方面,出现了上级责任论、同一视论、集合责任论;在犯罪主观过错认定方面,出现了严格责任论、个人责任论、组织责任论;在企业犯罪刑罚方面,出现了犯罪行为的损害赔偿论、罚金论和缓刑论;等等。以上这些理论涉及了对企业定罪、量刑及其程序,为企业合规刑事约束制度构建提供了内容和方法上的理论阐释和理论基础。由于在论及企业合规刑事激励制度的理论导入时,对企业犯罪理论、刑事归责理论、刑事程序理论进行了阐释,此处不作进一步的论述。

(二)企业合规刑事约束制度的实践导入

对于企业合规的刑事约束可以作两个层面的理解,第一个层面是对企业遵守“规”的刑事约束,第二个层面是对企业合规内部治理的刑

---

① 参见杨春洗、丁泽芸:《试论单位犯罪的刑事责任》,载《中央检察官管理学院学报》1998年第1期。

事约束。对于第一个层面,企业因触犯法律而被定罪,以刑事惩罚为目的而对企业进行定罪和量刑的相关制度都可以纳入企业合规刑事约束制度的范畴;对于第二个层面,仅将企业没有履行企业合规内部治理职责而被处以刑罚的情形纳入企业合规刑事约束制度的范畴。

1.企业合规刑事约束制度的国外缘起

在将企业合规刑事约束理解为企业遵守"规"的刑事约束语境中,企业合规刑事约束制度与认可企业作为犯罪主体并对企业不合规行为定罪和量刑处于同一时空。也就是说,只要确立企业犯罪的制度,就意味着确立了该语境中的企业合规刑事约束制度。从这个角度上说,美国在19世纪后期就建立企业合规刑事约束制度,该制度源于频发的企业丑闻促使美国重视企业犯罪案件查处。特别是,美国联邦最高法院于1909年确立的企业犯罪替代责任归责方式,有关企业犯罪定罪、量刑制度属于企业遵守"规"语境中的企业合规刑事约束制度,该归责方式对企业合规提出了严格的要求,凸显了对企业合规的较强刑事约束力。例如,美国在19世纪末20世纪初出台的《州际贸易法》《谢尔曼法》《纯净食品和药品法》中对企业进行定罪处罚的有关条款皆可认为属于企业合规刑事约束制度的范畴。近年来,包括美国在内的一些西方国家对反海外贿赂、反洗钱、保护知识产权、管制产品出口、投资并购、数据隐私保护等领域企业合规要求不断提高,对这些领域的刑事约束也越来越严格,足以说明了企业合规刑事约束在这些国家刑事司法机关介入企业合规内部治理所占有的重要位置。相比于企业遵守"规"的刑事约束,企业合规内部治理的刑事约束制度则出现得相对较晚,该制度可以追溯到美国1977年出台并先后经1988年、1994年、1998年三次修改的《反海外贿赂行为法》。该法案对违反反贿赂条款和会计条款规定了严苛的刑事处罚,除罚金之外,涉案企业可能面临禁止参与与联邦交易活动、禁止股票交易、剥夺出口权等处罚,尤其是该法案对上市企业财务审计以及企业同外国政府商业往来的内部控制做了要求。也就是说,该法案对上市企业财务审计合规内部治理和企业同外国政府商业往来中的反腐败合规内部治理进行了义务上的规定。1991 年美国颁布的《针对机构实体联邦量刑指南》规定了企业自身的行为是决定企业刑罚的重要依据,强调了犯罪的企业将面临高额罚款,从而对企业合规刑事约束进行了量刑上的具体化。2002 年美国通过的《萨班斯 - 奥克斯利法案》对上市企业犯罪的刑罚力度实现大幅增强,确立了对企业内部控制的实质性监管理念,明确了企业在预防犯罪上的内部治理义务。例如,该法案规定企业应制定专门的合规内部治理制度与内部审计方案,其管理层应承担建立、运行、评估、披露内部控制体系之责任等,这些制度均体现了对企业合规内部治理进行刑事上的强约束性,体现了对企业违反合规内部治理义务的刑事打击威慑力。其他一些西方国家也不同程度对企业合规内部治理进行了刑事约束。法国于 2016 年通过的《关于提高透明度、反腐败以及促进经济生活现代化的 2016 - 1691 号法案》(萨宾第二法案)确立了企业合规内部治理的强制义务。例如,该法案规定符合条件的企业应当实施合规内部治理,否则将承担相应的法律责任。英国于 2007 出台了《企业过失杀人及企业谋杀法》,规定企业严重背离应承担的相关健康和安全义务而致使人员死亡的,企业应承担相应的刑事责任。此外,英国出台了《2010 年反贿赂法》,该法被称为"世界上最严厉的反腐败法",该法创设了商业组织不履行预防贿赂义务罪,即商业组织因不履行预防义务,致使与其相关的个人基于特定目的而实施了贿赂犯罪,该商业组织应对此承担刑事责任。由此,企业合规内部治理在英国成为刑法上的法定义务,没有有效履行企业合规内部治理义务的,将承担相应的刑事责任,同时根据《2010 年反贿赂法》,企业实施腐败行为被判有罪,判处无限额的罚金,而企业责任人员"视而不见"的,则可判处 10 年以下徒刑和无限额罚金。[①] 基于以上分析可以看出,为实现对企业合规内部治理的有效规范、引导和促进,西方国家奉行严格的企业合规刑事约束制度,正是这种约束制度的存在,才使企业合规刑事激励在这些国家有着广阔的实施空间。

2. 企业合规刑事约束制度的国内引入

新中国成立后的一段时期内,由于计划经济体制的存在,企业犯罪现象极少存在,企业作为犯罪主体没有得到认可,如1979年出台的《刑法》就没有关于企业犯罪的规定。随着对计划经济体制的改革,企业对其经营管理有了一定的自主权,企业对自身经济利益最大化的追求为企业犯罪提供了可能。以我国海关查获的走私案件为例,1984—1990年海关查获的企业走私案件总值占走私案件总值的六成之多,为应对企业走私案件增多带来的危害性,1987年出台的《中华人民共和国海关法》(以下简称《海关法》)确立了企业可以作为走私罪主体的条款,其第47条规定,"企业事业单位、国家机关、社会团体犯走私罪的,由司法机关对其主管人员和直接责任人员依法追究刑事责任;对该单位判处罚金,判处没收走私货物、物品、走私运输工具和违法所得"。1997年修订的《刑法》在总则中确立了包括企业在内的单位犯罪行为及其惩罚手段,其第30条规定,"公司、企业、事业单位、机关、团体实施的危害社会的行为,法律规定为单位犯罪的,应当负刑事责任"。针对这一规定,最高人民法院出台了其适用的司法解释,1999年最高人民法院出台《关于审理单位犯罪案件具体应用法律有关问题的解释》。该解释规定个人为进行违法犯罪活动而设立企业实施犯罪的,以实施犯罪为主要活动的,不以企业犯罪论处;同时还规定,盗用企业名义实施犯罪,违法所得由实施犯罪的个人私分的,不以企业犯罪论处。2000

① 参见孙国祥:《刑事合规的理念、机能和中国的构建》,载《中国刑事法杂志》2019年第2期。

年最高人民法院在《关于审理单位犯罪案件对其直接负责的主管人员和其他直接责任人员是否区分主犯、从犯问题的批复》中提到,“在审理单位故意犯罪案件时,对其直接负责的主管人员和其他直接责任人员,可不区分主犯、从犯,按照其在单位犯罪中所起的作用判处刑罚”,也就是说,在企业涉嫌故意犯罪中,对其直接负责的主管人员和其他直接责任人员可以不按共犯论处。此外,最高人民法院及其内设机构通过答复、纪要等方式,对企业犯罪定罪和惩处进行了指导。1998 年最高人民法院研究室在《关于企业犯罪后被合并应当如何追究刑事责任问题的答复》中提到,“人民检察院起诉时该犯罪企业已被合并到一个新企业的,仍应依法追究原犯罪企业及其直接负责的主管人员和其他直接人员的刑事责任。人民法院审判时,对被告单位应列原犯罪企业名称,但注明已被并入新的企业,对被告单位所判处的罚金数额以其并入新的企业的财产及收益为限”。2003 年最高人民法院研究室在《关于外国公司、企业、事业单位在我国领域内犯罪如何适用法律问题的答复》中提到,“符合我国法人资格条件的外国公司、企业、事业单位,在我国领域内实施危害社会的行为,依照我国《刑法》构成犯罪的,应当依照我国《刑法》关于单位犯罪的规定追究刑事责任”。2001 年最高人民法院在《全国法院审理金融犯罪案件工作座谈会纪要》中提到,“以单位的分支机构或者内设机构、部门的名义实施犯罪,违法所得亦归分支机构或者内设机构、部门所有的,应认定为单位犯罪。不能因为单位的分支机构或者内设机构、部门没有可供执行罚金的财产,就不将其认定为单位犯罪”。1997 年修订的《刑法》总则中对企业犯罪的规定,在随后多次修正中一直未予修改,如 2020 年修正的《刑法》保留了这两个条款内容。不难看出,《刑法》对企业犯罪的承认并对其定罪、量刑的规定,意味着作为企业遵守“规”的企业合规刑事约束制度可以追溯于 1987 年《海关法》的企业走私犯罪,并在 1997 年修订的《刑法》中予以广泛意义上的确立。现行《刑法》对企业犯罪刑事处罚确立双罚制为主的原则,同时辅以单罚制模式,该法第31条规定,“单位犯罪的,对单位判处罚金,并对其直接负责的主管人员和其他直接责任人员判处刑罚。本法分则和其他法律另有规定的,依照规定”。在该法的分则中,在100多个企业犯罪罪名中,对10个罪名的刑事处罚采取了单罚制模式,即重大劳动安全事故罪,工程重大安全事故罪,教育设施重大安全事故罪,消防责任事故罪,违规披露、不披露重要信息罪,妨害清算罪,虚假破产罪,雇用童工从事危重劳动罪,私分国有资产罪,私分罚没财物罪。在涉及上述罪名时,对企业不直接定罪、不刑事处罚,只追究相关责任人员的刑事责任。

(三)企业合规刑事约束制度方面的困境及破解

1997年修订的《刑法》实施以来,我国在企业合规刑事约束制度构建和实施方面取得了显著的成绩。该法所创立的企业犯罪的罪名及其对企业定罪、量刑的制度安排,对企业遵守法律法规、监管规定等提供了刑事上的约束。然而,在具体实践中,企业合规刑事约束制度面临一定构建和实施上的困境,这些困境不仅影响了对企业犯罪的刑事打击,也限制企业合规刑事激励制度的实施空间,破解企业合规刑事约束制度的困境有着现实必要性。

1. 企业合规刑事约束制度方面的困境

可以从两个方面来考察我国企业合规刑事约束制度所面临的困境,即作为企业遵守“规”的企业合规刑事约束制度和作为企业合规内部治理的企业合规刑事约束制度。

在作为企业遵守“规”的企业合规刑事约束制度方面,刑事司法机关对企业犯罪的刑事打击力度有限,表现出企业合规刑事约束制度的“软”约束性。《刑法》有关企业犯罪的定罪机制、量刑机制难以给予企业应有“威慑力”。从企业犯罪的定罪来看,在奉行主观和客观相统一的定罪机制下,对企业进行定罪需要考察企业合规的主观态度和客观的危害性后果,提高了对企业定罪的门槛,因为不同于自然人,确立企业涉嫌犯罪的主观态度并非易事。此外,由于企业合规刑事约束制度的核心在于对企业犯罪进行预防,以客观的危害性后果来衡量与其预防犯罪的定位存在一定的不一致性。可见,在《刑法》主观和客观相统一的定罪原则下,企业入罪有着较高的门槛。从企业犯罪量刑来看,《刑法》除对少数企业罪名实行单罚制模式,企业游离于被刑事处罚之外,对大多数企业罪名实行双罚制,即对企业处以罚金,对直接负责的主管人员和其他直接责任人员判处相应刑罚,没有从刑法上给予剥夺企业经营自由的刑事处罚。而依据《刑法》第 34 条的规定,罚金和没收财产属于附加刑罚。也就是说,《刑法》只规定了对企业犯罪处以罚金的方式,而没有规定没收财产的方式。按照《行政处罚法》之规定,行政机关除可以对涉案企业处以罚款、没收违法所得、没收非法财物等外,还可以暂扣许可证件、降低资质等级、吊销许可证件,限制开展生产经营活动、责令停产停业、责令关闭、限制从业等。不难看出,《刑法》对企业犯罪的刑事制裁力度,尚不及《行政处罚法》对企业违法的行政制裁力度,这与刑罚所应具有的威慑功能要求明显相悖。

在作为企业合规内部治理的企业合规刑事约束制度方面,虽然我国在有关经营主体、行业治理、特定领域治理等法律制度中,对企业合规内部治理义务进行了规定,但《刑法》没有对企业履行合规内部治理的义务作出明确规定。《刑法》对国家机关工作人员规定了玩忽职守罪,即对国家机关工作人员玩忽职守,致使公共财产、国家和人民利益遭受重大损失的行为处以玩忽职守罪,该罪规定了国家机关工作人员的尽职履责的要求。在企业合规内部治理成为企业的法定义务语境中,作为企业合规内部治理的企业合规刑事约束制度内含了企业应积极履行合规内部治理的义务,意即对企业不认真负责履行合规内部治理义务的行为,处于相应的刑罚。可见,尽管玩忽职守罪的主体要件是国家机关工作人员,但该罪所涉及的客体要件与作为企业合规内部治理的合规刑事约束制度的要求有着一定共通之处,而《刑法》并没有对企业合规内部治理的玩忽职守行为规定予以刑事处罚。由此可见,《刑法》中的涉企罪名及其定罪机制、量刑机制可以看作对企业合规内部治理结果进行刑事约束的刑法上的依据,但对企业合规内部治理过程进行刑事约束则缺乏刑法上的直接依据,这无疑制约了作为企业合规内部治理的企业合规刑事约束制度的构建和实施。

2. 企业合规刑事约束制度方面困境的破解

企业合规刑事约束制度和企业合规刑事激励制度是企业合规刑事治理制度两个不可或缺的部分,企业合规刑事约束制度困境阻碍企业合规刑事约束效能的释放空间。对企业合规刑事约束制度困境的破解,可以从提升企业犯罪惩罚的威慑力和推进企业合规内部治理刑事约束制度建设两个角度来考虑。

在提升企业犯罪惩罚的威慑力方面,《刑法》仅规定对企业的罚金的刑事处罚,对此,可以对《刑法》中的"单位犯罪的,对单位判处罚金"进行司法解释,参考 1998 年最高人民法院研究室《关于企业犯罪后被合并应当如何追究刑事责任问题的答复》中提到的"对被告单位所判处的罚金数额以其并入新的企业的财产及收益为限",规定对企业判处罚金的上限为企业的资产及收益,并对相关标准进行明确,在一定程度上解决实践中对企业犯罪的罚金额度不及行政罚款额度的问题。此外,可以在《刑法》中,确立罚金刑罚和没收财产刑罚的两种刑罚形式,或者建立刑事处罚和行政处罚协作机制,明确企业被判处罚金后行政机关可以进行相应行政处罚的情形。例如,对于企业犯罪的罚金额度不及行政罚款额度的部分,行政机关可以依据情形给予相应的行政处罚。

在推进企业合规内部治理刑事约束制度建设方面,可以参考英国创设商业组织不履行预防贿赂义务罪的做法,在一些风险较大危及公共利益的领域,如公共安全风险高发领域,设立企业不履行合规内部治理义务罪;还可以采取设立类似于针对国家机关工作人员玩忽职守罪的做法,设立企业不履行合规内部治理义务相应的罪名,此罪可以作为口袋罪,以弥补《刑法》对企业合规内部治理约束上的不足。例如,针对企业的某些不合规行为,由于没有产生对企业定罪上的社会危害性,现行《刑法》对其无法进行刑事处罚,但该不合规行为一旦产生社会危害性,对刑法所保护法益的侵害将非常严重,对此类企业不合规行为创设这一罪名,能达到预防所保护法益受到侵害或降低所保护法益侵害损失的目的。

值得一提的是,由于对存在不合规行为的企业进行刑事处罚,可能会因“水波效应”而对企业可持续发展产生巨大冲击甚至是灾难性后果,因此无论是提升企业犯罪惩罚的威慑力,还是推进企业合规内部治理刑事约束制度建设,其初衷都是规范、引导、促进企业合规内部治理,而不是单纯出于制裁企业的考虑。这就意味着提升企业合规刑事约束制度的约束力,应以健全完善企业合规刑事激励制度为前提,避免企业合规刑事约束制度的“约束效应”和合规刑事激励制度的“激励效应”之间抵牾,实现两种企业合规刑事治理制度的“效应叠加”,提升刑事司法机关介入企业合规内部治理的效能。

第八章　企业合规的民事治理制度

一、企业合规民事治理制度的应用场景

企业合规民事治理是指企业的交易相对方出于对自身利益维护而介入企业合规内部治理的行为。从介入方式来看，企业合规民事治理包括两个部分，即企业的交易相对方通过合同等直接介入企业合规内部治理和企业的交易相对方借助民事诉讼使民事审判机关介入企业合规内部治理。[①] 前者体现了私权自治的属性，后者体现了民事司法权介入的属性。企业合规民事治理制度可以适用于合同管理、违约救济、侵权救济等多种应用场景，此处的应用场景是指企业合规民事治理主体基于特

---

① 也可借助仲裁的方式使仲裁机构介入企业合规内部治理，因与民事审判机关介入企业合规内部治理有较大的相似之处，本书对此不作具体分析。

定目的,而构建和实施企业合规民事治理制度的具体场合。

(一)合同管理阶段的企业合规民事治理制度

从一定程度上讲,市场经济就是契约经济,作为企业和其交易相对方民事之间设立、变更、终止交易关系协议的合同,对双方交易行为具有法律约束力。对于交易相对方而言,企业合规是确保交易活动顺利进行的前提,也是确保自身利益实现的保障,因此交易相对方具有通过合同管理介入企业合规内部治理的动机。一般来讲,合同管理阶段的企业合规民事治理制度包括两个层面。第一个层面是交易相对方在订立合同之前,对企业合规程度及其内部治理进行调查,将调查结果作为确定是否签订合同的直接依据。例如,在交易相对方发现企业存在不合规行为,且其合规内部治理不符合要求时,终止与其之间的合同签订,或者先行中止与其之间的合同签订,以企业承诺并实施有效合规内部治理为前提,待与其交易的企业满足合规要求时再进行合同签订,以达到促进企业合规内部治理之目的。第二个层面是交易相对方在订立合同时,交易相对方在合同中明确对企业合规内部治理的要求,如要求被交易的产品从原材料采购、生产制造到产品销售符合法律法规、监管规定、行业准则、商业规则、商业伦理等要求。对于不符合企业合规内部治理要求的,约定中止合同实施并承担相应责任。交易相对方可以对合同实施过程中的企业合规内部治理进行监督,督促企业按照合同要求履行合规内部治理义务,对合同实施过程中出现的不合规问题,提出企业合规整改的要求和建议,对于整改达不到要求的,可以采取终止合同实施以防止企业不合规行为对自身产生的损害。

(二)违约救济阶段的企业合规民事治理制度

此处的违约救济是指交易相对方对于与其交易的企业违反合同约定或法律规定义务给自身利益造成损害的,诉之于民事审判机关来进行权利救济的行为。违约救济阶段的企业合规民事治理制度可以应用于以下两个场景：企业不履行合规义务的违约救济；违约责任中的企业合规抗辩。对于企业不履行合规义务的违约责任，企业行为违背法律法规、监管规定、商业伦理、商业规则等要求，可以导致交易相对方与其交易的企业之间的合同归于无效。如果交易相对方发现企业在履行合规义务过程中实施了不合规行为，这种不合规行为可能会导致企业履行合同能力丧失或者可能丧失，交易相对方可以向民事审判机关主张撤销合同或者合同无效。对于企业违约责任中的企业合规抗辩，由于企业违约责任一般需要考虑违约行为、过错、损害事实、因果关系，企业合规内部治理对于认定企业过错、因果关系能产生一定程度的阻却作用，因此企业合规内部治理可以成为企业违约责任的抗辩事由。具体来说，有效的企业合规内部治理意味着企业防范、制止不合规行为的主动性和有效性，所出现的不合规行为可能是企业的非主观故意。可见，有效的企业合规内部治理，不仅可以在一定程度上阻却对企业不合规行为的过错认定，还可以在一定程度上阻却企业行为与不合规后果之间的因果关系。民事审判机关可以将企业合规内部治理有效性作为确定违约责任的考量因素，进而对企业合规内部治理产生一定的介入效果。

（三）侵权救济阶段的企业合规民事治理制度

此处的侵权救济是指交易相对方对与其交易的企业侵害其利益行为的救济。从侵权归责的方式来看，一般有三种归责方式：一是过错责任归责，即以侵权人的主观过错作为应否承担侵权责任的归责原则；二是无过错责任归责，即不以侵权人的主观过错作为应否承担侵权责任的归责原则；三是过错推定原则，即以侵权人证明自己对造成的损害没有过错作为应否承担侵权责任的归责原则。企业合规民事治理制度均可以适用于这三种侵权归责原则下的侵权救济。在过错责任原则的语境中，由于企业合规内部治理体现了企业遵守或符合法律法规、监管规定等“规”的主动性，倘若企业没有建立并实施有效的合规内部治理制度，交易相对方可以将其作为与其交易的企业具有过错的理由，以主张企业承担侵权责任。在无过错责任原则的语境中，交易相对方无须将与之交易的企业合规内部治理作为主张侵权责任的考量因素，但企业合规内部治理能规避、减少企业不合规行为对其交易相对方产生的侵权后果，同时，企业可以借助合规内部治理制度将侵权责任后果部分转嫁给其负有责任的员工。在过错推定原则的语境中，企业可以将实施有效的合规内部治理制度作为其无过错的抗辩因素，交易相对方则可以对企业合规内部治理体系无效性进行抗辩而主张企业侵权行为的过错性。由此可见，在交易相对方主张与其交易的企业侵权的民事诉讼中，民事审判机关可以将企业的合规内部治理制度纳入侵权责任确立、分配、承担等考量范畴，从而起到规范、引导、促使企业合规内部治理的作用。

二、企业合规民事治理的法制基础

作为规范平等主体之间私法关系的民法典，为交易相对方及民事审判机关介入企业合规内部治理提供了法制基础。企业合规民事治理的法制基础不仅体现在企业合规民事治理所依赖的“规”内容的供给上，还体现在相关主体介入企业合规民事治理的法律制度供给上，或者说，企业合规民事治理的法制基础包括“合规”法制基础和“合规内部治理”法制基础两个层面。

（一）企业合规民事治理制度的“合规”法制基础

“合规”法制基础是指民法对企业赖以遵守的“规”之规定，这些“规”对企业经营管理活动产生约束效果。由于《民法典》是对我国民事立法的集成，《民法典》有关规定为企业合规民事治理制度提供了良好的法制基础。《民法典》第 2 条将企业与交易相对方之间的财产关系纳入民法规范范畴，并专门对营利法人进行了民法上的规范。按照企业合规治理中“规”的内涵，企业应履行符合法律要求的义务，而作为民法集大成的《民法典》对企业民事行为的法律规范当然成为了企业应遵守的“规”。对企业经营管理活动进行规范是《民法典》的重要内容之一，其总则、物权、合同、人格权、侵权责任等编章中相关条款对企业经营管理活动均作出了相应“规”方面的要求。在《民法典》总则编之中，相关条款对企业合规义务进行了规定，《民法典》第7条“民事主体从事民事活动，应当遵循诚信原则，秉持诚实，恪守承诺”，第8条“民事主体从事民事活动，不得违反法律，不得违背公序良俗”，第10条“处理民事纠纷，应当依照法律；法律没有规定的，可以适用习惯，但是不得违背公序良俗”，第86条“营利法人从事经营活动，应当遵守商业道德，维护交易安全，接受政府和社会的监督，承担社会责任”，这些规定为企业践行合规义务提供了民法上的依据，即为企业应主动符合法律法规、监管规定、行业准则和国际条约、规则、标准，以及企业章程、规章制度等要求提供了法制基础。在《民法典》物权编之中，对企业遵守的物权法律规范进行了规定。例如：第207条规定包括企业在内的任何组织不得侵犯他人物权；第259条规定在企业改制、合并分立、关联交易等过程中，应防止通过低价转让、合谋私分、擅自担保或以其他方式造成国有财产损失；第326条规定，“用益物权人行使权利，应当遵守法律有关保护和合理开发利用资源、保护生态环境的规定”；第388条规定，“设立担保物权，应当依照本法和其他法律的规定订立担保合同”；等等。这些对企业在保护物权中的要求所作出的规定，成为企业应予遵守“规”的重要内容。在《民法典》合同编中，相关条款对企业合同管理进行了法律规范。例如：第496条规定，“提供格式条款的一方应当遵循公平原则确定当事人之间的权利和义务，并采取合理的方式提示对方注意免除或者减轻其责任等与对方有重大利害关系的条款，按照对方的要求，对该条款予以说明”；第501条规定，“当事人在订立合同过程中知悉的商业秘密或者其他应当保密的信息,无论合同是否成立,不得泄露或者不正当地使用”;第 509 条规定,“当事人应当遵循诚信原则,根据合同的性质、目的和交易习惯履行通知、协助、保密等义务”;第 558 条规定,“债权债务终止后,当事人应当遵循诚信等原则,根据交易习惯履行通知、协助、保密、旧物回收等义务”;第 577 条规定,“当事人一方不履行合同义务或者履行合同义务不符合约定的,应当承担继续履行、采取补救措施或者赔偿损失等违约责任”;等等。这些规定是企业在订立和实施合同中应予以遵守的“规”。在《民法典》人格权编之中,对企业在保护人格权方面进行了法律上的约束。例如:第 991 条规定,“民事主体的人格权受法律保护,任何组织或者个人不得侵害”;第 1009 条规定,“从事与人体基因、人体胚胎等有关的医学和科研活动,应当遵守法律、行政法规和国家有关规定,不得危害人体健康,不得违背伦理道德,不得损害公共利益”;第 1010 条规定,“机关、企业、学校等单位应当采取合理的预防、受理投诉、调查处置等措施,防止和制止利用职权、从属关系等实施性骚扰”;第 1032 条规定,“任何组织或者个人不得以刺探、侵扰、泄露、公开等方式侵害他人的隐私权”。这些规定为企业在经营管理活动中遵守他人的人格权进行了法律要求。在《民法典》侵权责任编之中,相关条款对企业承担的侵权义务作出了法律规范。例如:在其“一般规定”中,对侵害民事权益承担侵权责任进行了要求;第 1202 条规定,“因产品存在缺陷造成他人损害的,生产者应当承担侵权责任”;第 1229 条规定,“因污染环境、破坏生态造成他人损害的,侵权人应当承担侵权责任”;第 1236 条规定,“从事高度危险作业造成他人损害的,应当承担侵权责任”;等等。这些规定对企业对他人造成侵权损害后的责任进行了约束。总之,作为民法集大成的《民法典》对企业经营管理活动中的义务、责任、职责进行了规范,这些规范是企业开展合规内部治理的重要法制基础,也为企业的交易相对方和民事审判机关介入企业合规内部治理提供了民法上的依据。

(二)企业合规民事治理的"合规内部治理"法制基础

"合规内部治理"法制基础是指民法将企业合规内部治理纳入其规范范畴,民事审判机关通过企业合规内部治理来调整企业与其交易相对方之间的民事关系。依据前文中提到的民事治理主体介入企业合规内部治理的三种场景,可以从合同管理、违约救济、侵权救济等三个方面考察企业合规民事治理制度的法制基础。在合同管理方面,《民法典》第143条规定,民事法律行为有效需同时具备三个条件:行为人具有相应的民事行为能力;意思表示真实;违反法律、行政法规的强制性规定,不违背公序良俗。由于不违反法律、行政法规的强制性规定以及不违背公序良俗意味着企业合规是合同成立的前提要件,该条规定可以为交易相对方以企业不合规行为来拒绝订立合同或否定合同的效力。《民法典》第527条规定,应当先履行债务的当事人,有确切证据证明对方丧失商业信誉的,可以中止履行。由于企业合规内部治理对培育商誉的积极作用,交易相对方可以以企业没有实施有效合规内部治理为由,中止合同的履行。可见,交易相对方可以以前述条款相关内容为依据,督促企业合规内部治理以维护自己的合同利益。在违约救济方面,《民法典》第180条规定,"因不可抗力不能履行民事义务的,不承担民事责任",在存在不可抗力的前提下,企业可以以实施了有效合规内部治理来加强其不可抗力原因的证明,以抗辩承担民事责任。《民法典》第592条规定,"当事人一方违约造成对方损失,对方对损失的发生有过错的,可以减少相应的损失赔偿额",交易相对方在主张企业违约而给自己带来违约损失时,企业可以以实施了有效的合规内部治理为由,主张企业没有过错,以达到减少损失赔偿额的目的。在侵权救济方面,《民法典》第1165条对过错责任和推定过错责任作了明确,规定“行为人因过错侵害他人民事权益造成损害的，应当承担侵权责任”“依照法律规定推定行为人有过错，其不能证明自己没有过错的，应当承担侵权责任”，依据该规定，可以将企业是否建立和实施有效合规内部治理制度作为不合规行为是否有主观过错的考量因素。《民法典》第1166条规定，“行为人造成他人民事权益损害，不论行为人有无过错，法律规定应当承担侵权责任的，依照其规定”，对于这一无过错责任，企业是否建立和实施有效合规内部治理制度不能作为确认是否承担侵权责任的考量因素，但可以以此确定企业与其员工在侵权责任中的责任分配。也就是说，在无过错责任下，企业可以以建立和实施了有效合规内部治理体系来主张实施不合规行为员工的责任，主张减轻自身的侵权责任。总之，《民法典》中的相关涉企条款，使企业合规民事治理制度在维护企业和交易相对方民事权益上有了法制保障，对企业合规内部治理产生了激励和约束作用。

三、企业合规的民事激励制度

构建和实施企业合规民事激励制度是企业行使合规自治权的重要方式，此处的企业合规民事激励制度是指企业合规民事激励主体通过运用民事实体制度和民事程序制度，对企业合规内部治理进行激励的制度安排。企业合规民事激励的主体既包括与企业产生经济往来的交易相对方，也包括主导民事审判活动的民事审判机关。

（一）企业合规民事激励制度的理论导入

对企业合规民事激励制度理论导入可以从利益相关者理论、违约责任理论、侵权责任理论等三个方面来考察。

利益相关者理论是20世纪60年代在美国发展起来的，其代表人物美国学者弗里曼（R. E. Freeman）在其《战略管理：利益相关者管理的分析方法》一书中提到，利益相关者是能够影响一个组织目标的实现，或者受到一个组织实现其目标过程影响的人[①](此处的人包括自然人和法人)。按照利益相关者理论,交易相对方可能受与其交易的企业不合规行为影响而遭受利益损失的风险,为规避企业不合规行为给自身带来的风险,交易相对方可以运用契约方式激励企业合规内部治理,并在合规风险转嫁到自身时诉诸私力救济以维护其自身利益。

违约归责理论为企业合规民事激励制度提供了违约救济层面的激励,围绕是否以违约人主观过错来作为承担违约责任的要件。违约归责理论可分为过错责任论和严格责任论。前者认为以行为人主观上的过错为承担违约责任的基本条件,后者认为违约责任的归责无须考虑行为人主观上的过错。在不同法系背景下,违约责任的归责理论存在差异。学理上通常认为,大陆法系和英美法系在合同责任的归责理论上分别采取了过错责任原则与严格责任原则,[②]但从两大违约归责理论的发展来看,两大法系逐渐放弃各自单一的违约归责理论,实现两大法系违约归责的相互融合、兼收并蓄,如英美法系在很大程度上减轻了严格责任,使之不再具有绝对性。[③] 企业违约归责理论上差异的背后是企业合规违约民事救济激励上的差异,在过错责任论下,企业合规内部治理如作为企业违约责任免责的事由,则能激励企业建立和实施有效合规内部治理制度,而在严格责任论下,企业合规内部治理不能成为企业免责的理由,但可以作为违约责任在企业与员工之间分配的理由。

侵权归责理论为企业合规民事激励制度提供了侵权救济层面的激励,该理论主要解决在行为人的行为致人损害时,以何种标准和原则确

---

① 参见李金兵、韩玉启:《企业利益相关者理论研究现状与前瞻》,载《技术经济与管理研究》2009 年第 3 期。

② 参见李双元、温世扬主编:《比较民法学》,武汉大学出版社 1998 年版,第 741 页。

③ 参见肖燕:《违约归责原则比较研究》,载《浙江大学学报(人文社会科学版)》2004 年第 2 期。

定行为人的侵权责任。以行为人承担侵权责任是否需要过错来划分，该理论可分为过错责任论、无过错责任论、推定过错责任论。过错包括主观过错和客观过错，主观过错是“行为人具有的一种应受非难的心理状态，过错并不包括行为人的外部行为”，[①]而客观过错是“一种社会性过错，并不一定具有个人非道德性。某种假设的行为义务标准也许超出了个人的知识和能力范围，但如果违反该行为标准，法律有时仍会认定为是一种‘过错’”。[②] 不同的侵权责任理论背后是企业合规侵权民事救济激励上的差异，也就是作为过错抗辩的企业合规内部治理，在不同侵权归责的理论下存在激励方式和程度的不同。在主观过错论的语境中，过错责任论可以让企业以有效的合规内部治理主张减少和免除责任，无过错责任论可以让企业以有效的合规内部治理来实现在企业和其员工之间的责任分配，推定过错责任论可以让企业以有效的合规内部治理抗辩过错。在客观过错学说的语境中，企业合规内部治理一般是难以阻却客观过错的，企业合规侵权民事救济激励制度的适用空间较为有限。

（二）企业合规民事激励制度的实践导入

在诉讼裁量上，域外比较成熟的实践路径主要是在刑事、民事以及行政诉讼框架下构建激励企业构建、实施合规计划的诉讼裁量机制。[③]域外民事审判机关激励企业合规内部治理是国家激励企业合规内部治理的重要方式。作为企业合规制度兴起地的美国，其企业合规民事激励制度可以追溯在 20 世纪早期。美国出台的《1933 年证券法》第 11

① 王利明、杨立新编著：《侵权行为法》，法律出版社 1996 年版，第 68 页。

② R. F. v. Heuston & R. S. Chambers, *Salmond and Heuston on the law of Torts*, Sweet & Maxwell Limit, 1981, p. 20. 转引自周中举：《美国侵权法严格责任的历史演变》，西南政法大学 2011 年博士学位论文，第 16 页。

③ 参见万方：《合规计划作为预防性法律规则的规制逻辑与实践进路》，载《政法论坛》2021 年第 6 期。

条规定，原告对于证券企业提供注册文件中所有重大不实陈述和遗漏给自身带来损害的，可以通过民事诉讼来主张其民事权利救济，且这种主张不需要证明被告具有故意甚至不需要证明被告存在过失；第 12 条规定，原告对于证券企业出售证券时使用不实或具有误导性发行说明书或口头陈述的，可以请求解除购买合同，且不需要原告证明证券企业存在故意、信赖或过失。对美国《1933 年证券法》第 11 条和第 12 条中涉及不实陈述或遗漏，证券企业可以通过证明“被告不知悉且在已尽合理注意义务后仍不可能知悉存在不实陈述或遗漏”，避免对涉嫌误导的陈述承担责任。美国于 1934 年出台的《证券交易法》第 10(b)条和 10b－5 规则规定，原告可以对证券买卖中的欺诈行为提起民事诉讼，在民事诉讼中原告应主张被告具有欺骗、操纵或欺诈的意图，或疏忽大意（超越了单纯的过失），且违法行为是导致相关交易发生的实质性因素。如果“被告不知悉且在已尽合理注意义务后仍不可能知悉存在不实陈述或遗漏”，则可能会避免构成 10b－5 规则项下的故意之要件而免予处罚。在上述两部法律相关规定中，企业合规内部治理不仅作为其履行注意义务的理由，还可以作为主观故意抗辩的理由，从而对企业建立和实施有效合规内部治理发挥着激励作用。在实践中，美国证券交易委员会具有对该领域的民事诉讼权，对涉案企业主要以和解方式解决。也就是说，涉案企业承诺并实施有效的合规内部治理，经验收符合要求后，美国证券交易委员会可以不再对该企业进行民事起诉。20 世纪四五十年代，美国通用公司等具有垄断地位的企业出于树立社会形象的考虑，主动建立了反垄断合规承诺制度，承诺构建和实施反垄断合规内部治理制度。同时，企业合规民事激励制度还被作为一些国际组织约束与其交易的企业的合规内部治理。2010 年世界银行就发布了《诚信合规指引》，以规制与其交易的企业参与投竞标企业的腐败、欺诈、串通等不合规行为，该指引建立了附解除条件的取消资格的民事激励制度，对违反诚信合规义务的企业，将建立和实施有效合规内部治理制度作为解除、恢复涉案企业的招投标和贷款资格的前置条件。

从民事司法机关介入企业合规内部治理的实践来看，我国企业合规民事激励制度尚未引起应有的关注，零星存在于银行合规治理领域，主要是将企业合规内部治理作为区分企业行为和其员工行为之考量因素，以达到减轻银行民事责任的目的。从交易相对方介入与其交易的企业合规内部治理的激励来看，有些企业已进行相关的实践探索。例如，《中国航空工业集团有限公司合规手册》(2020)提到，“建立健全对商业伙伴开展尽职调查、准入、评价、监督等合规管理制度，优选资质完备、信誉良好的商业伙伴”“保留特定交易中对商业伙伴进行检查和审计的权利，如商业伙伴存在重大违法行为、失信记录，发生质量事故、安全事故或存在违反廉洁要求情形的，应取消其商业伙伴资格”。再如，《中兴通讯反贿赂合规手册》(2020)提到，“在初次使用或重新启用某商业伙伴之前，必须按规定对商业伙伴进行合规问卷调查及合规风险评估，并根据风险评估的结果对其实施相应的管控要求，如签署合规承诺书、开展系统性的尽职调查、合规评审和持续监督等”“在商业伙伴反贿赂合规管理的任何环节中，一旦出现新的风险信号甚至违规行为，应实施与其风险等级相称的合规管控及应对措施，包括但不限于暂停合作、暂停付款、重新审查、合规审计甚至终止与该商业伙伴的合作关系等并保留必要的法律救济权利”。又如，《招商局集团合规手册》(2020)提到，“各单位应当与资金来源合法且声誉良好的客户、中介机构及商业伙伴等进行经营来往”，并对商业伙伴合规义务进行了专门规定，此外，招商局集团还出台了《招商局集团商业伙伴合规管理办法》的专项制度。中国航空工业集团、中兴通讯股份有限公司、招商局集团对交易相对方的合规内部治理要求，从一定程度上可以看作对与其进行交易的企业的激励，或者说，企业可以通过有效的合规内部治理来赢得与其交易的机会。

（三）企业合规民事激励制度的构建路径

《民法典》第 1 条对我国民法的立法宗旨进行了规定，包括四个方面：保护民事主体的合法权益、调整民事关系、维护社会和经济秩序、弘扬社会主义核心价值观。不难看出，企业合规内部治理所追求的目标与《民法典》立法宗旨有着高度的契合性，如其所追求的符合商业伦理与社会主义核心价值观中的“敬业、诚信”，所追求的符合法律法规、监管规定与保护民事主体的合法权益、维护社会和经济秩序，所追求的商业准则与调整民事关系等之间具有相同的价值取向。可见，企业合规民事激励制度与《民法典》之间存在相容性。总的来看，虽然从法理上讲，对企业合规内部治理进行民事激励具有正当性，但我国企业合规民事激励制度建设并没有引起应有之关注。在理论界，极少有学者关注企业合规民事激励问题的研究，有学者从合规与法律风险防控之间关系角度，对“企业建立合规机制，除了要防范行政监管风险、刑事风险和国际组织制裁风险以外，还要防范民事法律风险”予以质疑，否定“民事合规”的概念。[①] 其实，从企业合规治理制度发展的历史并结合我国的实际来看，企业合规治理制度应是企业合规内部治理制度、行政治理制度、刑事治理制度与民事治理制度的统一，企业合规民事激励制度当然应纳入企业合规制度体系。在企业合规民事激励制度理论研究滞后的同时，我国企业合规民事治理在实践上存在不足。其一，虽然有些交易相对方对与其交易的企业进行合规内部治理激励上的探索，但其激励效果并不佳，甚至为装点门面，呈现“形式主义”倾向；其二，虽然我国民法有关违约责任法律规范，与企业合规民事激励有着较好的相容性，但在民事诉讼实践中鲜有将企业合规内部治理作为减轻、规避

---

① 参见陈瑞华：《论企业合规的性质》，载《浙江工商大学学报》2021 年第 1 期。

民事责任的考量因素,企业合规内部治理在涉企违约责任司法救济中缺乏关注;其三,虽然我国民法对侵权责任规定了过错责任、无过错责任、推定过错责任的原则,但鲜有将企业合规内部治理纳入侵权责任归责体系。《民法典》第1191条规定,“用人单位的工作人员因执行工作任务造成他人损害的,由用人单位承担侵权责任。用人单位承担侵权责任后,可以向有故意或者重大过失的工作人员追偿”。该条虽然明确了企业员工职务行为所造成的侵权责任由企业承担,但前提是对企业确定应予承担的民事责任,在具体涉企侵权民事诉讼中,容易依据该条而忽视企业在侵权救济中的合规内部治理抗辩价值。实际上,企业合规激励的立足点在企业自身,无论是企业合规行政激励,还是企业合规刑事激励,其机理都是规范、引导、促进企业合规内部治理。企业合规民事激励属于企业合规私权自治领域激励范畴,体现企业合规治理领域的“充分发挥市场在资源配置中的决定性作用,更好发挥政府作用”定位。因此,构建企业合规民事激励制度有着现实必要性。

对企业合规民事激励制度的构建,可以在现行民法框架中从激励企业建立交易相对方合规内部治理制度、构建企业合规内部治理对违约责任抗辩制度、构建企业合规内部治理对侵权责任抗辩制度等方面着手。在激励企业建立交易相对方合规内部治理制度方面,相关部门在制定和修订(正)激励企业合规内部治理相关制度时,可以将交易相对方合规内部治理相关内容纳入其中。例如,在制定和修订(正)企业合规治理相关指导性文件和相关规范性文件时,将企业对交易相对方合规审查、督促合规内部治理等纳入其中。同时,提升企业对交易相对方合规审查、督促合规内部治理的法律位阶,从而为企业激励相对方合规内部治理提供明确的法律依据。在构建企业合规内部治理对违约责任抗辩制度方面,以司法解释或者司法指导等形式,对企业合规内部治理纳入违约责任抗辩情形进行明确,对企业合规内部治理在主观过错抗辩中的认定标准进行规定,对企业合规内部治理在涉企民事诉讼和解中的应用进行指引,对企业合规内部治理在认定企业民事责任上进行指导。以上方式不仅为民事审判机关介入企业合规民事治理提供了参考依据,也为企业合规内部治理提供了实践上的参考。在构建企业合规内部治理对侵权责任抗辩制度方面,以司法解释或者司法指导等形式,对企业合规内部治理在侵权责任中"过错"认定的适用情形进行明确或指导。具体来说,对于适用过错责任原则的侵权救济,明确企业合规内部治理抗辩主观过错的情形;对于适用无过错责任原则的侵权救济,为企业合规内部治理在企业和其员工之间的侵权责任分配提供指导;对于适用推定过错原则的侵权救济,为企业合规内部治理作为无过错证据进行指引。此外,可以通过企业合规内部治理在民事违约责任诉讼案件和侵权责任诉讼实践中的指导性案例库建设,为民事审判机关介入企业合规内部治理激励和企业介入交易相对方合规内部治理提供案例上的参考。

四、企业合规的民事约束制度

与企业合规的民事激励一样,企业合规的民事约束是民事治理主体介入企业合规内部治理的重要方式,与其所不同的是,企业合规民事约束主要是指企业交易相对方、民事审判机关依靠民事实体制度和民事程序制度对企业合规内部治理产生约束,给予企业合规内部治理的外部压力,对企业因不合规行为对其交易相对方或者社会产生损害予以惩罚的行为。值得一提的是,企业合规民事约束制度与企业合规民事激励制度之间的边界是相对性的。例如,交易相对方对企业合规内部治理的制度安排,对于交易相对方来讲,属于促使企业合规内部治理的激励制度,但对于企业来讲,则属于企业合规内部治理的外在约束制度。

(一)企业合规民事约束制度的理论导入

民法虽然属于私法范畴,但具有约束民事行为和民事司法之功能。

对于企业而言,民法对其约束的理论来源于民法对其经营管理活动进行的任意性规范论和强制性规范论。任意性规范论和强制性规范论之间的差异性主要体现在当事人能否以其意志来排除民法规范的适用,能以当事人意志来排除民法规范的适用为任意性规范,反之,则为强制性规范。对此,德国著名民法学家卡尔·拉伦茨作出了权威性的阐释,即任意规范是指在当事人没有另作约定的范围内适用的、补充当事人之间合同约定的、可以通过约定予以排除或变更的规范,而强制规范则是指在适用上不以当事人的意志为移转的即使当事人作出了不同的约定仍然适用的、不可通过约定予以排除或变更的规范。① 无论是任意性规范论,还是强制性规范论,都可以对企业合规内部治理产生一定的约束作用。其中,强制性规范是企业必须遵守的规范,属于具有无限制约束的"规"的范畴,如有效的企业民事法律行为必须以该企业不违反法律、行政法规的强制性规定,不违背公序良俗为前提;任意性规范虽然不具有无限制的约束力,但在企业与其交易相对人没有约定的前提下对企业产生约束力,如基于合同关系等产生的占有,有关不动产或者动产的使用、收益、违约责任等,在合同没有约定或者约定不明确的情形下,依照有关强制性规范。不难看出,民法领域任意性规范论和强制性规范论都可以为企业合规民事约束制度提供正当性的理论阐释。与此同时,民事责任理论从民事惩罚的角度对企业合规民事约束制度提供另一层面的理论导入。通说认为,民事责任是指民事主体不履行或者不完全履行民事义务应当依法承担的不利后果。这种后果是对不履行或者不完全履行民事义务的补偿,此类补偿有时甚至是惩罚性的,如对故意侵害知识产权、产品质量责任、污染环境和破坏生态等进行惩罚性赔偿。可见,民事责任理论以企业承担不履行或者不完全履行民事

---

① 参见[德]卡尔·拉伦茨:《德国民法通论》,王晓晔等译,法律出版社2003年版,第42页。

义务后果的视角，为企业合规民事约束制度提供了另一层面的理论导入。

（二）企业合规民事约束制度的实践导入

企业合规民事约束制度包括对作为企业遵守“规”的企业合规民事约束制度和作为企业合规内部治理的民事合规约束制度。从企业合规民事治理的发展历程来看，企业合规民事约束制度是企业合规民事激励制度赖以存在的前提，即有企业合规民事激励制度则必有相应的民事约束制度，但有企业合规民事约束制度而未必有企业合规民事激励制度，或者说，企业合规民事约束制度是先于企业合规激励制度存在的。在作为企业遵守“规”的企业合规民事约束制度语境中，只要存在涉及对企业经营管理活动进行规范的民法制度，就存在该语境中的企业合规民事约束制度，一国的企业合规民事约束制度实践基本上是与一国的民法制度实践处于同一时空。从作为企业合规内部治理的企业合规民事约束制度来看，只有在对企业合规内部治理行为进行规范的情形下，才存在该语境中的企业合规民事约束制度。各国法律实践逐渐开始强化企业及高管的法律义务，强制企业及高管构建、实施合规计划，未及时履行相关法律义务的企业及高管将承担对应的民事责任。① 例如，美国财政部海外资产控制办公室将企业没有建立相关的合规内部治理制度、合规内部治理制度不足以应对相关风险、合规风险预警而未被企业重视等作为民事处罚的加重因素。除民事司法机关介入企业合规内部治理的民事约束外，一些国际组织也建立了对与其交易的企业合规约束制度。例如，世界银行先后发布《诚信合规指南》《世界银行采购指导方针》《世界银行借款人选择和聘请咨询顾问指导方针》《世界银行反腐败指导方针》《世界银行政策：欺诈与腐败》《世界银行

① 参见万方：《合规计划作为预防性法律规则的规制逻辑与实践进路》，载《政法论坛》2021 年第 6 期。

制裁程序》《世界银行制裁委员会规则》《世界银行制裁指南》等,对与其交易的企业存在腐败、欺诈、串通、胁迫、妨碍等行为进行制裁,包括谴责、恢复原状、附条件的不予取消资格、取消资格、附条件解禁等。

改革开放以来,我国不断趋于成熟的民法制度为企业合规的民事约束提供了实施的坚实基础。原 1986 年的《中华人民共和国民法通则》、原 1995 年的《中华人民共和国担保法》、原 1999 年的《中华人民共和国合同法》、原 2007 年的《中华人民共和国物权法》、原 2009 年的《中华人民共和国侵权责任法》、原 2017 年的《中华人民共和国民法总则》、2021 年的《民法典》,以及 1982 年的《民事诉讼法(试行)》、1991 年出台并经 2007 年、2012 年、2017 年、2021 年、2023 年修正的《民事诉讼法》,对民事领域企业应予遵守的"规"进行不断健全和完善,涉及民事义务、合同、物权、侵权责任等领域,这些不断健全和完善的"规"契合了社会主义市场经济发展的需求,使得作为企业遵守"规"的企业合规民事约束制度在实践中发挥了积极作用。与此同时,我国还在少数领域对企业合规内部治理的民事约束进行了探索。例如,《民法典》第 1010 条对防止企业性骚扰的合规内部治理进行了约束,规定"机关、企业、学校等单位应当采取合理的预防、受理投诉、调查处置等措施,防止和制止利用职权、从属关系等实施性骚扰";第 1254 条对高空抛物侵权的内部治理进行了约束,规定"物业服务企业等建筑物管理人应当采取必要的安全保障措施防止前款规定情形的发生;未采取必要的安全保障措施的,应当依法承担未履行安全保障义务的侵权责任"。

(三)企业合规民事约束制度的构建路径

《民法典》第 187 条规定,"民事主体因同一行为应当承担民事责任、行政责任和刑事责任的,承担行政责任或者刑事责任不影响承担民事责任;民事主体的财产不足以支付的,优先用于承担民事责任"。《刑法》第 36 条规定,"承担民事赔偿责任的犯罪分子,同时被判处罚金,其财产不足以全部支付的,或者被判处没收财产的,应当先承担对被害人的民事赔偿责任”。除上述关于民事责任优先原则规定之外,在我国其他部门法中,追究民事责任亦常涉及。例如,《反垄断法》第60条规定,“经营者实施垄断行为,给他人造成损失的,依法承担民事责任”;《产品质量法》第64条规定,“违反本法规定,应当承担民事赔偿责任和缴纳罚款、罚金,其财产不足以同时支付时,先承担民事赔偿责任”;《反不正当竞争法》第17条规定,“经营者违反本法规定,给他人造成损害的,应当依法承担民事责任”“经营者的合法权益受到不正当竞争行为损害的,可以向人民法院提起诉讼”;等等。可见,追究民事责任在惩治违法犯罪、私权救济中具有重要地位。在严格区分经济纠纷与经济犯罪界限的涉企刑事谦抑化的语境中,企业合规民事约束制度在经济社会秩序治理中更是扮演着重要的角色。近些年,我国对企业合规民事约束制度在规范、引导、促进企业合规内部治理方面的实践进行了积极探索。例如,通过涉企民事诉讼案件繁简分流、轻重分离、快慢分道等改革,以及通过加强民事涉企案件审限管理等来提升涉企民事诉讼的效率,降低了涉企民事诉讼的成本,激发了企业通过民事诉讼追究交易相对方的民事责任之积极性和主动性。例如,针对民事诉讼的“超审限”问题,2021年1月最高人民法院审判管理办公室印发的《最高人民法院〈关于进一步严格落实审理期限制度〉的通知》,对案件审理期限的各项内容进一步给予严格规范、明确细化具体规定。然而,整体来看,我国企业合规民事约束制度在实践中依然存在一定困境,对作为企业遵守“规”的企业合规民事约束制度,交易相对方对企业不合规行为的民事救济成本相对较高,造成了该语境中的企业合规民事约束制度的约束力有限的问题。或者说,在较高的民事诉讼成本下,交易相对方可能对企业不合规行为放弃救济,造成了对不合规行为的不当“宽容”。此外,交易相对方对与其交易的企业的合规内部治理约束有限,其所建立的对与其交易的企业的合规审查、合规监督等制度有时成为单纯的“摆设”,对企业合规内部治理的约束比较有限。对于作为企业合规内部治理的企业合规民事约束制度,《民法典》在性骚扰、高空抛物方面相关条款中规定了企业的合规内部治理义务,而没有涉及其他情形。显然,民事治理主体介入企业合规内部治理的约束制度尚未得到应有关注,或者说,作为企业合规内部治理的企业合规民事约束制度,尚未在规范、引导、促进企业合规内部治理中发挥应有的作用。

企业合规民事约束制度是民事治理主体有效介入企业合规内部治理的基础性制度,在我国规范、引导、促进企业合规内部治理的实践中,对企业合规内部治理进行有效的民事约束,是企业合规治理领域对“充分发挥市场在资源配置中的决定性作用,更好发挥政府作用”的直接反映,无论是对于提升企业的合规治理水平,还是对于提升政府治理效能均有现实意义。有效发挥民事约束在规范、引导、促进企业合规的作用,需要在构建和实施有效的企业合规民事治理制度上进行探索。一方面,健全作为企业遵守“规”的企业合规民事约束制度。《民法典》第 1185 条规定,“故意侵害他人知识产权,情节严重的,被侵权人有权请求相应的惩罚性赔偿”;第 1207 条规定,“明知产品存在缺陷仍然生产、销售,或者没有依据前条规定采取有效补救措施,造成他人死亡或者健康严重损害的,被侵权人有权请求相应的惩罚性赔偿”;第 1232 条规定,“侵权人违反法律规定故意污染环境、破坏生态造成严重后果的,被侵权人有权请求相应的惩罚性赔偿”。民事领域的惩罚性赔偿制度体现民法规范的强约束性。对此,可以对民事领域惩罚性赔偿设立具体的参考指南,为民事审判机关和企业及其交易相对方提供民事救济上的参考,并且在总结其实践经验的基础上,拓展惩罚性赔偿制度的适用领域。与此同时,在涉企民事诉讼案件繁简分流、轻重分离、快慢分道，以及加强对民事涉企案件审限管理等提升民事诉讼效率的基础上，通过运用人工智能、提升人才保障、优化救济机制等手段，降低企业及其交易相对方因不合规行为而引致的违约责任和侵权责任的诉讼成本。另一方面，构建作为企业合规内部治理的企业合规民事约束制度，建立交易相对方对与其交易的企业合规审查、合规内部治理监督的约束制度。例如，在公共利益风险较大的领域，明确交易相对方对与其交易的企业合规调查、合规内部治理监督的责任。可借鉴《民法典》中将合规内部治理纳入性骚扰、高空抛物侵权治理的做法，在环境污染和生态破坏责任、高度危险责任、产品责任等事关生命健康权的领域，确立企业的合规内部治理责任，从而将企业合规内部治理纳入该领域侵权责任的主观过错认定的考量范畴。

附　录

现行法律和国务院行政法规目录

(一)现行法律目录(截至 2023 年 10 月 31 日)①

1.《宪法(2018 年修正)》(2018 年 3 月 11 日公布)

2.《地方各级人民代表大会和地方各级人民政府组织法(2022 年修正)》(2022 年 3 月 11 日公布)

3.《全国人民代表大会和地方各级人民代表大会选举法(2020 年修正)》(2020 年 10 月 17 日公布)

4.《人民法院组织法(2018 年修订)》(2018 年 10 月 26 日公布)

5.《人民检察院组织法(2018 年修订)》(2018 年 10 月 26 日公布)

6.《国籍法》(1980 年 9 月 10 日公布)

7.《全国人民代表大会组织法(2021 年修正)》

---

① 根据全国人民代表大会官网整理。附录涉及"中华人民共和国"开头的法律均用简称,如《中华人民共和国立法法(2023 年修正)》用简称《立法法(2023 年修正)》,本书所涉及的我国法律,如没有专门说明,一般为附录中的版本。

(2021 年 3 月 11 日公布)

8.《国务院组织法》(1982 年 12 月 10 日公布)

9.《全国人民代表大会常务委员会关于县级以下人民代表大会代表直接选举的若干规定》(1983 年 3 月 5 日公布)

10.《民族区域自治法(2001 年修正)》(2001 年 2 月 28 日公布)

11.《全国人民代表大会常务委员会关于在沿海港口城市设立海事法院的决定》(1984 年 11 月 14 日公布)

12.《外交特权与豁免条例》(1986 年 9 月 5 日公布)

13.《全国人民代表大会常务委员会议事规则(2022 年修正)》(2022 年 6 月 24 日公布)

14.《全国人民代表大会常务委员会关于批准中央军事委员会〈关于授予军队离休干部中国人民解放军功勋荣誉章的规定〉的决定》(1988 年 7 月 1 日公布)

15.《全国人民代表大会议事规则(2021 年修正)》(2021 年 3 月 11 日公布)

16.《集会游行示威法(2009 年修正)》(2009 年 8 月 27 日公布)

17.《城市居民委员会组织法(2018 年修正)》(2018 年 12 月 29 日公布)

18.《香港特别行政区基本法》(1990 年 4 月 4 日公布)

19.《国旗法(2020 年修正)》(2020 年 10 月 17 日公布)

20.《领事特权与豁免条例》(1990 年 10 月 30 日公布)

21.《缔结条约程序法》(1990 年 12 月 28 日公布)

22.《国徽法(2020 年修正)》(2020 年 10 月 17 日公布)

23.《领海及毗连区法》(1992 年 2 月 25 日公布)

24.《全国人民代表大会和地方各级人民代表大会代表法(2015 年修正)》(2015 年 8 月 29 日公布)

25.《澳门特别行政区基本法》(1993 年 3 月 31 日公布)

26.《国家赔偿法(2012 年修正)》(2012 年 10 月 26 日公布)

27.《法官法(2019 年修订)》(2019 年 4 月 23 日公布)

28.《检察官法(2019 年修订)》(2019 年 4 月 23 日公布)

29.《戒严法》(1996 年 3 月 1 日公布)

30.《中国人民解放军选举全国人民代表大会和县级以上地方各级人民代表大会代表的办法(2021 年修正)》(2021 年 4 月 29 日公布)

31.《香港特别行政区驻军法》(1996 年 12 月 30 日公布)
32.《国防法(2020 年修订)》(2020 年 12 月 26 日公布)
33.《专属经济区和大陆架法》(1998 年 6 月 26 日公布)
34.《村民委员会组织法(2018 年修正)》(2018 年 12 月 29 日公布)
35.《澳门特别行政区驻军法》(1999 年 6 月 28 日公布)
36.《立法法(2023 年修正)》(2023 年 3 月 13 日公布)
37.《反分裂国家法》(2005 年 3 月 14 日公布)
38.《外国中央银行财产司法强制措施豁免法》(2005 年 10 月 25 日公布)
39.《各级人民代表大会常务委员会监督法》(2006 年 8 月 27 日公布)
40.《国家安全法(2015 年)》(2015 年 7 月 1 日公布)
41.《国家勋章和国家荣誉称号法》(2015 年 12 月 27 日公布)
42.《国歌法》(2017 年 9 月 1 日公布)
43.《监察法》(2018 年 3 月 20 日公布)
44.《人民陪审员法》(2018 年 4 月 27 日公布)
45.《英雄烈士保护法》(2018 年 4 月 27 日公布)
46.《公职人员政务处分法》(2020 年 6 月 20 日公布)
47.《香港特别行政区维护国家安全法》(2020 年 6 月 30 日公布)
48.《反外国制裁法》(2021 年 6 月 10 日公布)
49.《监察官法》(2021 年 8 月 20 日公布)
50.《陆地国界法》(2021 年 10 月 23 日公布)
51.《民法典》(2020 年 5 月 28 日公布)
52.《商标法(2019 年修正)》(2019 年 4 月 23 日公布)
53.《专利法(2020 年修正)》(2020 年 10 月 17 日公布)
54.《全民所有制工业企业法(2009 修正)》(2009 年 8 月 27 日公布)
55.《著作权法(2020 年修正)》(2020 年 11 月 11 日公布)
56.《海商法》(1992 年 11 月 7 日公布)
57.《消费者权益保护法(2013 年修正)》(2013 年 10 月 25 日公布)
58.《公司法(2018 年修正)》(2018 年 10 月 26 日公布)
59.《商业银行法(2015 年修正)》(2015 年 8 月 29 日公布)
60.《票据法(2004 年修正)》(2004 年 8 月 28 日公布)
61.《保险法(2018 年修正)》(2018 年 12 月 29 日公布)
62.《拍卖法(2015 年修正)》(2015 年 4 月 24 日公布)

63.《合伙企业法(2006 年修订)》(2006 年 8 月 27 日公布)

64.《证券法(2019 年修订)》(2019 年 12 月 28 日公布)

65.《个人独资企业法》(1999 年 8 月 30 日公布)

66.《招标投标法(2017 年修正)》(2017 年 12 月 27 日公布)

67.《信托法》(2001 年 4 月 28 日公布)

68.《农村土地承包法(2018 年修正)》(2018 年 12 月 29 日公布)

69.《证券投资基金法(2015 年修正)》(2015 年 4 月 24 日公布)

70.《电子签名法(2019 年修正)》(2019 年 4 月 23 日公布)

71.《企业破产法》(2006 年 8 月 27 日公布)

72.《农民专业合作社法(2017 年修订)》(2017 年 12 月 27 日公布)

73.《涉外民事关系法律适用法》(2010 年 10 月 28 日公布)

74.《期货和衍生品法》(2022 年 4 月 20 日公布)

75.《户口登记条例》(1958 年 1 月 9 日公布)

76.《全国人民代表大会常务委员会关于批准〈国务院关于安置老弱病残干部的暂行办法〉的决议》(1978 年 5 月 24 日公布)

77.《学位条例(2004 年修正)》(2004 年 8 月 28 日公布)

78.《全国人民代表大会常务委员会关于批准〈国务院关于老干部离职休养的暂行规定〉的决议》(1980 年 9 月 29 日公布)

79.《海洋环境保护法(2023 年修订)》(2023 年 10 月 24 日公布)

80.《文物保护法(2017 年修正)》(2017 年 11 月 4 日公布)

81.《海上交通安全法(2021 年修订)》(2021 年 4 月 29 日公布)

82.《水污染防治法(2017 年修正)》(2017 年 6 月 27 日公布)

83.《兵役法(2021 年修订)》(2021 年 8 月 20 日公布)

84.《药品管理法(2019 年修订)》(2019 年 8 月 26 日公布)

85.《义务教育法(2018 年修正)》(2018 年 12 月 29 日公布)

86.《土地管理法(2019 年修正)》(2019 年 8 月 26 日公布)

87.《国境卫生检疫法(2018 年修正)》(2018 年 4 月 27 日公布)

88.《海关法(2021 年修正)》(2021 年 4 月 29 日公布)

89.《大气污染防治法(2018 年修正)》(2018 年 10 月 26 日公布)

90.《档案法(2020 年修订)》(2020 年 6 月 20 日公布)

91.《中国人民解放军军官军衔条例(1994 年修正)》(1994 年 5 月 12 日公布)

92.《保守国家秘密法(2010 年修订)》(2010 年 4 月 29 日公布)
93.《野生动物保护法(2022 年修订)》(2022 年 12 月 30 日公布)
94.《传染病防治法(2013 年修正)》(2013 年 6 月 29 日公布)
95.《环境保护法(2014 年修订)》(2014 年 4 月 24 日公布)
96.《军事设施保护法(2021 年修订)》(2021 年 6 月 10 日公布)
97.《人民警察警衔条例(2009 年修正)》(2009 年 8 月 27 日公布)
98.《测绘法(2017 年修订)》(2017 年 4 月 27 日公布)
99.《科学技术进步法(2021 年修订)》(2021 年 12 月 24 日公布)
100.《教师法(2009 年修正)》(2009 年 8 月 27 日公布)
101.《城市房地产管理法(2019 年修正)》(2019 年 8 月 26 日公布)
102.《监狱法(2012 年修正)》(2012 年 10 月 26 日公布)
103.《人民警察法(2012 年修正)》(2012 年 10 月 26 日公布)
104.《教育法(2021 年修订)》(2021 年 4 月 29 日公布)
105.《预备役人员法》(2022 年 12 月 30 日公布)
106.《体育法(2022 年修订)》(2022 年 6 月 24 日公布)
107.《固体废物污染环境防治法(2020 修订)》(2020 年 4 月 29 日公布)
108.《行政处罚法(2021 年修订)》(2021 年 1 月 22 日公布)
109.《律师法(2017 年修正)》(2017 年 9 月 1 日公布)
110.《促进科技成果转化法(2015 年修正)》(2015 年 8 月 29 日公布)
111.《职业教育法(2022 年修订)》(2022 年 4 月 20 日公布)
112.《枪支管理法(2015 年修正)》(2015 年 4 月 24 日公布)
113.《人民防空法(2009 年修正)》(2009 年 8 月 27 日公布)
114.《献血法》(1997 年 12 月 29 日公布)
115.《防震减灾法(2008 年修订)》(2008 年 12 月 27 日公布)
116.《消防法(2021 年修正)》(2021 年 4 月 29 日公布)
117.《高等教育法(2018 年修正)》(2018 年 12 月 29 日公布)
118.《行政复议法(2023 年修订》(2023 年 9 月 1 日公布)
119.《气象法(2016 年修正)》(2016 年 11 月 7 日公布)
120.《国家通用语言文字法》(2000 年 10 月 31 日公布)
121.《现役军官法(2000 年修正)》(2000 年 12 月 28 日公布)
122.《国防教育法(2018 年修正)》(2018 年 4 月 27 日公布)
123.《防沙治沙法(2018 年修正)》(2018 年 10 月 26 日公布)

124.《人口与计划生育法(2021 年修正)》(2021 年 8 月 20 日公布)
125.《科学技术普及法》(2002 年 6 月 29 日公布)
126.《环境影响评价法(2018 年修正)》(2018 年 12 月 29 日公布)
127.《民办教育促进法(2018 年修正)》(2018 年 12 月 29 日公布)
128.《海关关衔条例》(2003 年 2 月 28 日公布)
129.《居民身份证法(2011 年修正)》(2011 年 10 月 29 日公布)
130.《放射性污染防治法》(2003 年 6 月 28 日公布)
131.《行政许可法(2019 年修正)》(2019 年 4 月 23 日公布)
132.《道路交通安全法(2021 年修正)》(2021 年 4 月 29 日公布)
133.《公务员法(2018 年修订)》(2018 年 12 月 29 日公布)
134.《治安管理处罚法(2012 年修正)》(2012 年 10 月 26 日公布)
135.《公证法(2017 年修正)》(2017 年 9 月 1 日公布)
136.《护照法》(2006 年 4 月 29 日公布)
137.《突发事件应对法》(2007 年 8 月 30 日公布)
138.《城乡规划法(2019 年修正)》(2019 年 4 月 23 日公布)
139.《禁毒法》(2007 年 12 月 29 日公布)
140.《食品安全法(2021 年修正)》(2021 年 4 月 29 日公布)
141.《人民武装警察法(2020 年修订)》(2020 年 6 月 20 日公布)
142.《驻外外交人员法》(2009 年 10 月 31 日公布)
143.《海岛保护法》(2009 年 12 月 26 日公布)
144.《国防动员法》(2010 年 2 月 26 日公布)
145.《非物质文化遗产法》(2011 年 2 月 25 日公布)
146.《行政强制法》(2011 年 6 月 30 日公布)
147.《出境入境管理法》(2012 年 6 月 30 日公布)
148.《精神卫生法(2018 年修正)》(2018 年 4 月 27 日公布)
149.《反间谍法(2023 年修订)》(2023 年 4 月 26 日公布)
150.《反恐怖主义法(2018 年修正)》(2018 年 4 月 27 日公布)
151.《国防交通法》(2016 年 9 月 3 日公布)
152.《电影产业促进法》(2016 年 11 月 7 日公布)
153.《中医药法》(2016 年 12 月 25 日公布)
154.《公共文化服务保障法》(2016 年 12 月 25 日公布)
155.《国家情报法(2018 年修正)》(2018 年 4 月 27 日公布)

156.《核安全法》(2017 年 9 月 1 日公布)

157.《公共图书馆法(2018 年修正)》(2018 年 10 月 26 日公布)

158.《土壤污染防治法》(2018 年 8 月 31 日公布)

159.《消防救援衔条例》(2018 年 10 月 26 日公布)

160.《疫苗管理法》(2019 年 6 月 29 日公布)

161.《密码法》(2019 年 10 月 26 日公布)

162.《基本医疗卫生与健康促进法》(2019 年 12 月 28 日公布)

163.《社区矫正法》(2019 年 12 月 28 日公布)

164.《生物安全法》(2020 年 10 月 17 日公布)

165.《海警法》(2021 年 1 月 22 日公布)

166.《反食品浪费法》(2021 年 4 月 29 日公布)

167.《军人地位和权益保障法》(2021 年 6 月 10 日公布)

168.《医师法》(2021 年 8 月 20 日公布)

169.《噪声污染防治法》(2021 年 12 月 24 日公布)

170.《全国人民代表大会常务委员会关于中国人民解放军现役士兵衔级制度的决定》(2022 年 2 月 28 日公布)

171.《全国人民代表大会常务委员会关于批准〈广东省经济特区条例〉的决议》(1980 年 8 月 26 日公布)

172.《个人所得税法(2018 年修正)》(2018 年 8 月 31 日公布)

173.《统计法(2009 年修订)》(2009 年 6 月 27 日公布)

174.《森林法(2019 年修订)》(2019 年 12 月 28 日公布)

175.《会计法(2017 年修正)》(2017 年 11 月 4 日公布)

176.《草原法(2021 年修正)》(2021 年 4 月 29 日公布)

177.《计量法(2018 年修正)》(2018 年 10 月 26 日公布)

178.《渔业法(2013 年修正)》(2013 年 12 月 28 日公布)

179.《矿产资源法(2009 年修正)》(2009 年 8 月 27 日公布)

180.《邮政法(2015 年修正)》(2015 年 4 月 24 日公布)

181.《水法(2016 年修正)》(2016 年 7 月 2 日公布)

182.《标准化法(2017 年修订)》(2017 年 11 月 4 日公布)

183.《进出口商品检验法(2021 年修正)》(2021 年 4 月 29 日公布)

184.《铁路法(2015 年修正)》(2015 年 4 月 24 日公布)

185.《烟草专卖法(2015 年修正)》(2015 年 4 月 24 日公布)

186.《水土保持法(2010 年修订)》(2010 年 12 月 25 日公布)

187.《进出境动植物检疫法(2009 年修正)》(2009 年 8 月 27 日公布)

188.《税收征收管理法(2015 年修正)》(2015 年 4 月 24 日公布)

189.《产品质量法(2018 年修正)》(2018 年 12 月 29 日公布)

190.《农业技术推广法(2012 年修正)》(2012 年 8 月 31 日公布)

191.《农业法(2012 年修正)》(2012 年 12 月 28 日公布)

192.《反不正当竞争法(2019 年修正)》(2019 年 4 月 23 日公布)

193.《注册会计师法(2014 年修正)》(2014 年 8 月 31 日公布)

194.《全国人民代表大会常务委员会关于外商投资企业和外国企业适用增值税、消费税、营业税等税收暂行条例的决定》(1993 年 12 月 29 日公布)

195.《台湾同胞投资保护法(2019 年修正)》(2019 年 12 月 28 日公布)

196.《预算法(2018 年修正)》(2018 年 12 月 29 日公布)

197.《对外贸易法(2022 年修正)》(2022 年 12 月 30 日公布)

198.《审计法(2021 年修正)》(2021 年 10 月 23 日公布)

199.《广告法(2021 年修正)》(2021 年 4 月 29 日公布)

200.《中国人民银行法(2003 年修正)》(2003 年 12 月 27 日公布)

201.《民用航空法(2021 年修正)》(2021 年 4 月 29 日公布)

202.《电力法(2018 年修正)》(2018 年 12 月 29 日公布)

203.《煤炭法(2016 年修正)》(2016 年 11 月 7 日公布)

204.《乡镇企业法》(1996 年 10 月 29 日公布)

205.《公路法(2017 年修正)》(2017 年 11 月 4 日公布)

206.《动物防疫法(2021 年修订)》(2021 年 1 月 22 日公布)

207.《防洪法(2016 年修正)》(2016 年 7 月 2 日公布)

208.《节约能源法(2018 年修正)》(2018 年 10 月 26 日公布)

209.《建筑法(2019 年修正)》(2019 年 4 月 23 日公布)

210.《价格法》(1997 年 12 月 29 日公布)

211.《种子法(2021 年修正)》(2021 年 12 月 24 日公布)

212.《海域使用管理法》(2001 年 10 月 27 日公布)

213.《政府采购法(2014 年修正)》(2014 年 8 月 31 日公布)

214.《中小企业促进法(2017 年修订)》(2017 年 9 月 1 日公布)

215.《清洁生产促进法(2012 年修正)》(2012 年 2 月 29 日公布)

216.《港口法(2018 年修正)》(2018 年 12 月 29 日公布)

217.《银行业监督管理法(2006 年修正)》(2006 年 10 月 31 日公布)
218.《农业机械化促进法(2018 年修正)》(2018 年 10 月 26 日公布)
219.《可再生能源法(2009 年修正)》(2009 年 12 月 26 日公布)
220.《畜牧法(2022 年修订)》(2022 年 10 月 30 日公布)
221.《农产品质量安全法(2022 年修订)》(2022 年 9 月 2 日公布)
222.《反洗钱法》(2006 年 10 月 31 日公布)
223.《企业所得税法(2018 年修正)》(2018 年 12 月 29 日公布)
224.《反垄断法(2022 年修正)》(2022 年 6 月 24 日公布)
225.《循环经济促进法(2018 年修正)》(2018 年 10 月 26 日公布)
226.《企业国有资产法》(2008 年 10 月 28 日公布)
227.《石油天然气管道保护法》(2010 年 6 月 25 日公布)
228.《车船税法(2019 年修正)》(2019 年 4 月 23 日公布)
229.《旅游法(2018 年修正)》(2018 年 10 月 26 日公布)
230.《航道法(2016 年修正)》(2016 年 7 月 2 日公布)
231.《深海海底区域资源勘探开发法》(2016 年 2 月 26 日公布)
232.《资产评估法》(2016 年 7 月 2 日公布)
233.《网络安全法》(2016 年 11 月 7 日公布)
234.《环境保护税法(2018 年修正)》(2018 年 10 月 26 日公布)
235.《烟叶税法》(2017 年 12 月 27 日公布)
236.《船舶吨税法(2018 年修正)》(2018 年 10 月 26 日公布)
237.《电子商务法》(2018 年 8 月 31 日公布)
238.《耕地占用税法》(2018 年 12 月 29 日公布)
239.《车辆购置税法》(2018 年 12 月 29 日公布)
240.《外商投资法》(2019 年 3 月 15 日公布)
241.《资源税法》(2019 年 8 月 26 日公布)
242.《城市维护建设税法》(2020 年 8 月 11 日公布)
243.《契税法》(2020 年 8 月 11 日公布)
244.《出口管制法》(2020 年 10 月 17 日公布)
245.《长江保护法》(2020 年 12 月 26 日公布)
246.《乡村振兴促进法》(2021 年 4 月 29 日公布)
247.《数据安全法》(2021 年 6 月 10 日公布)
248.《海南自由贸易港法》(2021 年 6 月 10 日公布)

249.《印花税法》(2021 年 6 月 10 日公布)

250.《个人信息保护法》(2021 年 8 月 20 日公布)

251.《湿地保护法》(2021 年 12 月 24 日公布)

252.《全国人民代表大会常务委员会关于批准〈国务院关于工人退休、退职的暂行办法〉的决议》(1978 年 5 月 24 日公布)

253.《全国人民代表大会常务委员会关于批准〈国务院关于职工探亲待遇的规定〉的决议》(1981 年 3 月 6 日公布)

254.《归侨侨眷权益保护法(2009 年修正)》(2009 年 8 月 27 日公布)

255.《残疾人保障法(2018 年修正)》(2018 年 10 月 26 日公布)

256.《未成年人保护法(2020 年修订)》(2020 年 10 月 17 日公布)

257.《工会法(2021 年修正)》(2021 年 12 月 24 日公布)

258.《妇女权益保障法(2022 年修订)》(2022 年 10 月 30 日公布)

259.《矿山安全法(2009 年修正)》(2009 年 8 月 27 日公布)

260.《红十字会法(2017 年修订)》(2017 年 2 月 24 日公布)

261.《劳动法(2018 年修正)》(2018 年 12 月 29 日公布)

262.《母婴保健法(2017 年修正)》(2017 年 11 月 4 日公布)

263.《老年人权益保障法(2018 年修正)》(2018 年 12 月 29 日公布)

264.《预防未成年人犯罪法(2020 年修订)》(2020 年 12 月 26 日公布)

265.《公益事业捐赠法》(1999 年 6 月 28 日公布)

266.《职业病防治法(2018 年修正)》(2018 年 12 月 29 日公布)

267.《安全生产法(2021 年修正)》(2021 年 6 月 10 日公布)

268.《劳动合同法(2012 年修正)》(2012 年 12 月 28 日公布)

269.《就业促进法(2015 年修正)》(2015 年 4 月 24 日公布)

270.《社会保险法(2018 年修正)》(2018 年 12 月 29 日公布)

271.《军人保险法》(2012 年 4 月 27 日公布)

272.《特种设备安全法》(2013 年 6 月 29 日公布)

273.《反家庭暴力法》(2015 年 12 月 27 日公布)

274.《慈善法》(2016 年 3 月 16 日公布)

275.《境外非政府组织境内活动管理法(2017 年修正)》(2017 年 11 月 4 日公布)

276.《退役军人保障法》(2020 年 11 月 11 日公布)

277.《法律援助法》(2021 年 8 月 20 日公布)

278.《家庭教育促进法》(2021 年 10 月 23 日公布)

279.《刑法(2020 年修正)》(2020 年 12 月 26 日公布)

280.《反有组织犯罪法》(2021 年 12 月 24 日公布)

281.《刑事诉讼法(2018 年修正)》(2018 年 10 月 26 日公布)

282.《全国人民代表大会常务委员会关于对中华人民共和国缔结或者参加的国际条约所规定的罪行行使刑事管辖权的决定》(1987 年 6 月 23 日公布)

283.《行政诉讼法(2017 年修正)》(2017 年 6 月 27 日公布)

284.《民事诉讼法(2023 年修正)》(2023 年 9 月 1 日公布)

285.《仲裁法(2017 年修正)》(2017 年 9 月 1 日公布)

286.《海事诉讼特别程序法》(1999 年 12 月 25 日公布)

287.《引渡法》(2000 年 12 月 28 日公布)

288.《劳动争议调解仲裁法》(2007 年 12 月 29 日公布)

289.《农村土地承包经营纠纷调解仲裁法》(2009 年 6 月 27 日公布)

290.《人民调解法》(2010 年 8 月 28 日公布)

291.《国际刑事司法协助法》(2018 年 10 月 26 日公布)

292.《黑土地保护法》(2022 年 6 月 24 日公布)

293.《反电信网络诈骗法》(2022 年 9 月 2 日公布)

294.《黄河保护法》(2022 年 10 月 30 日公布)

295.《青藏高原生态保护法》(2023 年 4 月 26 日公布)

296.《对外关系法》(2023 年 6 月 28 日公布)

297.《无障碍环境建设法》(2023 年 6 月 28 日公布)

298.《外国国家豁免法》(2023 年 9 月 1 日公布)

299.《爱国主义教育法》(2023 年 10 月 24 日公布)

(二)现行国务院行政法规目录(截至 2023 年 10 月 31 日)①

1.《地名管理条例(2022 年修订)》(2022 年 3 月 30 日公布)

2.《进出口商品检验法实施条例(2022 年修订)》(2022 年 3 月 29 日公布)

3.《计量法实施细则(2022 年修订)》(2022 年 3 月 29 日公布)

4.《海关行政处罚实施条例(2022 年修订)》(2022 年 3 月 29 日公布)

---

① 根据司法部官网整理。附录涉及"中华人民共和国"开头的行政法规均用简称,如《中华人民共和国海关统计条例(2022 年修订)》用简称《海关统计条例(2022 年修订)》,本书所涉及的我国行政法规,如没有专门说明,一般为附录中的版本。

5.《海关统计条例(2022 年修订)》(2022 年 3 月 29 日公布)
6.《海关稽查条例(2022 年修订)》(2022 年 3 月 29 日公布)
7.《道路运输条例(2023 年修订)》(2022 年 7 月 20 日公布)
8.《医疗机构管理条例(2022 年修订)》(2022 年 3 月 29 日公布)
9.《外商投资电信企业管理规定(2022 年修订)》(2022 年 3 月 29 日公布)
10.《农药管理条例(2022 年修订)》(2022 年 3 月 29 日公布)
11.《旅馆业治安管理办法(2022 年修订)》(2022 年 3 月 29 日公布)
12.《互联网上网服务营业场所管理条例(2022 年修订)》(2022 年 3 月 29 日公布)
13.《放射性药品管理办法(2022 年修订)》(2022 年 3 月 29 日公布)
14.《保安服务管理条例(2022 年修订)》(2022 年 3 月 29 日公布)
15.《水下文物保护管理条例(2022 年修订)》(2022 年 1 月 23 日公布)
16.《烟草专卖法实施条例(2023 年修订)》(2023 年 7 月 20 日公布)
17.《证券期货行政执法当事人承诺制度实施办法》(2021 年 10 月 26 日公布)
18.《地下水管理条例》(2021 年 10 月 21 日公布)
19.《关键信息基础设施安全保护条例》(2021 年 7 月 30 日公布)
20.《市场主体登记管理条例》(2021 年 7 月 27 日公布)
21.《建设工程抗震管理条例》(2021 年 7 月 19 日公布)
22.《土地管理法实施条例(2021 年修订)》(2021 年 7 月 2 日公布)
23.《生猪屠宰管理条例(2021 年修订)》(2021 年 6 月 25 日公布)
24.《民办教育促进法实施条例(2021 年修订)》(2021 年 4 月 7 日公布)
25.《粮食流通管理条例(2021 年修订)》(2021 年 2 月 15 日公布)
26.《医疗器械监督管理条例(2021 年修订)》(2021 年 2 月 9 日公布)
27.《行政事业性国有资产管理条例》(2021 年 2 月 1 日公布)
28.《防范和处置非法集资条例》(2021 年 1 月 26 日公布)
29.《排污许可管理条例》(2021 年 1 月 24 日公布)
30.《医疗保障基金使用监督管理条例》(2021 年 1 月 15 日公布)
31.《政府督查工作条例》(2020 年 12 月 26 日公布)
32.《保障中小企业款项支付条例》(2020 年 7 月 5 日公布)
33.《化妆品监督管理条例》(2020 年 6 月 16 日公布)
34.《农作物病虫害防治条例》(2020 年 3 月 26 日公布)

35.《保障农民工工资支付条例》(2019 年 12 月 30 日公布)
36.《外商投资法实施条例》(2019 年 12 月 26 日公布)
37.《优化营商环境条例》(2019 年 10 月 22 日公布)
38.《食品安全法实施条例(2019 年修订)》(2019 年 10 月 11 日公布)
39.《人类遗传资源管理条例》(2019 年 5 月 28 日公布)
40.《国务院关于在线政务服务的若干规定》(2019 年 4 月 26 日公布)
41.《报废机动车回收管理办法》(2019 年 4 月 22 日公布)
42.《重大行政决策程序暂行条例》(2019 年 4 月 20 日公布)
43.《政府投资条例》(2019 年 4 月 14 日公布)
44.《生产安全事故应急条例》(2019 年 2 月 17 日公布)
45.《消防救援衔标志式样和佩带办法》(2018 年 11 月 6 日公布)
46.《行政区划管理条例》(2018 年 10 月 10 日公布)
47.《医疗纠纷预防和处理条例》(2018 年 7 月 31 日公布)
48.《人力资源市场暂行条例》(2018 年 6 月 29 日公布)
49.《快递暂行条例(2019 年修订)》(2019 年 3 月 2 日公布)
50.《环境保护税法实施条例》(2017 年 12 月 25 日公布)
51.《反间谍法实施细则》(2017 年 11 月 22 日公布)
52.《机关团体建设楼堂馆所管理条例》(2017 年 10 月 5 日公布)
53.《志愿服务条例》(2017 年 8 月 22 日公布)
54.《无证无照经营查处办法》(2017 年 8 月 6 日公布)
55.《融资担保公司监督管理条例》(2017 年 8 月 2 日公布)
56.《统计法实施条例》(2017 年 5 月 28 日公布)
57.《残疾预防和残疾人康复条例(2018 年修正)》(2018 年 9 月 18 日公布)
58.《企业投资项目核准和备案管理条例》(2016 年 11 月 30 日公布)
59.《农田水利条例》(2016 年 5 月 17 日公布)
60.《全国社会保障基金条例》(2016 年 3 月 10 日公布)
61.《地图管理条例》(2015 年 11 月 26 日公布)
62.《居住证暂行条例》(2015 年 11 月 26 日公布)
63.《存款保险条例》(2015 年 2 月 17 日公布)
64.《博物馆条例》(2015 年 2 月 9 日公布)
65.《政府采购法实施条例》(2015 年 1 月 30 日公布)

66.《不动产登记暂行条例(2019年修订)》(2019年3月24日公布)
67.《企业信息公示暂行条例》(2014年8月7日公布)
68.《事业单位人事管理条例》(2014年4月25日公布)
69.《社会救助暂行办法(2019年修订)》(2019年3月2日公布)
70.《南水北调工程供用水管理条例》(2014年2月16日公布)
71.《保守国家秘密法实施条例》(2014年1月17日公布)
72.《畜禽规模养殖污染防治条例》(2013年11月11日公布)
73.《城镇排水与污水处理条例》(2013年10月2日公布)
74.《长江三峡水利枢纽安全保卫条例》(2013年9月9日公布)
75.《铁路安全管理条例》(2013年8月17日公布)
76.《外国人入境出境管理条例》(2013年7月12日公布)
77.《征信业管理条例》(2013年1月21日公布)
78.《农业保险条例(2016年修订)》(2016年2月6日公布)
79.《缺陷汽车产品召回管理条例(2019年修订)》(2019年3月2日公布)
80.《国内水路运输管理条例(2023年修订)》(2023年7月20日公布)
81.《教育督导条例》(2012年9月9日公布)
82.《气象设施和气象探测环境保护条例(2016年修订)》(2016年2月6日公布)
83.《机关事务管理条例》(2012年6月28日公布)
84.《无障碍环境建设条例》(2012年6月28日公布)
85.《对外劳务合作管理条例》(2012年6月4日公布)
86.《女职工劳动保护特别规定》(2012年4月28日公布)
87.《校车安全管理条例》(2012年4月5日公布)
88.《海洋观测预报管理条例(2023年修订)》(2023年7月20日公布)
89.《拘留所条例》(2012年2月23日公布)
90.《招标投标法实施条例(2019年修订)》(2019年3月2日公布)
91.《放射性废物安全管理条例》(2011年12月20日公布)
92.《车船税法实施条例(2019年修订)》(2019年3月2日公布)
93.《退役士兵安置条例》(2011年10月29日公布)
94.《太湖流域管理条例》(2011年9月7日公布)
95.《烈士褒扬条例(2019年第二次修订)》(2019年8月1日公布)
96.《电力安全事故应急处置和调查处理条例》(2011年7月7日公布)

97.《戒毒条例(2018 年修订)》(2018 年 9 月 18 日公布)

98.《军工关键设备设施管理条例》(2011 年 6 月 24 日公布)

99.《促进个体工商户发展条例》(2022 年 10 月 1 日公布)

100.《公路安全保护条例》(2011 年 3 月 7 日公布)

101.《土地复垦条例》(2011 年 3 月 5 日公布)

102.《国有土地上房屋征收与补偿条例》(2011 年 1 月 21 日公布)

103.《国家赔偿费用管理条例》(2011 年 1 月 17 日公布)

104.《中央储备粮管理条例(2016 年修订)》(2016 年 2 月 6 日公布)

105.《外国企业常驻代表机构登记管理条例(2018 年修订)》(2018 年 9 月 18 日公布)

106.《城镇燃气管理条例(2016 年修订)》(2016 年 2 月 6 日公布)

107.《武器装备质量管理条例》(2010 年 9 月 30 日公布)

108.《海关事务担保条例(2018 年修订)》(2018 年 3 月 19 日公布)

109.《古生物化石保护条例(2019 年修订)》(2019 年 3 月 2 日公布)

110.《无线电管制规定》(2010 年 8 月 31 日公布)

111.《自然灾害救助条例(2019 年修订)》(2019 年 3 月 2 日公布)

112.《全国人口普查条例》(2010 年 5 月 24 日公布)

113.《消耗臭氧层物质管理条例(2018 年修订)》(2018 年 3 月 19 日公布)

114.《气象灾害防御条例(2017 年修订)》(2017 年 10 月 7 日公布)

115.《广播电台电视台播放录音制品支付报酬暂行办法(2011 年修订)》(2011 年 1 月 8 日公布)

116.《政府参事工作条例》(2009 年 11 月 2 日公布)

117.《农业机械安全监督管理条例(2019 年修订)》(2019 年 3 月 2 日公布)

118.《放射性物品运输安全管理条例》(2009 年 9 月 14 日公布)

119.《防治船舶污染海洋环境管理条例(2018 年修订)》(2018 年 3 月 19 日公布)

120.《全民健身条例(2016 年修订)》(2016 年 2 月 6 日公布)

121.《规划环境影响评价条例》(2009 年 8 月 17 日公布)

122.《基础测绘条例》(2009 年 5 月 12 日公布)

123.《彩票管理条例》(2009 年 5 月 4 日公布)

124.《民用机场管理条例(2019 年修订)》(2019 年 3 月 2 日公布)

125.《抗旱条例》(2009 年 2 月 26 日公布)

126.《废弃电器电子产品回收处理管理条例(2019 年修订)》(2019 年 3 月 2 日公布)

127.《旅行社条例(2020 年修订)》(2020 年 11 月 29 日公布)

128.《军服管理条例》(2009 年 1 月 13 日公布)

129.《外国常驻新闻机构和外国记者采访条例》(2008 年 10 月 17 日公布)

130.《乳品质量安全监督管理条例》(2008 年 10 月 9 日公布)

131.《劳动合同法实施条例》(2008 年 9 月 18 日公布)

132.《畜禽遗传资源进出境和对外合作研究利用审批办法》(2008 年 8 月 28 日公布)

133.《国务院关于经营者集中申报标准的规定(2018 年修订)》(2018 年 9 月 18 日公布)

134.《公共机构节能条例(2017 年修订)》(2017 年 3 月 1 日公布)

135.《民用建筑节能条例》(2008 年 8 月 1 日公布)

136.《对外承包工程管理条例(2017 年修订)》(2017 年 3 月 1 日公布)

137.《汶川地震灾后恢复重建条例》(2008 年 6 月 8 日公布)

138.《证券公司风险处置条例(2023 年修订)》(2023 年 7 月 20 日公布)

139.《证券公司监督管理条例(2014 年修订)》(2014 年 7 月 29 日公布)

140.《历史文化名城名镇名村保护条例(2017 年修订)》(2017 年 10 月 7 日公布)

141.《武器装备科研生产许可管理条例》(2008 年 3 月 6 日公布)

142.《土地调查条例(2018 年修订)》(2018 年 3 月 19 日公布)

143.《护士条例(2020 年修订)》(2020 年 3 月 27 日公布)

144.《职工带薪年休假条例》(2007 年 12 月 14 日公布)

145.《企业所得税法实施条例(2019 年修订)》(2019 年 4 月 23 日公布)

146.《现役军人和人民武装警察居民身份证申领发放办法》(2007 年 10 月 21 日公布)

147.《全国污染源普查条例(2019 年修订)》(2019 年 3 月 2 日公布)

148.《大型群众性活动安全管理条例》(2007 年 9 月 14 日公布)

149.《国务院关于加强食品等产品安全监督管理的特别规定》(2007 年 7 月 26 日公布)

150.《铁路交通事故应急救援和调查处理条例(2012 年修订)》(2012 年 11 月 9 日公布)

151.《民用核安全设备监督管理条例(2019 年修订)》(2019 年 3 月 2 日公布)

152.《行政复议法实施条例》(2007 年 5 月 29 日公布)

153.《水文条例(2017 年修订)》(2017 年 3 月 1 日公布)

154.《行政机关公务员处分条例》(2007 年 4 月 22 日公布)

155.《船员条例(2023 年修订)》(2023 年 7 月 20 日公布)

156.《生产安全事故报告和调查处理条例》(2007 年 4 月 9 日公布)

157.《政府信息公开条例(2019 年修订)》(2019 年 4 月 3 日公布)

158.《人体器官移植条例》(2007 年 3 月 31 日公布)

159.《期货交易管理条例(2017 年修订)》(2017 年 3 月 1 日公布)

160.《残疾人就业条例》(2007 年 2 月 25 日公布)

161.《国家自然科学基金条例》(2007 年 2 月 24 日公布)

162.《地方各级人民政府机构设置和编制管理条例》(2007 年 2 月 24 日公布)

163.《商业特许经营管理条例》(2007 年 2 月 6 日公布)

164.《诉讼费用交纳办法》(2006 年 12 月 19 日公布)

165.《公安机关组织管理条例》(2006 年 11 月 13 日公布)

166.《外资银行管理条例(2019 年修订)》(2019 年 9 月 30 日公布)

167.《长城保护条例》(2006 年 10 月 11 日公布)

168.《防治海洋工程建设项目污染损害海洋环境管理条例(2018 年修订)》(2018 年 3 月 19 日公布)

169.《风景名胜区条例(2016 年修订)》(2016 年 2 月 6 日公布)

170.《全国农业普查条例》(2006 年 8 月 23 日公布)

171.《黄河水量调度条例》(2006 年 7 月 24 日公布)

172.《大中型水利水电工程建设征地补偿和移民安置条例(2017 修订)》(2017 年 4 月 14 日公布)

173.《测绘成果管理条例》(2006 年 5 月 27 日公布)

174.《信息网络传播权保护条例(2013 年修订)》(2013 年 1 月 30 日公布)

175.《地方志工作条例》(2006 年 5 月 18 日公布)

176.《民用爆炸物品安全管理条例(2014 年修订)》(2014 年 7 月 29 日公布)

177.《濒危野生动植物进出口管理条例(2019 年修订)》(2019 年 3 月 2 日公布)

178.《血吸虫病防治条例(2019 年修订)》(2019 年 3 月 2 日公布)

179.《机动车交通事故责任强制保险条例(2019 年修订)》(2019 年 3 月 2 日公布)

180.《取水许可和水资源费征收管理条例(2017 年修订)》(2017 年 3 月 1 日公布)

181.《娱乐场所管理条例(2020 年修订)》(2020 年 11 月 29 日公布)

182.《艾滋病防治条例(2019 年修订)》(2019 年 3 月 2 日公布)

183.《农村五保供养工作条例》(2006 年 1 月 21 日公布)

184.《烟花爆竹安全管理条例(2016 年修订)》(2016 年 2 月 6 日公布)

185.《重大动物疫情应急条例(2017 年修订)》(2017 年 10 月 7 日公布)

186.《放射性同位素与射线装置安全和防护条例(2019 年修订)》(2019 年 3 月 2 日公布)

187.《国务院关于预防煤矿生产安全事故的特别规定(2013 年修订)》(2013 年 7 月 18 日公布)

188.《易制毒化学品管理条例(2018 年修订)》(2018 年 9 月 18 日公布)

189.《禁止传销条例》(2005 年 8 月 23 日公布)

190.《直销管理条例(2017 年修订)》(2017 年 3 月 1 日公布)

191.《麻醉药品和精神药品管理条例(2016 年修订)》(2016 年 2 月 6 日公布)

192.《工业产品生产许可证管理条例(2023 年修订)》(2023 年 7 月 20 日公布)

193.《营业性演出管理条例(2020 年修订)》(2020 年 11 月 29 日公布)

194.《中国人民解放军文职人员条例(2022 年修订)》(2022 年 12 月 10 日公布)

195.《军队参加抢险救灾条例》(2005 年 6 月 7 日公布)

196.《国务院实施〈中华人民共和国民族区域自治法〉若干规定》(2005 年 5 月 19 日公布)

197.《电力监管条例》(2005 年 2 月 15 日公布)

198.《著作权集体管理条例(2013 年修订)》(2013 年 12 月 7 日公布)

199.《中国人民解放军实施〈中华人民共和国药品管理法〉办法》(2004 年

12月9日公布）

200.《财政违法行为处罚处分条例（2011年修订）》（2011年1月8日公布）

201.《宗教事务条例（2017年修订）》（2017年8月26日公布）

202.《病原微生物实验室生物安全管理条例（2018年修订）》（2018年3月19日公布）

203.《劳动保障监察条例》（2004年11月1日公布）

204.《世界博览会标志保护条例》（2004年10月20日公布）

205.《企业事业单位内部治安保卫条例》（2004年9月27日公布）

206.《国防专利条例》（2004年9月17日公布）

207.《收费公路管理条例》（2004年9月13日公布）

208.《全国经济普查条例（2018年修订）》（2018年8月11日公布）

209.《进出口货物原产地条例（2019年修订）》（2019年3月2日公布）

210.《军人抚恤优待条例（2019年修订）》（2019年3月2日公布）

211.《国务院对确需保留的行政审批项目设定行政许可的决定（2016年修订）》（2016年8月25日公布）

212.《地震监测管理条例（2011年修订）》（2011年1月8日公布）

213.《归侨侨眷权益保护法实施办法》（2004年6月23日公布）

214.《危险废物经营许可证管理办法（2016年修订）》（2016年2月6日公布）

215.《道路交通安全法实施条例（2017年修订）》（2017年10月7日公布）

216.《兽药管理条例（2020年修订）》（2020年3月27日公布）

217.《基金会管理条例》（2004年3月8日公布）

218.《反兴奋剂条例（2018年修订）》（2018年9月18日公布）

219.《安全生产许可证条例（2014年修订）》（2014年7月29日公布）

220.《知识产权海关保护条例（2018年修订）》（2018年3月19日公布）

221.《地质灾害防治条例》（2003年11月24日公布）

222.《建设工程安全生产管理条例》（2003年11月24日公布）

223.《进出口关税条例（2017年修订）》（2017年3月1日公布）

224.《民用运力国防动员条例（2019年修订）》（2019年3月2日公布）

225.《认证认可条例（2023年修订）》（2023年7月20日公布）

226.《婚姻登记条例》（2003年8月8日公布）

227.《乡村医生从业管理条例》(2003 年 8 月 5 日公布)

228.《法律援助条例》(2003 年 7 月 21 日公布)

229.《海关关衔标志式样和佩带办法》(2003 年 7 月 15 日公布)

230.《渔业船舶检验条例》(2003 年 6 月 27 日公布)

231.《公共文化体育设施条例》(2003 年 6 月 26 日公布)

232.《城市生活无着的流浪乞讨人员救助管理办法》(2003 年 6 月 20 日公布)

233.《医疗废物管理条例(2011 年修订)》(2011 年 1 月 8 日公布)

234.《物业管理条例(2018 年修订)》(2018 年 3 月 19 日公布)

235.《企业国有资产监督管理暂行条例(2019 年修订)》(2019 年 3 月 2 日公布)

236.《文物保护法实施条例(2017 年第二次修订)》(2017 年 10 月 7 日公布)

237.《突发公共卫生事件应急条例(2011 年修订)》(2011 年 1 月 8 日公布)

238.《工伤保险条例(2010 年修订)》(2010 年 12 月 20 日公布)

239.《特种设备安全监察条例(2009 年修订)》(2009 年 1 月 24 日公布)

240.《中外合作办学条例(2019 年修订)》(2019 年 3 月 2 日公布)

241.《通用航空飞行管制条例》(2003 年 1 月 10 日公布)

242.《退耕还林条例(2016 年修订)》(2016 年 2 月 6 日公布)

243.《生物两用品及相关设备和技术出口管制条例》(2002 年 10 月 14 日公布)

244.《禁止使用童工规定》(2002 年 10 月 1 日公布)

245.《税收征收管理法实施细则(2016 年修订)》(2016 年 2 月 6 日公布)

246.《导弹及相关物项和技术出口管制条例》(2002 年 8 月 22 日公布)

247.《药品管理法实施条例(2019 年修订)》(2019 年 3 月 2 日公布)

248.《商标法实施条例(2014 年修订)》(2014 年 4 月 29 日公布)

249.《著作权法实施条例(2013 年修订)》(2013 年 1 月 30 日公布)

250.《专职守护押运人员枪支使用管理条例》(2002 年 7 月 27 日公布)

251.《内河交通安全管理条例(2019 年修订)》(2019 年 3 月 2 日公布)

252.《中国公民出国旅游管理办法(2017 年修订)》(2017 年 3 月 1 日公布)

253.《行政区域界线管理条例》(2002 年 5 月 13 日公布)

254.《使用有毒物品作业场所劳动保护条例》(2002 年 5 月 12 日公布)

255.《医疗事故处理条例》(2002 年 4 月 4 日公布)

256.《地质资料管理条例(2017 年修订)》(2017 年 3 月 1 日公布)

257.《人工影响天气管理条例(2020 年修订)》(2020 年 3 月 27 日公布)

258.《指导外商投资方向规定》(2002 年 2 月 11 日公布)

259.《奥林匹克标志保护条例(2018 年修订)》(2018 年 6 月 28 日公布)

260.《危险化学品安全管理条例(2013 年修订)》(2013 年 12 月 7 日公布)

261.《出版管理条例(2020 年修订)》(2020 年 11 月 29 日公布)

262.《电影管理条例》(2001 年 12 月 25 日公布)

263.《音像制品管理条例(2020 年修订)》(2020 年 11 月 29 日公布)

264.《外国律师事务所驻华代表机构管理条例》(2001 年 12 月 22 日公布)

265.《计算机软件保护条例(2013 年修订)》(2013 年 1 月 30 日公布)

266.《法规规章备案条例》(2001 年 12 月 14 日公布)

267.《外资保险公司管理条例(2019 年修订)》(2019 年 9 月 30 日公布)

268.《国际海运条例(2023 年修订)》(2023 年 7 月 20 日公布)

269.《货物进出口管理条例》(2001 年 12 月 10 日公布)

270.《技术进出口管理条例(2020 年修订)》(2020 年 11 月 29 日公布)

271.《保障措施条例(2004 年修订)》(2004 年 3 月 31 日公布)

272.《反补贴条例(2004 年修订)》(2004 年 3 月 31 日公布)

273.《反倾销条例(2004 年修订)》(2004 年 3 月 31 日公布)

274.《金融机构撤销条例》(2001 年 11 月 23 日公布)

275.《规章制定程序条例(2017 年修订)》(2017 年 12 月 22 日公布)

276.《行政法规制定程序条例(2017 年修订)》(2017 年 12 月 22 日公布)

277.《地震安全性评价管理条例(2019 年修订)》(2019 年 3 月 2 日公布)

278.《长江河道采砂管理条例(2023 年修订)》(2023 年 7 月 20 日公布)

279.《棉花质量监督管理条例(2017 年修订)》(2017 年 10 月 7 日公布)

280.《印刷业管理条例(2020 年修订)》(2020 年 11 月 29 日公布)

281.《行政执法机关移送涉嫌犯罪案件的规定(2020 年修订)》(2020 年 8 月 7 日公布)

282.《母婴保健法实施办法(2023 年修订)》(2023 年 7 月 20 日公布)

283.《专利法实施细则(2010 年修订)》(2010 年 1 月 9 日公布)

284.《农业转基因生物安全管理条例(2017 年修订)》(2017 年 10 月 7 日公布)

285.《国务院关于禁止在市场经济活动中实行地区封锁的规定(2011 年修订)》(2011 年 1 月 8 日公布)

286.《国务院关于特大安全事故行政责任追究的规定》(2001 年 4 月 21 日公布)

287.《集成电路布图设计保护条例》(2001 年 4 月 2 日公布)

288.《长江三峡工程建设移民条例(2011 年修订)》(2011 年 1 月 8 日公布)

289.《军事设施保护法实施办法》(2001 年 1 月 12 日公布)

290.《金融资产管理公司条例》(2000 年 11 月 10 日公布)

291.《煤矿安全监察条例(2013 年修订)》(2013 年 7 月 18 日公布)

292.《广播电视设施保护条例》(2000 年 11 月 5 日公布)

293.《建设工程勘察设计管理条例(2017 年修订)》(2017 年 10 月 7 日公布)

294.《互联网信息服务管理办法(2011 年修订)》(2011 年 1 月 8 日公布)

295.《电信条例(2016 年修订)》(2016 年 2 月 6 日公布)

296.《中国人民解放军实施〈中华人民共和国执业医师法〉办法》(2000 年 9 月 14 日公布)

297.《飞行基本规则(2007 年修订)》(2007 年 10 月 18 日公布)

298.《企业财务会计报告条例》(2000 年 6 月 21 日公布)

299.《蓄滞洪区运用补偿暂行办法》(2000 年 5 月 27 日公布)

300.《海关对出口加工区监管的暂行办法(2011 年修订)》(2011 年 1 月 8 日公布)

301.《证券交易所风险基金管理暂行办法(2016 年修订)》(2016 年 2 月 6 日公布)

302.《个人存款账户实名制规定》(2000 年 3 月 20 日公布)

303.《国有重点金融机构监事会暂行条例》(2000 年 3 月 15 日公布)

304.《违反行政事业性收费和罚没收入收支两条线管理规定行政处分暂行规定》(2000 年 2 月 12 日公布)

305.《人民币管理条例(2018 年修订)》(2018 年 3 月 19 日公布)

306.《建设工程质量管理条例(2019 年修订)》(2019 年 4 月 23 日公布)

307.《森林法实施条例(2018 年修订)》(2018 年 3 月 19 日公布)

308.《台湾同胞投资保护法实施细则(2020 年修订)》(2020 年 11 月 29 日公布)

309.《国务院关于国家行政机关和企业事业单位社会团体印章管理的规定》(1999 年 10 月 31 日公布)

310.《商用密码管理条例(2023 年修订)》(2023 年 4 月 27 日公布)

311.《对储蓄存款利息所得征收个人所得税的实施办法(2007 年修订)》(2007 年 7 月 20 日公布)

312.《城市居民最低生活保障条例》(1999 年 9 月 28 日公布)

313.《价格违法行为行政处罚规定(2010 年修订)》(2010 年 12 月 4 日公布)

314.《控制对企业进行经济检查的规定》(1999 年 7 月 23 日公布)

315.《档案法实施办法(2017 年修订)》(2017 年 3 月 1 日公布)

316.《饲料和饲料添加剂管理条例(2017 年修订)》(2017 年 3 月 1 日公布)

317.《外国人在中华人民共和国收养子女登记办法》(1999 年 5 月 25 日公布)

318.《中国公民收养子女登记办法(2023 年修订)》(2023 年 7 月 20 日公布)

319.《国家科学技术奖励条例(2020 年修订)》(2020 年 10 月 7 日公布)

320.《导游人员管理条例(2017 年修订)》(2017 年 10 月 7 日公布)

321.《住房公积金管理条例(2019 年修订)》(2019 年 3 月 24 日公布)

322.《外国在华常住人员携带进境物品进口税收暂行规定》(1999 年 3 月 10 日公布)

323.《金融违法行为处罚办法》(1999 年 2 月 22 日公布)

324.《关于骗购外汇、非法套汇、逃汇、非法买卖外汇等违反外汇管理规定行为的行政处分或者纪律处分暂行规定(2011 年修订)》(2011 年 1 月8 日公布)

325.《社会保险费征缴暂行条例(2019 年修订)》(2019 年 3 月 24 日公布)

326.《失业保险条例》(1999 年 1 月 22 日公布)

327.《基本农田保护条例(2011 年修订)》(2011 年 1 月 8 日公布)

328.《地震预报管理条例》(1998 年 12 月 17 日公布)

329.《建设项目环境保护管理条例(2017 修订)》(2017 年 7 月 16 日公布)

330.《国内交通卫生检疫条例》(1998 年 11 月 28 日公布)

331.《事业单位登记管理暂行条例(2004 年修订)》(2004 年 6 月 27 日公布)

332.《民办非企业单位登记管理暂行条例》(1998 年 10 月 25 日公布)

333.《社会团体登记管理条例(2016 年修订)》(2016 年 2 月 6 日公布)

334.《城市房地产开发经营管理条例(2020 年第二次修订)》(2020 年 11 月 29 日公布)

335.《核两用品及相关技术出口管制条例(2007 年修订)》(2007 年 1 月 26 日公布)

336.《探矿权采矿权转让管理办法(2014 年修订)》(2014 年 7 月 29 日公布)

337.《矿产资源开采登记管理办法(2014 年修订)》(2014 年 7 月 29 日公布)

338.《矿产资源勘查区块登记管理办法(2014 年修订)》(2014 年 7 月 29 日公布)

339.《证券、期货投资咨询管理暂行办法》(1997 年 12 月 25 日公布)

340.《计算机信息网络国际联网安全保护管理办法(2011 年修订)》(2011 年 1 月 8 日公布)

341.《罚款决定与罚款收缴分离实施办法》(1997 年 11 月 17 日公布)

342.《军品出口管理条例(2002 年修订)》(2002 年 10 月 15 日公布)

343.《民用航空器权利登记条例》(1997 年 10 月 21 日公布)

344.《民用航空器国籍登记条例(2020 年修订)》(2020 年 11 月 29 日公布)

345.《审计法实施条例(2010 年修订)》(2010 年 2 月 11 日公布)

346.《核出口管制条例(2006 年修订)》(2006 年 11 月 9 日公布)

347.《票据管理实施办法(2011 年修订)》(2011 年 1 月 8 日公布)

348.《广播电视管理条例(2020 年修订)》(2020 年 11 月 29 日公布)

349.《国务院行政机构设置和编制管理条例》(1997 年 8 月 3 日公布)

350.《保税区海关监管办法(2011 年修订)》(2011 年 1 月 8 日公布)

351.《殡葬管理条例(2012 年修订)》(2012 年 11 月 9 日公布)

352.《公安机关督察条例(2011年修订)》(2011年8月31日公布)

353.《国务院关于在香港特别行政区同时升挂使用国旗区旗的规定》(1997年6月5日公布)

354.《传统工艺美术保护条例(2013年修订)》(2013年7月18日公布)

355.《中国人民银行货币政策委员会条例》(1997年4月15日公布)

356.《残疾人专用品免征进口税收暂行规定》(1997年4月10日公布)

357.《植物新品种保护条例(2014年修订)》(2014年7月29日公布)

358.《血液制品管理条例(2016年修订)》(2016年2月6日公布)

359.《进出境动植物检疫法实施条例》(1996年12月2日公布)

360.《矿山安全法实施条例》(1996年10月30日公布)

361.《上海航运交易所管理规定》(1996年10月3日公布)

362.《野生植物保护条例(2017年修订)》(2017年10月7日公布)

363.《国务院关于进一步完善文化经济政策的若干规定》(1996年9月5日公布)

364.《测量标志保护条例(2011年修订)》(2011年1月8日公布)

365.《特殊标志管理条例》(1996年7月13日公布)

366.《民用航空安全保卫条例(2011年修订)》(2011年1月8日公布)

367.《结汇、售汇及付汇管理规定》(1996年6月20日公布)

368.《涉外海洋科学研究管理规定》(1996年6月18日公布)

369.《国家重点建设项目管理办法(2011年修订)》(2011年1月8日公布)

370.《城市道路管理条例(2019年修订)》(2019年3月24日公布)

371.《食盐专营办法(2017年修订)》(2017年12月26日公布)

372.《电力供应与使用条例(2019年修订)》(2019年3月2日公布)

373.《计算机信息网络国际联网管理暂行规定(1997年修正)》(1997年5月20日公布)

374.《红十字标志使用办法》(1996年1月29日公布)

375.《外汇管理条例(2008年修订)》(2008年8月5日公布)

376.《企业国有资产产权登记管理办法》(1996年1月25日公布)

377.《人民警察使用警械和武器条例》(1996年1月16日公布)

378.《监控化学品管理条例(2011年修订)》(2011年1月8日公布)

379.《国务院关于股份有限公司境内上市外资股的规定》(1995年12月

25日公布)

380.《教师资格条例》(1995年12月12日公布)

381.《航标条例(2011年修订)》(2011年1月8日公布)

382.《预算法实施条例(2020年修订)》(2020年8月3日公布)

383.《注册建筑师条例(2019年修订)》(2019年4月23日公布)

384.《国际收支统计申报办法(2013年修订)》(2013年11月9日公布)

385.《淮河流域水污染防治暂行条例(2011年修订)》(2011年1月8日公布)

386.《仲裁委员会登记暂行办法》(1995年7月28日公布)

387.《重新组建仲裁机构方案》(1995年7月28日公布)

388.《仲裁委员会仲裁收费办法》(1995年7月28日公布)

389.《出境入境边防检查条例》(1995年7月20日公布)

390.《中央预算执行情况审计监督暂行办法》(1995年7月19日公布)

391.《国际货物运输代理业管理规定》(1995年6月29日公布)

392.《民兵武器装备管理条例(2011年修订)》(2011年1月8日公布)

393.《国际航行船舶进出中华人民共和国口岸检查办法(2019年修订)》(2019年3月2日公布)

394.《国防交通条例(2011年修订)》(2011年1月8日公布)

395.《破坏性地震应急条例(2011年修订)》(2011年1月8日公布)

396.《制止牟取暴利的暂行规定(2011年修订)》(2011年1月8日公布)

397.《乡镇煤矿管理条例(2013年修订)》(2013年7月18日公布)

398.《自然保护区条例(2017年修订)》(2017年10月7日公布)

399.《食盐加碘消除碘缺乏危害管理条例(2017年修订)》(2017年3月1日公布)

400.《残疾人教育条例(2017年修订)》(2017年2月1日公布)

401.《全国年节及纪念日放假办法(2013年修订)》(2013年12月11日)

402.《城市供水条例(2020年修订)》(2020年3月27日公布)

403.《船舶登记条例(2014年修订)》(2014年7月29日公布)

404.《矿产资源法实施细则》(1994年3月26日公布)

405.《教学成果奖励条例》(1994年3月14日公布)

406.《矿产资源补偿费征收管理规定(1997年修订)》(1997年7月3日公布)

407.《国务院关于外商投资企业和外国企业适用增值税、消费税、营业税等税收暂行条例有关问题的通知》(1994 年 2 月 22 日公布)

408.《计算机信息系统安全保护条例(2011 年修订)》(2011 年 1 月 8 日公布)

409.《国务院关于职工工作时间的规定(1995 年修订)》(1995 年 3 月 25 日公布)

410.《境内外国人宗教活动管理规定》(1994 年 1 月 31 日公布)

411.《个人所得税法实施条例(2018 年修订)》(2018 年 12 月 18 日公布)

412.《废旧金属收购业治安管理办法(2023 年修订)》(2023 年 7 月 20 日公布)

413.《发票管理办法(2023 年修订)》(2023 年 7 月 20 日公布)

414.《港口间海上旅客运输赔偿责任限额规定》(1993 年 12 月 17 日公布)

415.《土地增值税暂行条例(2011 年修订)》(2011 年 1 月 8 日公布)

416.《消费税暂行条例(2008 年修订)》(2008 年 11 月 10 日公布)

417.《增值税暂行条例(2017 年修订)》(2017 年 11 月 19 日公布)

418.《国务院关于在对外公务活动中赠送和接受礼品的规定》(1993 年 12 月 5 日公布)

419.《关于不满 300 总吨船舶及沿海运输、沿海作业船舶海事赔偿限额的规定》(1993 年 11 月 15 日公布)

420.《对外合作开采陆上石油资源条例(2013 年修订)》(2013 年 7 月 18 日公布)

421.《草原防火条例(2008 年修订)》(2008 年 11 月 29 日公布)

422.《卫星电视广播地面接收设施管理规定(2018 年修订)》(2018 年 9 月 18 日公布)

423.《水生野生动物保护实施条例(2013 年修订)》(2013 年 12 月 7 日公布)

424.《对外使用国徽图案的办法》(1993 年 9 月 24 日公布)

425.《城市民族工作条例》(1993 年 9 月 15 日公布)

426.《民族乡行政工作条例》(1993 年 9 月 15 日公布)

427.《无线电管理条例(2016 年修订)》(2016 年 11 月 11 日公布)

428.《核电厂核事故应急管理条例(2011 年修订)》(2011 年 1 月 8 日公布)

429.《企业债券管理条例(2011 年修订)》(2011 年 1 月 8 日公布)

430.《水土保持法实施条例(2011 年修订)》(2011 年 1 月 8 日公布)

431.《村庄和集镇规划建设管理条例》(1993 年 6 月 29 日公布)

432.《电网调度管理条例(2011 年修订)》(2011 年 1 月 8 日公布)

433.《股票发行与交易管理暂行条例》(1993 年 4 月 22 日公布)

434.《国有企业富余职工安置规定》(1993 年 4 月 20 日公布)

435.《船舶和海上设施检验条例(2019 年修订)》(2019 年 3 月 2 日公布)

436.《国家货币出入境管理办法》(1993 年 1 月 20 日公布)

437.《海上航行警告和航行通告管理规定》(1992 年 12 月 22 日公布)

438.《搜寻援救民用航空器规定》(1992 年 12 月 28 日公布)

439.《农业化学物质产品行政保护条例(2020 年修订)》(2020 年 11 月 29 日公布)

440.《储蓄管理条例(2011 年修订)》(2011 年 1 月 8 日公布)

441.《中药品种保护条例(2018 年修订)》(2018 年 9 月 18 日公布)

442.《实施国际著作权条约的规定(2020 年修订)》(2020 年 11 月 29 日公布)

443.《人民警察警衔标志式样和佩带办法(2000 年修订)》(2000 年 8 月 18 日公布)

444.《评定授予人民警察警衔实施办法》(1992 年 9 月 10 日公布)

445.《全民所有制工业企业转换经营机制条例(2011 年修订)》(2011 年 1 月 8 日公布)

446.《国务院关于外商参与打捞中国沿海水域沉船沉物管理办法(2020 年修订)》(2020 年 11 月 29 日公布)

447.《城市市容和环境卫生管理条例(2017 年修订)》(2017 年 3 月 1 日公布)

448.《城市绿化条例(2017 年修订)》(2017 年 3 月 1 日公布)

449.《集会游行示威法实施条例(2011 年修订)》(2011 年 1 月 8 日公布)

450.《国库券条例(2011 年修订)》(2011 年 1 月 8 日公布)

451.《陆生野生动物保护实施条例(2016 年修订)》(2016 年 2 月 6 日公布)

452.《中国公民往来台湾地区管理办法(2015 年修订)》(2015 年 6 月 14 日公布)

453.《农民承担费用和劳务管理条例》(1991年12月7日公布)

454.《传染病防治法实施办法》(1991年12月6日公布)

455.《国有资产评估管理办法(2020年修订)》(2020年11月29日公布)

456.《城镇集体所有制企业条例(2016年修订)》(2016年2月6日公布)

457.《外国人来华登山管理办法》(1991年8月29日公布)

458.《企业名称登记管理规定(2020修订)》(2020年12月28日公布)

459.《防汛条例(2011年修订)》(2011年1月8日公布)

460.《工商行政管理所条例》(1991年4月22日公布)

461.《水库大坝安全管理条例(2018年修订)》(2018年3月19日公布)

462.《专利代理条例(2018修订)》(2018年11月6日公布)

463.《考古涉外工作管理办法(2016年修订)》(2016年2月6日公布)

464.《总会计师条例(2011年修订)》(2011年1月8日公布)

465.《民兵工作条例(2011年修订)》(2011年1月8日公布)

466.《劳动就业服务企业管理规定》(1990年11月22日公布)

467.《有线电视管理暂行办法(2018年修订)》(2018年9月18日公布)

468.《邮政法实施细则》(1990年11月12日公布)

469.《国务院关于鼓励华侨和香港澳门同胞投资的规定》(1990年8月19日公布)

470.《法规汇编编辑出版管理规定(2019年修订)》(2019年3月2日公布)

471.《工人考核条例》(1990年7月12日公布)

472.《防治海岸工程建设项目污染损害海洋环境管理条例(2018年修订)》(2018年3月19日公布)

473.《防治陆源污染物污染损害海洋环境管理条例》(1990年6月22日公布)

474.《学校卫生工作条例》(1990年6月4日公布)

475.《乡村集体所有制企业条例(2011年修订)》(2011年1月8日公布)

476.《卫星地面接收设施接收外国卫星传送电视节目管理办法(2018年修订)》(2018年9月18日公布)

477.《城镇国有土地使用权出让和转让暂行条例(2020年修订)》(2020年11月29日公布)

478.《标准化法实施条例》(1990年4月6日公布)

479.《国防计量监督管理条例》(1990 年 4 月 5 日公布)

480.《看守所条例》(1990 年 3 月 17 日公布)

481.《学校体育工作条例(2017 年修订)》(2017 年 3 月 1 日公布)

482.《海上交通事故调查处理条例》(1990 年 3 月 3 日公布)

483.《关于工资总额组成的规定》(1990 年 1 月 1 日公布)

484.《森林病虫害防治条例》(1989 年 12 月 18 日公布)

485.《军用饮食供应站供水站管理办法(2019 年修订)》(2019 年 3 月 2 日公布)

486.《进口计量器具监督管理办法(2016 年修订)》(2016 年 2 月 6 日公布)

487.《石油地震勘探损害补偿规定》(1989 年 10 月 17 日公布)

488.《幼儿园管理条例》(1989 年 9 月 11 日公布)

489.《渔港水域交通安全管理条例(2019 年修订)》(2019 年 3 月 2 日公布)

490.《海关工作人员使用武器和警械的规定(2011 年修订)》(2011 年 1 月 8 日公布)

491.《人民调解委员会组织条例》(1989 年 6 月 17 日公布)

492.《外国商会管理暂行规定(2013 年修订)》(2013 年 12 月 7 日公布)

493.《人事部关于国务院管理干部的公司领导职数等若干问题的规定》(1989 年 5 月 11 日公布)

494.《国境卫生检疫法实施细则(2019 年修订)》(2019 年 3 月 2 日公布)

495.《民用航空运输不定期飞行管理暂行规定》(1989 年 3 月 2 日公布)

496.《铺设海底电缆管道管理规定》(1989 年 2 月 11 日公布)

497.《行政区域边界争议处理条例(1989 年修订)》(1989 年 2 月 3 日公布)

498.《医疗用毒性药品管理办法》(1988 年 12 月 27 日公布)

499.《城市节约用水管理规定》(1988 年 12 月 20 日公布)

500.《中国人民武装警察部队实行警官警衔制度的具体办法(2011 年修订)》(2011 年 1 月 8 日公布)

501.《国家行政机关及其工作人员在国内公务活动中不得赠送和接受礼品的规定》(1988 年 12 月 1 日公布)

502.《实验动物管理条例(2017 年修订)》(2017 年 3 月 1 日公布)

503.《渔业资源增殖保护费征收使用办法(2011 年修订)》(2011 年 1 月 8 日公布)

504.《城镇土地使用税暂行条例(2019 年修订)》(2019 年 3 月 2 日公布)

505.《中国人民解放军现役士兵服役条例(2010 年修订)》(2010 年 7 月 26 日公布)

506.《现金管理暂行条例(2011 年修订)》(2011 年 1 月 8 日公布)

507.《国务院关于鼓励台湾同胞投资的规定》(1988 年 7 月 3 日公布)

508.《河道管理条例(2018 年修订)》(2018 年 3 月 19 日公布)

509.《全民所有制小型工业企业租赁经营暂行条例(1990 年修订)》(1990 年 2 月 24 日公布)

510.《北京市新技术产业开发试验区暂行条例》(1988 年 5 月 20 日公布)

511.《防止拆船污染环境管理条例(2017 年修订)》(2017 年 3 月 1 日公布)

512.《国务院关于鼓励投资开发海南岛的规定》(1988 年 5 月 4 日公布)

513.《禁止向企业摊派暂行条例》(1988 年 4 月 28 日公布)

514.《高等教育自学考试暂行条例(2014 年修订)》(2014 年 7 月 29 日公布)

515.《全民所有制工业企业承包经营责任制暂行条例(2011 年修订)》(2011 年 1 月 8 日公布)

516.《扫除文盲工作条例(1993 年修正)》(1993 年 8 月 1 日公布)

517.《森林防火条例(2008 年修订)》(2008 年 12 月 1 日公布)

518.《尘肺病防治条例》(1987 年 12 月 3 日公布)

519.《野生药材资源保护管理条例》(1987 年 10 月 30 日公布)

520.《广告管理条例》(1987 年 10 月 26 日公布)

521.《渔业法实施细则(2020 年第二次修订)》(2020 年 11 月 29 日公布)

522.《电力设施保护条例(2011 年修订)》(2011 年 1 月 8 日公布)

523.《价格管理条例》(1987 年 9 月 11 日公布)

524.《森林采伐更新管理办法(2011 年修订)》(2011 年 1 月 8 日公布)

525.《外债统计监测暂行规定(2020 年修订)》(2020 年 11 月 29 日公布)

526.《航道管理条例(2008 年修订)》(2008 年 12 月 27 日公布)

527.《全民所有制工业交通企业设备管理条例》(1987 年 7 月 28 日公布)

528.《关于实行技师聘任制的暂行规定》(1987 年 6 月 20 日公布)

529.《核材料管制条例》(1987 年 6 月 15 日公布)

530.《民用航空器适航管理条例》(1987 年 5 月 4 日公布)

531.《矿产资源监督管理暂行办法》(1987 年 4 月 29 日公布)

532.《地方口岸管理机构职责范围暂行规定》(1987 年 4 月 15 日公布)

533.《强制检定的工作计量器具检定管理办法》(1987 年 4 月 15 日公布)

534.《公共场所卫生管理条例(2019 年修订)》(2019 年 4 月 23 日公布)

535.《中国公民因私事往来香港地区或者澳门地区的暂行管理办法》(1986 年 12 月 25 日公布)

536.《普通高等学校设置暂行条例》(1986 年 12 月 15 日公布)

537.《海关总署关于外国驻中国使馆和使馆人员进出境物品的规定》(2011 年修订)(2011 年 1 月 8 日公布)

538.《民用核设施安全监督管理条例》(1986 年 10 月 29 日公布)

539.《国务院关于鼓励外商投资的规定》(1986 年 10 月 11 日公布)

540.《全民所有制工业企业厂长工作条例(2011 年修订)》(2011 年 1 月 8 日公布)

541.《房产税暂行条例(2011 年修订)》(2011 年 1 月 8 日公布)

542.《水利电力部门电测、热工计量仪表和装置检定、管理的规定》(1986 年 6 月 1 日公布)

543.《征收教育费附加的暂行规定(2011 年修订)》(2011 年 1 月 8 日公布)

544.《高等教育管理职责暂行规定》(1986 年 3 月 12 日公布)

545.《国务院关于实行专业技术职务聘任制度的规定》(1986 年 2 月 18 日公布)

546.《国务院关于高级专家退休问题的补充规定》(1986 年 2 月 18 日公布)

547.《国务院关于科学技术拨款管理的暂行规定》(1986 年 1 月 23 日公布)

548.《关于军民合用机场使用管理的若干暂行规定》(1985 年 12 月 30 日公布)

549.《基准气候站观测环境保护规定》(1985 年 12 月 18 日公布)

550.《征兵工作条例(2023 年修订)》(2023 年 4 月 1 日公布)

551.《国务院关于口岸开放的若干规定》(1985 年 9 月 18 日公布)

552.《国家金库条例(2020年修订)》(2020年11月29日公布)

553.《森林和野生动物类型自然保护区管理办法》(1985年7月6日公布)

554.《政务院关于中央人民政府所属各机关发表公报及公告性文件的办法》(1950年1月1日公布)

555.《海洋倾废管理条例(2017年修订)》(2017年3月1日公布)

556.《武器装备研制设计师系统和行政指挥系统工作条例》(1984年4月4日公布)

557.《国务院关于在我国统一实行法定计量单位的命令》(1984年2月27日公布)

558.《军用标准化管理办法》(1984年1月7日公布)

559.《海洋石油勘探开发环境保护管理条例》(1983年12月29日公布)

560.《国务院关于高级专家离休退休若干问题的暂行规定》(1983年9月12日公布)

561.《金银管理条例(2011年修订)》(2011年1月8日公布)

562.《外国籍船舶航行长江水域管理规定(2019年修订)》(2019年3月2日公布)

563.《公安部对部分刀具实行管制的暂行规定》(1983年3月12日公布)

564.《全国中小学勤工俭学暂行工作条例》(1983年2月20日公布)

565.《植物检疫条例(2017年修订)》(2017年10月7日公布)

566.《公安部、总参谋部、外交部、国家旅游局关于外国人在我国旅行管理的规定》(1982年10月9日公布)

567.《国务院、中央军委关于保护通信线路的规定》(1982年9月20日公布)

568.《对外经济贸易部特派员办事处暂行条例》(1982年7月15日公布)

569.《合理化建议和技术改进奖励条例(1986年修订)》(1986年6月4日公布)

570.《国务院关于开展全民义务植树运动的实施办法》(1982年2月27日公布)

571.《国境口岸卫生监督办法(2019年修订)》(2019年3月2日公布)

572.《对外合作开采海洋石油资源条例(2013年修订)》(2013年7月18日公布)

573.《进口影片管理办法》(1981 年 10 月 13 日公布)

574.《加强对外合作出版管理的暂行规定》(1981 年 10 月 12 日公布)

575.《学位条例暂行实施办法》(1981 年 5 月 20 日公布)

576.《国家机关工作人员病假期间生活待遇的规定》(1981 年 4 月 6 日公布)

577.《科学技术档案工作条例》(1980 年 12 月 27 日公布)

578.《关于统计报表管理的暂行规定》(1980 年 11 月 17 日公布)

579.《国务院关于管理外国企业常驻代表机构的暂行规定》(1980 年 10 月 30 日公布)

580.《关于爱国卫生运动委员会及其办事机构若干问题的规定》(1980 年 5 月 9 日公布)

581.《对外国籍船舶管理规则》(1979 年 9 月 18 日公布)

582.《外国民用航空器飞行管理规则(2019 年修订)》(2019 年 3 月 2 日公布)

583.《水产资源繁殖保护条例》(1979 年 2 月 10 日公布)

584.《中国人民解放军驻铁路、水路沿线交通部门军事代表条例》(1978 年 6 月 29 日公布)

585.《保护海底电缆规定》(1973 年 3 月 30 日公布)

586.《国境河流外国籍船舶管理办法》(1966 年 3 月 15 日公布)

587.《煤炭送货办法(1965 年修订)》(1965 年 12 月 6 日公布)

588.《外国籍非军用船舶通过琼州海峡管理规则》(1964 年 6 月 8 日公布)

589.《非机动船舶海上安全航行暂行规则》(1958 年 4 月 19 日公布)

590.《打捞沉船管理办法》(1957 年 10 月 11 日公布)

591.《国务院关于国家机关工作人员福利费掌管使用的暂行规定》(1957 年 5 月 22 日公布)

592.《国务院关于处理国家机关工作人员退职、退休时计算工作年限的暂行规定》(1955 年 12 月 29 日公布)

593.《治安保卫委员会暂行组织条例》(1952 年 8 月 11 日公布)

594.《印铸刻字业暂行管理规则》(1951 年 8 月 15 日公布)

595.《劳动保险条例(1953 年修正)》(部分失效,1953 年 1 月 2 日公布)

596.《查检邮件中夹带外币或外币票据暂行处理办法》(1950 年 9 月 1 日

公布)

597.《缔结条约管理办法》(2022 年 10 月 16 日公布)

598.《无人驾驶航空器飞行管理暂行条例》(2023 年 5 月 31 日公布)

599.《私募投资基金监督管理条例》(2023 年 7 月 3 日公布)

600.《领事保护与协助条例》(2023 年 7 月 9 日公布)

601.《社会保险经办条例》(2023 年 8 月 16 日公布)

602.《未成年人网络保护条例》(2023 年 10 月 16 日公布)

后　记

纵观企业合规制度的发展史,企业合规制度不是个新事物,但又是个新事物。这种看似自相矛盾的说法,但其实其有着特定的逻辑。说它不是个新事物,是因为广义上的企业合规制度,自国家开始对企业进行干预时就存在;狭义上的企业合规制度,也就是本书所主要考察的企业合规制度,早在20世纪初就出现,其形成和发展已有100多年的历史。说它是个新事物,是因为本书所考察的企业合规制度在我国的引入和应用尚只有20余年,引起普遍关注、广泛热议,也就是近几年之事。由于企业合规制度兴起于美国、广泛引入于西方发达国家,我国学界和实务界对外来的企业合规制度的引入和应用,存在两种极端的倾向,一种是单纯的拿来主义,主张对兴起于美国的企业合规制度进行照搬照套,另一种是单纯的闭关主义,对被国际广泛应用的企业合规制度置之不理、盲目抵制,认为企业合规制度与我国法律制度存在很大的冲突。其实,应客观评价企业合规制度引入过程中出现的两种极端倾向,在稳步扩大规则、规制、管理、标准等制度型开放,以及坚定道路自信、理论自信、制度自信、文化自信的大局下,这两种倾向都难以站得住脚。不考虑我国国情、发展阶段、社会制度尤其是法律制度的差异性,对兴起于西方发达国家的企业合规制度生搬硬套,不顾及其他,其结果只能是"水土不服";在构建全方位对外开放格局和更好参与全球治理的语境中,如果不认可甚至盲目抵制引入企业合规制度,忽视企业合规制度在我国存在和发展的时代必要性,那么其结果也只能是在国际经济往来中"自我受伤"而"事与愿违"。可见,对待外来的企业合规制度,应秉持积极之开放态度,站在推动规则、规制、管理、标准等制度型开放的高度,以海纳百川的宽阔胸襟吸收和参考被实践证明行之有效的企业合规治理之他国经验,善于将外来的企业合规制度与本国国情、发展阶段、社会制度进行有效对接,同时须警惕和防范西方所谓"宪政"思潮、保护主义、霸权主义的不良影响,坚定制度自信,推动创建中国特色企业合规制度,实现企业合规制度中国化,提升企业合规治理领域的国际话语权。将构建和实施企业合规制度作为构建国内国际双循环相互促进的新发展格局、实现经济高质量发展、全面推进依法治国、实现国家治理体系和治理能力现代化、提高企业国内外竞争力的抓手。

近年来,无论是实务界还是理论界,都逐步开始重视企业合规的治理问题。有学者认为,推进企业合规治理已是大势所趋,提升企业合规意识,强化合规经营,走合规之路,才能在激烈的市场竞争中立足于不败之地,才能赢得市场,甚至有学者提出我国已进入全面合规的时代。企业合规治理的实践呼唤着相应的理论去支撑、来指导,虽然这几年我国在企业合规治理领域的理论研究取得了较显著的进展,特别是企业合规的刑事治理吸引了不少法学领域学者的关注,相关成果层出不穷,但总的来看,我国在企业合规制度方面的研究还处于初步阶段,无论是基础理论研究,还是对策研究,都滞后于企业合规治理实践的需要。可以说,全面、系统、深入地研究企业合规制度有着其很强的现实必要性和时代紧迫性。正是基于以上考虑,本书以实现企业合规的有效治理为立足点,对企业合规制度进行了全方位考察,以期为我国构建和实施企业合规制度提供理论上和实务上的参考。

企业合规制度是一个较为复杂的系统,对其的研究涉及诸多专业知识,不仅涉及法学,也涉及经济学,还涉及管理学。可见,做好企业合规制度的研究并非容易之事,研究者需要涉猎多门类的专业知识,不仅需要有一定的法学功底,也需要有一定的经济学功底,还需要有一定的管理学功底,甚至还需要一些理工科知识背景。否则,可能在研究"什么是企业合规制度""需要什么样的企业合规制度""如何构建企业合规制度"等问题时,陷入用单一的学科思维去看待企业合规制度问题的模式。笔者攻读博士阶段研究方向是企业治理,毕业后,先后在三个部委直属单位从事10多年的企业相关法律问题和管理问题的研究,加上之前获得的经济学博士学位、国家法律职业资格,以及曾经的理工科求学的逻辑思维,促使笔者对企业合规制度研究产生了浓厚兴趣,激发了对企业合规制度研究的热情。在进行大量的理论文献研究和实地调研基础上,笔者对"什么是企业合规制度""需要什么样的企业合规制度""如何构建企业合规制度"逐渐有了自己的思考和认识,促使自己下决心写一部题为"企业合规制度"的专著。

在企业合规制度研究及本书构思和撰写的过程中,所在单位和好友给予了我不少的支持和帮助,为能使我专心致志地研究企业合规制度问题,领导、同事和好友给予了很大的便利,向领导、同事和好友的每一次请教,笔者都收获了孜孜不倦的释疑答惑,与领导、同事和好友的每一次交流,笔者都收获了意想不到的启发。尤其是在本书初稿完成后,所在单位的多位领导在百忙中花时间进行了认真审读,关于本书初稿中的有关内容进行了多次交流,提出了不少富有建设性的建议,多位好友为本书的出版提供了不少帮助,令我感动!可以说,笔者是怀着感恩之情来研究企业合规制度,来完成本书的创作和出版。

创作本书时所进行的思考、所付出的努力、所获得的感悟,让笔者感受到成书之时那份激动和喜悦,停下来细品曾在高校、在党校、在部委、在企业等学习和工作的经历带来的那份宁静和眷念,淡然世事沧桑,内心安然无恙。本书得以完成花费了不少精力,凝聚了不少心血,因企业合规制度研究涉及的内容较广,对专业的复合性要求较高,本书难免有不尽如人意之地。由于时间有限,对本书涉及的有些内容研究难免不够深入,有些本应纳入本书深入探讨范畴的内容没有过多论及,难免挂一漏万,有些观点也可能存在争议。对于本书存在的不足之处,期待能在今后的进一步研究中去正视、去破解。

王　山

2023 年 10 月 31 日于北京